CB044929

Série de sermões — C. H. Spurgeon

Sermões de Spurgeon
sobre a
segunda vinda de Cristo

Publicações
Pão Diário

Série de sermões — C. H. Spurgeon

Sermões de Spurgeon
sobre a segunda vinda de Cristo

C. H. Spurgeon

Sermões de Spurgeon sobre a segunda vinda de Cristo
por Charles Haddon Spurgeon
Sermões compilados por Dayse Fontoura
Copyright © 2022 Publicações Pão Diário
Todos os direitos reservados.

Coordenação editorial: Adolfo A. Hickmann
Tradução: Dayse Fontoura
Revisão: Dalila de Assis, João Ricardo Morais, Lozane Winter, Thaís Soler
Projeto gráfico e diagramação: Audrey Novac Ribeiro
Capa: Audrey Novac Ribeiro

Dados Internacionais de Catalogação na Publicação (CIP)

Spurgeon, Charles Haddon, 1834–92.
Sermões de Spurgeon sobre a segunda vinda de Cristo
Tradução: Dayse Fontoura — Curitiba/PR, Publicações Pão Diário.
1. Sermões   2. Bíblia   3. Escatologia   4. Cristianismo

Proibida a reprodução total ou parcial sem prévia autorização, por escrito, da editora.
Todos os direitos reservados e protegidos pela Lei 9.610, de 19/02/1998.
Permissão para reprodução: permissao@paodiario.com

Exceto quando indicado o contrário, os trechos bíblicos mencionados são da edição Revista e Atualizada de João F. de Almeida © 2009 Sociedade Bíblica do Brasil.

Publicações Pão Diário
Caixa Postal 4190,
82501-970 Curitiba/PR, Brasil
publicacoes@paodiario.org
www.publicacoespaodiario.com.br
Telefone: (41) 3257-4028

HY319
ISBN: 978-65-87506-74-6

1.ª edição: 2022

Impresso na China

Sumário

Apresentação 7

1. A ascensão e o segundo advento considerados na prática
   (Atos 1:10-11) 11
2. Os dois adventos de Cristo
   (Hebreus 9:27-28) 33
3. As duas manifestações e a disciplina da graça
   (Tito 2:11-14) 51
4. Um alerta profético
   (Mateus 24:12) 71
5. Uma alegre expectativa do Segundo Advento
   (Lucas 21:28-31) 93
6. O dilúvio de Noé
   (Mateus 24:39) 115
7. Preparação para a vinda do Senhor
   (1 João 2:28) 135
8. O proveito da piedade na vida que há de ser
   (1 Timóteo 4:8) 157
9. A recompensa dos justos
   (Mateus 25:31-36) 179
10. O julgamento vindouro sobre os segredos dos homens
    (Romanos 2:16) 201

11. A separação final
    (Mateus 25:32) 223
12. Vigilantes pela volta de Cristo
    (Lucas 12:37-38) 245
13. "Eis que vem com as nuvens"
    (Apocalipse 1:7) 267

Apresentação

A volta de Cristo sempre foi um assunto que despertou muito interesse. É assim desde que Ele voltou ao Céu com a promessa de retornar trazendo consigo a recompensa à humanidade. Hoje não é diferente. Ao longo dos anos recentes, a Igreja tem tentado interpretar os grandes eventos mundiais como sinais da iminência da segunda vinda de Jesus. Muitos o fazem de maneira sistemática, porém as opiniões sobre os tempos e as pessoas envolvidas vão mudando à medida que novos eventos acontecem.

Isso tudo tem conduzido muitos à zombaria, outros à indiferença e alguns ainda à negação da promessa de Jesus. Como encontrar o equilíbrio? Devemos, apesar de todos os questionamentos, seguir crendo que o Senhor Jesus voltará em majestade e para reinar?

Este livro, da série de sermões de Spurgeon, apresenta um tema que tem sido negligenciado em meio ao cenário de interpretações escatológicas: a preparação da Igreja para se encontrar com seu Senhor e Salvador. Esse é o ponto fundamental em que Cristo e os apóstolos investiram bastante tempo enquanto falavam dos tempos do fim.

Charles Spurgeon não pregou muitos sermões voltados a esse tema. E o fez por um motivo: ele entendia que havia estudiosos muito mais capacitados do que ele para discutir a doutrina do segundo advento de Cristo. No entanto, todas as vezes que pregou sobre esse tópico, Spurgeon o fez de um ponto de vista pastoral-profético, buscando alertar o povo de Deus para se preparar para o encontro com o seu Senhor.

O trecho a seguir, citação de um dos sermões deste livro, demonstra uma conversa que ele teve com um colega de ministério sobre a questão:

> Um colega de ministério questionou-me, enquanto nos sentávamos na companhia um do outro: "Eu gostaria de lhe fazer muitas perguntas sobre o futuro". "Bem", respondi, "não posso lhe responder porque eu ouso dizer que não sei mais sobre ele do que você".
> "Porém", disse ele, "e em relação à segunda vinda de Cristo? O milênio não acontecerá primeiro?". Respondi-lhe: "Não sei dizer se primeiro haverá o milênio, mas disto eu sei: do modo como eu vejo, as Escrituras deixaram muitos assuntos com uma indistinção intencional, para que possamos estar sempre esperando Cristo voltar e para que possamos estar vigilantes quanto à Sua vinda a qualquer dia e hora".

Para esse grande homem do passado, duas verdades escatológicas eram fundamentais: 1) a certeza do retorno de Cristo; 2) a vigilância da Igreja, a fim de preservar a fé e a santidade. Essas são as tônicas destes sermões.

Organizamos as mensagens de Spurgeon buscando apresentar uma ordem lógica. Apresentamos, primeiramente, a promessa da volta de Jesus; em seguida, a comparação entre a primeira e a segunda vindas de Cristo, alertas para a Igreja, o julgamento futuro e o cumprimento da promessa.

Com isso, desejamos tocar nosso leitor para que sua esperança por dias infinitamente melhores continue aquecendo seu coração, diante do caos em que vive o mundo, e dando-lhe respaldo para viver de forma que honre o Senhor, apesar de toda a pressão para o abandono da verdadeira fé em Cristo.

Nestes dias desafiantes, vivamos conforme o conselho do apóstolo Pedro: "Não retarda o Senhor a sua promessa, como alguns a julgam demorada […] Nós, porém, segundo a sua promessa, esperamos novos céus e nova terra, nos quais habita justiça. Por essa razão, pois, amados, esperando estas coisas, empenhai-vos por serdes achados por ele em paz, sem mácula e irrepreensíveis…" (2 Pedro 3:9,13-14).

Que Deus abençoe ricamente a sua leitura!

Dos editores

1

A ASCENSÃO E O SEGUNDO ADVENTO CONSIDERADOS NA PRÁTICA[1]

E, estando eles com os olhos fitos no céu, enquanto Jesus subia, eis que dois varões vestidos de branco se puseram ao lado deles e lhes disseram: Varões galileus, por que estais olhando para as alturas? Esse Jesus que dentre vós foi assunto ao céu virá do modo como o vistes subir. (Atos 1:10-11)

Quatro eventos brilham com intensidade na história de nosso Salvador. A mente de todos os cristãos se deleita com Seu nascimento, Sua morte, Sua ressurreição e Sua ascensão. Todos eles perfazem os quatro degraus nessa escada de luz cuja base está sobre a Terra, mas o topo se estende ao Céu. Não poderíamos nos dar ao luxo de dispensar qualquer um desses eventos,

---

[1] Este sermão foi pregado no *Metropolitan Tabernacle*, em 28 de dezembro de 1884.

tampouco nos seria benéfico os esquecermos ou menosprezarmos o valor de qualquer um deles.

O Filho de Deus ter nascido de uma mulher cria em nós um regozijo de uma irmandade que brota de uma humanidade comum. Jesus ter sofrido até à morte por nossos pecados e, assim, feito uma expiação completa por nós, é o descanso e a vida de nosso espírito. A manjedoura e a cruz juntas são selos divinos de amor. O fato de Jesus ter voltado da morte é a garantia de nossa justificação e uma afável e transcendental segurança da ressurreição de todo Seu povo e da vida eterna deles em Cristo. Não disse Ele: "porque eu vivo, vós também vivereis"? A ressurreição de Cristo é a estrela da manhã de nossa glória futura. Igualmente prazerosa é a lembrança de Sua ascensão. Nenhuma canção é mais doce do que esta: "Subiste às alturas, levaste cativo o cativeiro; recebeste homens por dádivas, até mesmo rebeldes, para que o SENHOR Deus habite no meio deles".[2]

Cada um desses quatro acontecimentos aponta para outro, e todos levam a isto: o quinto elo na corrente é o segundo e mais glorioso advento de nosso Senhor. Nada é mencionado entre Sua ascensão e Sua descida. É verdade que uma rica história acontece entre eles, porém ela repousa em um vale entre duas magníficas montanhas. Caminhamos, de alpe em alpe, à medida que trafegamos em meditação desde a ascensão até o segundo advento.

Digo que cada um dos eventos anteriores aponta para esse retorno de Cristo. Se Ele não tivesse vindo uma primeira vez em humilhação e nascido sob a Lei, Ele não poderia voltar em maravilhosa glória "sem pecado, aos que o aguardam para a salvação". Pelo fato de Jesus ter morrido uma vez, nós nos regozijamos no fato de que Ele não mais morrerá, a morte não tem mais domínio sobre Ele e, portanto, Cristo voltará para destruir o último inimigo, ao qual Ele já venceu.

É alegria nossa, à medida que meditamos em nosso Redentor ressurreto, sentir que, como consequência de Sua ressurreição, a

---
[2] Salmo 68:18

trombeta do arcanjo certamente soará para despertar todo o Seu povo adormecido quando o próprio Senhor descerá do Céu com um brado. Quanto à Sua ascensão, Ele não poderia descer uma segunda vez se não tivesse primeiro subido. Contudo, após perfumar o Céu com Sua presença e preparar um lugar para Seu povo, nós podemos acertadamente aguardar que Ele volte e nos receba para si mesmo, para que, onde Ele estiver, nós possamos estar também.

Assim sendo, eu gostaria que vocês — à medida que passamos alegremente pelos degraus desses quatro grandiosos eventos, à medida que sua fé salta de Seu nascimento para Sua morte, e de Sua ressurreição para Sua ascensão — olhassem adiante, até mesmo antecipando esse fato que coroa a história de nosso Senhor, pois não falta muito para que Ele venha da mesma forma como subiu ao Céu.

Nesta manhã, em nossa meditação, começaremos a partir da ascensão e, se eu tiver imaginação suficiente, gostaria de retratar nosso Senhor e os onze discípulos galgando a lateral do monte das Oliveiras, conversando enquanto andam em comitiva, com profunda reverência, mas intensa alegria por estarem em comunhão uns com os outros. Cada um dos discípulos estava feliz em pensar que seu amado Senhor e Mestre, que fora crucificado, estava agora entre eles, não apenas vivo, mas cercado de uma segurança e glória misteriosas, que ninguém era capaz de perturbar. O inimigo estava tão inerte quanto uma pedra, nem mesmo um cão movia sua língua. Os mais austeros inimigos de Cristo não deram sinal durante os dias pós-ressurreição de nosso Senhor.

O grupo se movia pacificamente em direção a Betânia — a cidade que eles conheciam e amavam. O Salvador parecia atraído àquele lugar por ocasião de Sua ascensão, assim como a mente dos homens revisita cenas antigas e amadas quando eles estão para partir deste mundo. Os momentos mais felizes de Jesus aconteceram sob o teto onde viviam Maria, Marta e o irmão delas, Lázaro. Talvez seria melhor para os discípulos que Ele os deixasse naquele lugar onde Ele fora recebido com mais hospitalidade, a fim de lhes mostrar que Ele estava partindo em paz e não em ira.

Lá, eles haviam testemunhado Lázaro levantar-se dentre os mortos por intermédio daquele que agora lhes seria tirado; a memória de um passado triunfante os ajudaria na provação de fé do presente. Lá haviam ouvido a voz dizendo: "Desatai-o e deixai-o ir" e parecia ser o local adequado para que eles vissem seu Senhor livre de todos os vínculos com a gravitação terrestre, para que pudesse ir para o Seu Pai. As lembranças daquele lugar poderiam acalmar suas mentes e incitar seus espíritos para aquela plenitude de alegria que assistiria à glorificação de seu Senhor.

Todavia, haviam chegado a uma paragem após chegarem ao cume do monte. O Salvador está visivelmente no centro do grupo. Depois de um discurso altamente instrutivo, Ele pronuncia uma bênção sobre eles. Ergue Suas mãos perfuradas e, enquanto as levanta e pronuncia palavras de amor, começa a se elevar da Terra. Ele se elevou acima de todos, para o completo assombro daqueles homens! Em pouco tempo, já havia ultrapassado a copa das oliveiras, que, com um brilho prateado, pareciam ter sido iluminadas por Seu suave esplendor.

Enquanto os discípulos contemplavam, o Senhor já se elevara a média distância e, rapidamente, chegara à região das nuvens. Eles estavam fascinados em admiração, e, de repente, uma nuvem brilhante, como uma carruagem divina, levou-o para longe. Aquela nuvem o escondia da observação mortal. Embora tenhamos conhecido Cristo na carne, não é na carne que o conhecemos agora. Os discípulos estavam presos àquele lugar, o que é muito natural; assim, permaneceram ali por mais tempo. Seus olhos estavam marejados, maravilhados, ainda fitando acima.

Não era da vontade do Senhor que eles permanecessem inativos por muito tempo, o sonho deles foi interrompido. Eles devem ter ficado ali até que a admiração se transformasse em temor. Devem ter permanecido ali por tempo suficiente, para que as palavras do anjo pudessem ser melhor entendidas: "por que estais olhando para as alturas?".

A longa contemplação deles precisava ser interrompida. Por isso, dois seres brilhantes, tais como aqueles que as mulheres encontraram no sepulcro, foram-lhes enviados. Esses mensageiros de Deus apareceram em forma humana, para que não gerassem alarme nos discípulos, e em vestes brancas, como que para lembrar-lhes de que tudo era fulgurante e alegre. Esses seres trajados de branco ficaram com eles como se, espontaneamente, quisessem a companhia dos discípulos.

Como nenhum dos onze diria qualquer palavra, os homens em alvas vestes começaram a falar. Dirigindo-se a eles da forma comum ao Céu, fizeram-lhes uma pergunta que continha em si a resposta e prosseguiram em entregar-lhes a mensagem. Da mesma forma como haviam dito às mulheres: "Por que buscais entre os mortos ao que vive? Ele não está aqui, mas ressuscitou", dizem agora: "Varões galileus, por que estais olhando para as alturas? Esse Jesus que dentre vós foi assunto ao céu virá do modo como o vistes subir".

Os anjos mostraram que os conheciam ao lhes chamar de "varões galileus" e, ao mencionar seu local de nascimento, lembraram-lhes de que ainda estavam sobre a terra. De volta à razão, terminada a visão, os apóstolos logo cingiram seus lombos para o serviço ativo. Não precisavam que lhes fosse dito duas vezes, mas se apressaram para Jerusalém. A visão dos anjos os havia trazido, de modo muito peculiar, de volta ao mundo da vida real, e eles obedeceram ao mandamento "permanecei, pois, na cidade [de Jerusalém]".[3]

Parece que os discípulos estavam dizendo: "O fato de nosso Senhor ter sido levado às alturas não é algo para lamentarmos. Ele foi para o Seu trono e para a Sua glória e nos disse que era necessário que Ele fosse. Agora Cristo enviará a promessa do Pai. Sabemos muito pouco sobre como será isso, mas que façamos nosso melhor, em obediência

---

[3] Lucas 24:49

à Sua vontade, para ficarmos no lugar onde Ele nos ordenou que aguardássemos o poder". Vocês não os veem descendo pelo lado do monte das Oliveiras, fazendo aquela jornada de um sábado em direção à perversa cidade sem qualquer pensamento de temor? Veem que não sentem pavor da horda sanguinária que matou seu Salvador, mas que estão em alegria pela lembrança da exaltação de seu Salvador e na expectativa de uma maravilhosa exibição de Seu poder?

Eles desfrutavam da mais prazerosa amizade uns com os outros e logo entraram no cenáculo, onde, em prolongada oração e comunhão, aguardaram pela promessa do Pai. Vocês viram que eu não tenho muita imaginação? Meramente mencionei os acontecimentos na linguagem mais simples. Mas, ainda assim, tentem e percebam a cena, pois ela será útil, uma vez que nosso Senhor Jesus voltará da mesma forma que os discípulos o viram ascender ao Céu.

A primeira coisa que considerarei nesta manhã é *a repreensão gentil* dada pelos homens reluctantes — "Varões galileus, por que estais olhando para as alturas?". Em segundo lugar, a *alegre descrição* de nosso Senhor que os trajados de branco usaram: "Esse Jesus". E, por fim, *a verdade prática* que eles ensinaram: "Esse Jesus que dentre vós foi assunto ao céu virá do modo como o vistes subir".

1. Primeiro trataremos sobre a REPREENSÃO GENTIL.

Ela não foi veementemente declarada por homens trajados em tons sombrios que usavam um discurso duro no qual censuravam os servos de Deus severamente por aquilo que era mais um erro do que uma falha. Não, a linguagem é fortalecedora, mas, ainda assim, terna. O formato de questionamento permitia que eles se autocensurassem mais do que fossem censurados, e o tom é de amor fraternal e preocupação afetuosa.

Percebam que *o que aqueles homens santos estavam fazendo parece, à primeira vista, ser o mais correto*. Creio que, se Jesus estivesse entre nós agora, fixaríamos nossos olhos nele e jamais os tiraríamos. Ele é totalmente amável, e pareceria perverso ceder a nossa visão a qualquer objeto inferior enquanto Ele pudesse ser avistado. Quando Cristo ascendeu ao Céu, era dever de Seus amigos olhar para Ele.

Nunca é errado olhar para o alto; frequentemente somos ordenados a fazê-lo, e é um dito sagrado do salmista: "Elevo os olhos para os montes: de onde me virá o socorro?".[4] Se é correto olhar para o Céu, deve ser mais certo ainda elevar os olhos para Jesus enquanto Ele sobe para o lugar de Sua glória. Certamente teria sido errado se eles tivessem olhado para qualquer outra direção — o Cordeiro de Deus era digno de ser contemplado enquanto podia ser avistado. Ele é o Sol; para onde nosso olhar poderia se dirigir senão para a Sua luz? Ele é o Rei; para onde os cortesãos de dentro dos portões do palácio voltariam seus olhos senão para seu Rei enquanto Ele ascende a Seu trono?

A verdade é que não havia qualquer erro no fato de eles estarem olhando para o Céu, mas foram além de apenas fitar, eles "contemplaram". Um pequeno excesso no que é correto pode ser uma falha. Pode ser sábio olhar, mas é tolice olhar fixamente. Há uma linha muito tênue, às vezes, entre o que é recomendável e o que é censurável. Há um meio-termo que não é sempre fácil de observar. A vereda do justo é frequentemente tão estreita como o fio de uma navalha, e é sábio aquele que não se desvia nem para a direita nem para a esquerda. "Olhar" é sempre uma palavra correta. Ora, está escrito: "Olhai para mim e sede salvos". Olhem, sim, olhem firme e intencionalmente. Que sua postura seja aquela de "olhar para Jesus" sempre, por toda a sua vida.

Contudo, há um contemplar que não é recomendável, quando ele se torna não aquele da adoração reverente, mas de presunçosa curiosidade, quando se mescla ao desejo de conhecer o que deve ser conhecido, um bisbilhotar daquilo que é para a glória de Deus ocultar.

---
[4] Salmo 121:1

Irmãos, é de pouco valor o olhar para o firmamento vazio. Se Cristo não está visível lá, então é vão fixar seu olhar, uma vez que não há nada para os olhos santificados contemplarem. Quando a pessoa de Jesus estava ausente da abóbada azul celeste acima deles, e a nuvem o havia ocultado, por que eles deveriam permanecer contemplando quando o próprio Deus havia fechado a cortina? Se a infinita sabedoria retirara o objeto que eles desejavam contemplar, o que seria essa contemplação deles senão um tipo de reflexão sobre a sabedoria que removera seu Senhor?

Ainda assim, parecia o mais correto. Desse modo, certas coisas que vocês e eu fazemos podem parecer corretas e, mesmo assim, podemos ser repreendidos a abandoná-las para fazer algo melhor. Elas podem ser certas em si, mas não apropriadas para a ocasião, não oportunas, não necessárias. Podem ser justas até certa medida e depois resvalar no limite do excesso. Um olhar firme ao Céu pode ser, para uma alma devotada, o mais alto nível de adoração; mas, se isso preenchesse muito do nosso tempo, poderia se tornar a forma mais indolente de tolice.

Porém, não podemos evitar dizer que *essa atitude foi muito natural.* Não me admiro com o fato de todos os onze permanecerem contemplando o Céu, pois, se eu estivesse lá, tenho certeza, teria feito o mesmo. Quão pasmos eles devem ter ficado com a ascensão do Mestre dentre eles! Vocês ficariam maravilhados se alguém dentre nós aqui começasse a subir às alturas! Não ficariam? Nosso Senhor não se desintegrou gradualmente como um espectro, ou se dissolveu no ar rarefeito como uma mera aparição. O Salvador não desapareceu desse modo, mas foi elevado, e eles testemunharam que era Ele mesmo que dessa maneira subia. Seu próprio corpo, a materialidade pela qual Ele havia coberto a si mesmo, factual, distintiva e literalmente, ascendeu diante deles.

Repito, nosso Senhor não se dissolveu e desapareceu como uma visão da noite, mas Ele foi evidentemente elevado até onde as nuvens sobrevieram, a fim de que eles não pudessem mais contemplá-lo. Acho que eu teria ficado parado olhando para o mesmo lugar onde Sua carruagem de ouro estivera. Sei que seria inútil continuar fazendo isso, mas nosso coração muitas vezes nos impulsiona a atos os quais não conseguimos justificar pela lógica. Não devemos argumentar com nosso coração.

Algumas vezes você permanece ao lado de um túmulo onde está sepultado alguém que você muito amava. Você vai lá com frequência para chorar. Não consegue evitá-lo, o lugar lhe é precioso, mesmo que não possa provar estar fazendo algo de bom com as suas visitas. Talvez você até se fira lá e, assim, mereça ser gentilmente repreendido com a pergunta "por quê?". Pode ser a coisa mais natural do mundo, e mesmo assim não ser sábia. O Senhor nos permite fazer o que é inocentemente natural, mas Ele não nos permitirá continuar com isso por muito tempo, porque poderia vir a promover algo de má índole.

Assim, Ele envia um mensageiro para interromper, não um anjo com uma espada ou uma vara, mas homens em vestes alvas — quero dizer, alguém que é, ao mesmo tempo, animador e santo, e esse mensageiro, por sua conduta ou palavras, sugere a questão: "por que estais olhando para as alturas?". *Cui bono?*[5] Qual será o benefício? Qual o proveito? Desse modo, nosso entendimento é chamado à ação, e, sendo homens de ação, respondemos a nós mesmos: "Isso não servirá de nada. Não podemos permanecer contemplando para o resto da vida" e, portanto, levantamo-nos para voltar à Jerusalém da vida prática, onde, no poder de Deus, esperamos servir nosso Mestre.

Notem, então, que os discípulos estavam fazendo o que parecia certo e o que era evidentemente muito natural, mas é muito fácil levar o aparentemente certo e o absolutamente natural longe demais. Tomemos cuidado e frequentemente perguntemos ao nosso coração "Por quê?".

---

[5] Expressão latina que significa "a quem beneficia?".

Agora notem que o que eles *fizeram não era de todo justificado com bom raciocínio*. Enquanto Cristo subia, era apropriado que eles o contemplassem em adoração. Ele quase poderia ter lhes dito: "Se vocês me virem quando eu for elevado às alturas, uma porção dobrada do meu Espírito repousará sobre vocês". Os discípulos fizeram bem em testemunhar Sua partida. No entanto, quando Ele havia partido, permanecer olhando era um ato que eles não teriam como explicar para si próprios, e nem justificar para os outros.

Coloquem a pergunta desta maneira: Que propósito será cumprido por continuarem contemplando o céu? Ele já se foi, é absolutamente certo que Ele partiu. Foi elevado, e o próprio Deus manifestadamente escondeu todo o traço de Cristo ao ordenar àquela nuvem interpor-se entre Ele e vocês. Por que ainda estão olhando? Ele lhes disse "vou para meu Pai". Por que ficam contemplando? Nós podemos agir de forma inepta sob a influência do amor profundo.

Lembro-me bem de ver a atitude de uma mulher cujo filho estava imigrando para uma colônia distante. Eu estava na estação de trem e notei as muitas lágrimas dela e quantas vezes abraçava o seu garoto, mas o comboio chegou, e ele entrou no vagão. Depois do trem ter passado pela estação, ela foi tola o suficiente para se livrar dos amigos que buscavam contê-la. Correu por toda a plataforma, saltou para dentro da canaleta dos trilhos e perseguia o veloz veículo. Foi natural, mas seria melhor que não tivesse sido feito. Qual a utilidade desse ato? Deveríamos nos abster de ações que não servem a um propósito prático, pois nessa vida não temos tempo ou forças para desperdiçar em atos infrutíferos.

Os discípulos seriam sensatos ao cessar a contemplação, visto que ninguém seria beneficiado por isso e eles mesmos não seriam abençoados. Qual a utilidade de olhar fixamente quando não há nada a ser visto? Bem, então os anjos perguntaram: "...por que estais olhando para as alturas?".

Novamente, propomos uma nova pergunta: Qual preceito eles estavam obedecendo enquanto estavam fitando o céu? Se você tem uma ordem de Deus para fazer algo, não precisa inquirir o motivo da ordem; é desobediência começar a analisar a vontade de Deus. Mas, quando não há qualquer preceito, por que perseverar em um ato que evidentemente não promete trazer qualquer bênção? Quem havia lhes ordenado permanecer fitando o céu? Se Cristo lhes houvesse mandado, então, em nome de Cristo, que eles permanecessem como estátuas e nunca desviassem seu olhar. Porém, como isso não lhes foi ordenado, por que eles faziam o que Ele não dissera e deixaram de fazer o que Ele lhes incumbiu? Porque Ele lhes ordenara estritamente que permanecessem em Jerusalém até que fossem revestidos do poder do alto. Assim, o que eles fizeram não era justificável.

Aqui está um ponto prático para nós: *somos muito aptos a replicar o que eles fizeram.* "Ó", dizem vocês, "eu jamais permaneceria olhando para o céu". Não tenho certeza disso. Alguns cristãos são muito curiosos, mas não obedientes. Preceitos claros são negligenciados, mas os problemas difíceis eles tentam resolver. Lembro-me de alguém que se detinha em taças, selos e trombetas. Ele era muito bom nos símbolos apocalípticos, mas tinha sete filhos e não orava em família. Se ele tivesse deixado as taças e trombetas e se preocupado com seus meninos e meninas, teria sido muito melhor.

Conheço homens que sabem muito do livro de Daniel e são especialmente instruídos em Ezequiel, mas são particularmente esquecidos do capítulo 20 de Êxodo e sabem pouco sobre Romanos 8. Não estou culpando essas pessoas por estudarem Daniel e Ezequiel, bem pelo contrário, mas eu gostaria que eles fossem mais zelosos pela conversão dos pecadores em seus bairros e ainda mais preocupados em assistir os santos empobrecidos. Admito o valor do estudo dos pés da imagem na visão de Nabucodonosor e a importância de saber sobre os reinos que formavam os dez dedos, mas não vejo propriedade em permitir que esses estudos se sobressaiam aos comuns sobre a santidade prática.

Se o tempo despendido em cima de proposições teológicas obscuras fosse dedicado ao beco escuro próximo à casa do bom homem, haveria mais benefício para ele mesmo e mais glória para Deus. Eu gostaria que compreendessem todos os mistérios, meus irmãos, se pudessem, mas não se esqueçam de que nossa principal ocupação aqui embaixo é clamar: "Contemplem o Cordeiro!". Por todos os meios possíveis, leiam e pesquisem até que saibam tudo o que o Senhor revelou com respeito ao porvir, mas primeiramente cuidem de que seus filhos sejam trazidos aos pés do Salvador e que vocês sejam cooperadores com Deus na edificação de Sua Igreja.

A grande maioria da miséria, ignorância e pecado que nos cerca por todos os lados demanda todo o nosso poder e, se vocês não responderem a esse chamado, embora eu não seja um homem em alvas vestes, aventurar-me-ei em lhes dizer: "Vocês cristãos, por que permanecem contemplando os mistérios, quando há tanto por se fazer por Jesus e vocês o estão deixando sem fazer?". Vocês, que são curiosos, mas não obedientes, temo estar lhes falando em vão, porém falo mesmo assim. E que o Santo Espírito também lhes fale.

Outros são contemplativos, mas não ativos, muito dados ao estudo das Escrituras e à meditação, contudo não zelosos de boas obras. A contemplação é tão escassa atualmente que eu gostaria que houvesse mil vezes mais dela. No entanto, no caso a que me refiro, tudo ocorre no canal único do pensamento: todo o tempo é gasto em leitura, em se alegrar, em arrebatamento, ou lazer piedoso. A religião nunca deve se tornar sujeita ao egoísmo, mesmo assim temo que alguns a tratem como se sua principal finalidade fosse a gratificação espiritual.

Quando a religião de um homem repousa em ele salvar a si mesmo e em desfrutar das coisas sagradas para si mesmo, há uma enfermidade nele. Quando o julgamento de um sermão é baseado em uma única questão: "Ele *me* alimentou?", esse é um julgamento sórdido.

Há a possibilidade de se ter uma religião hedionda em que você seja o primeiro, o segundo, o terceiro e até o último. Jesus alguma vez pensou ou falou dessa forma? A contemplação do próprio Cristo pode ser praticada de forma a levá-lo para longe de Cristo — o recluso medita sobre Jesus, mas ele está tão distante quanto possível do Jesus ocupado e abnegado. A meditação não acompanhada de serviço ativo no compartilhamento do evangelho entre os homens bem merece a repreensão angelical: "Varões galileus, por que estais olhando para as alturas?".

Ademais, alguns são zelosos, ansiosos e delirantemente impacientes por intervenção miraculosa. Às vezes entramos em um triste estado mental porque não vemos o reino de Cristo avançando tanto quanto desejamos. Creio que é isto que acontece com vocês e comigo: fico inquieto, profundamente perturbado, e penso que há uma boa razão para que eu esteja assim, uma vez que a verdade chegou às ruas e os dias de blasfêmia e repreensão estão sobre nós. Então enfraquecemos, pois o Mestre está distante, e clamamos: "Quando Ele voltará? Ó, por que Sua carruagem demora tanto para retornar? Por que Ele se detém através das eras?". Nosso desejo amarga em impaciência, e começamos a fitar o céu, buscando por Sua volta com tal inquietação que não nos permite praticar nosso dever como deveríamos. Sempre que alguém entrar nesse estado, esta é a palavra: "Varões galileus, por que estais olhando para as alturas?".

Em certos casos essa inquietude atrai a si uma expectativa errônea por maravilhas imediatas e um desejo intenso por ver sinais. Ó, quanto fanatismo vem disso! Há alguns anos, na América, veio alguém declarando que o Senhor voltaria em determinado dia e levou muitas pessoas a crer em suas loucas predições. Muitos pegaram seus cavalos e forragem para dois ou três dias, foram para a floresta esperando que seria melhor para se ver tudo o que pudesse ser visto, uma vez que estivessem apartados das multidões da cidade. Por todos os Estados Unidos havia pessoas que fizeram para si vestidos para a ascensão com os quais voariam no ar adequadamente trajadas.[6]

Eles aguardaram, aguardaram, e tenho certeza de que não haveria texto mais adequado para eles do que este: "Vocês, homens da América, por que estão olhando para as alturas?". Nada resultou dessa ação. Houve milhares na Inglaterra e na América que apenas necessitavam de um líder fanático para o qual correriam como tolos. O desejo de saber o tempo e as estações é uma mania de muitos coitados cuja insanidade corre por essa via em particular.

Qualquer ocorrência é um "sinal dos tempos", um sinal, eu acrescentaria, que eles não compreendem. Um terremoto é um dos seus favoritos. "Agora", dizem, "o Senhor está voltando", como se não houvesse terremotos do tipo que temos tido nos últimos séculos desde que o Senhor retornou ao Céu. Quando os terremotos proféticos ocorrerem em vários locais, saberemos sem que seja necessário esses irmãos nos avisarem.

Quantas pessoas estão fascinadas com o número da besta e prontas a saltar de alegria porque encontraram 666 no nome de alguém importante! Ora, o nome de qualquer um pode resultar nesse número se você o tratar judiciosamente, usando numerais da Grécia, Roma, Egito e China ou Timbuktu. Cansa-me o modo tolo com que alguns brincam com as Escrituras e jogam com os textos como com cartas de baralho. Sempre que vocês encontrarem alguém que se diz profeta, afastem-se dele no futuro, e quando ouvirem de sinais dos tempos e maravilhas, voltem-se ao Senhor e na paciência possuam a alma de vocês.[7]

"O justo viverá pela fé."[8] Não há outra forma de viver entre esses entusiastas incautos. Creiam em Deus e não peçam por milagres e maravilhas, ou o conhecimento dos tempos e das estações. Saber

---

[6] Spurgeon provavelmente se refere a William Miller. Esse homem, após anos de estudos das profecias bíblicas, concluiu que Jesus voltaria entre 21 de março de 1843 e 21 de março de 1844. Seus seguidores estabeleceram a data como sendo 22 de outubro de 1844.

[7] Conforme Lucas 21:19 ARC

[8] Romanos 1:17

quando o Senhor restaurará Seu reino não está em nosso poder. Lembrem-se do versículo que li para vocês agora há pouco: "Não vos pertence saber os tempos ou as estações".⁹

Se eu fosse levado a uma sala onde houvesse muitos embrulhos estocados e alguém me dissesse que ali havia algo bom para mim, eu deveria começar a procurar por aquele que tivesse meu nome nele e, quando visse um pacote sobre o qual estivesse escrito em letras grandes *"Este não é para você"*, eu deveria abandoná-lo. Aqui, então, há um porta-joias de conhecimentos marcado com *"Não vos pertence* saber os tempos ou as estações que o Pai estabeleceu pelo seu próprio poder". Por isso, parem de se intrometer em assuntos que estão ocultos e satisfaçam-se em saber aquilo que está claramente revelado.

2. Em segundo lugar, desejo que notem a ALEGRE DESCRIÇÃO que esses espíritos fulgurantes deram de nosso Senhor. Eles o descrevem como "Esse Jesus".

Gosto ainda mais da descrição porque *ela veio daqueles que o conheciam*. Ele foi "contemplado por anjos", eles o assistiram por toda Sua vida e o conheciam. Quando esses anjos, tendo acabado de vê-lo ascender ao Seu Pai e Seu Deus, disseram a Seu respeito "Esse Jesus", sei, por um testemunho infalível, que era Ele mesmo e é Ele mesmo.

Jesus partiu, mas Ele ainda existe. Ele partiu do nosso meio, mas não está morto, não se dissolveu em um nada como a névoa matutina. "Esse Jesus" foi para o trono de Seu Pai e está lá hoje tão certamente quanto como uma vez esteve no banco dos réus de Pilatos. Tão certo como Ele foi pendurado na cruz, assim Ele, esse mesmo homem, assenta-se no trono de Deus e reina sobre a criação.

Gosto de pensar na identidade positiva de Cristo no sétimo Céu com o Cristo nas maiores profundezas da agonia. O Cristo em quem cuspiram é agora o Cristo cujo nome é cantado por querubins e

---
⁹ Atos 1:7 ARC

serafins todos os dias. O Cristo que flagelaram é Aquele diante de quem os principados e potestades se deleitam em lançar suas coroas. Meditem nisso e sejam felizes nesta manhã e não se atenham a ficar parados contemplando o céu em busca de um mito ou um sonho. Jesus vive, cuidem de viver vocês também. Não ajam com indolência como se não tivessem nada a fazer, como se o reino de Deus tivesse terminado porque Jesus partiu dessa Terra, quanto à Sua presença física. Não está tudo acabado, Ele ainda vive e lhes deu um trabalho a fazer até que Ele volte. Portanto, vão e façam-no.

"Esse Jesus" — amo essa palavra porque Jesus quer dizer *Salvador*. Ó vocês pecadores ansiosos aqui presentes, o nome daquele que subiu para a Sua glória é pleno em convite para vocês! Vocês não virão a "esse Jesus"? Esse é Aquele que abriu os olhos do cego e libertou os cativos de suas prisões. Ele faz o mesmo hoje. Ó, que seus olhos possam ver Sua luz!

Aquele que tocou leprosos e ressuscitou mortos é o mesmo Jesus, totalmente apto para salvar. Ó, que vocês possam olhar e viver! Apenas precisam vir a Ele pela fé, como aquela mulher que tocou a orla de Suas vestes, só precisam clamar a Ele como o cego cuja visão Ele restaurou, pois Ele é o mesmo Jesus, que carrega consigo o mesmo terno amor pelo culpado e a mesma prontidão para receber e purificar todos os que vêm a Ele pela fé.

"Esse Jesus". Ora, isso deve querer dizer que Aquele que está no Céu é o mesmo Cristo que esteve na Terra, mas também deve significar que *Aquele que voltará é o mesmo Jesus que ascendeu ao Céu*. Não há mudança na natureza de nosso bendito Mestre, nem jamais haverá. Mas há uma enorme mudança em Sua condição —

> *O Senhor voltará, mas não na mesma condição*
> *Que antes veio, em sujeição,*
> *Diante dos inimigos, agiu em humildade*
> *O abatido e aflito em Sua humanidade.*

Ele será o mesmo Jesus em natureza, embora não em condição. Terá a mesma ternura quando vier para julgar, a mesma gentileza de coração quando todas as glórias do Céu e da Terra cercarem Sua fronte. Nossos olhos o contemplarão naquele dia e o reconheceremos não apenas pelas marcas dos cravos, mas pela aparência de Seu semblante, pelo caráter que radia de Sua maravilhosa face, e diremos: "É Ele! É Ele! O mesmo Cristo que ascendeu do cume do monte das Oliveiras dentre Seus discípulos!". Vão a Ele com seus problemas, como fariam se Ele estivesse aqui. Anseiem por Sua segunda vinda sem temor. Olhem para Ele com aquela alegre expectativa com a qual receberiam o Jesus de Betânia que amava Maria, Marta e Lázaro.

Antes dessa doce denominação, veio a pergunta: "Por que estais olhando para as alturas?". Os discípulos poderiam ter dito: "Permanecemos aqui porque não sabemos aonde ir. Nosso Mestre se foi". Porém, ó, é o mesmo Jesus e Ele está voltando, então dirijam-se a Jerusalém e vão direto ao trabalho. Não se preocupem consigo mesmos. Nenhum acidente grave ocorreu, não é um desastre que Cristo tenha partido, pelo contrário, é um avanço em Sua obra.

Hoje em dia, os que nos desprezam nos dizem: "Sua causa está acabada! O cristianismo se foi! Seu Cristo divino foi embora. Não temos visto um traço de Sua milagrosa mão, tampouco ouvido aquela voz que não podia ser rivalizada entre os homens". Aqui está nossa resposta: não estamos olhando para as alturas. Não estamos paralisados porque Jesus não está aqui. Ele vive, o grande Redentor vive, e, embora seja nosso prazer erguer nossos olhos porque esperamos Seu retorno, é igualmente prazeroso tirar nossos olhos do céu para vigiarmos aqui na Terra, e irmos à cidade, e lá falarmos que Jesus ressuscitou, que os homens são salvos pela fé nele e que aquele que nele crê terá vida eterna. Não estamos derrotados, longe disso. Sua ascensão não é um recuo, mas um avanço. A demora dele não é por falta de poder, mas por causa da abundância de Sua longanimidade. A vitória não é questionável. Tudo coopera para isso, todas as hordas de Deus estão se reunindo para esse golpe final. Esse mesmo Jesus está montando em Seu cavalo branco para liderar os exércitos celestiais, vencendo e para vencer.

3. Nosso terceiro ponto é a GRANDE VERDADE PRÁTICA. Essa verdade não é para nos manter olhando para as alturas, mas para fazer cada um de nós ir para sua casa para oferecer um serviço ardoroso. Qual é essa verdade?

Ora, primeiramente, que *Jesus foi para o Céu*. Ele partiu! Ele partiu! Parece o dobrar de um sino. Jesus foi tomado de vocês para ir ao Céu! Isso soa como um carrilhão nupcial. Ele se foi, mas foi para as montanhas de onde pode supervisionar a batalha, para o trono de onde pode nos enviar socorro. As forças reservas do onipotente permaneceram esperando até que seu Capitão viesse, e agora que Ele chegou ao centro do Universo, pode enviar legiões de anjos ou levantar hordas de homens para o auxílio de Sua causa. Vejo todos os motivos para descermos ao mundo, uma vez que Ele ascendeu às alturas e toda a autoridade lhe foi dada no céu e na Terra.[10] Não é este um bom argumento: "portanto, fazei discípulos de todas as nações, batizando-os em nome do Pai, e do Filho, e do Espírito Santo"?

Jesus voltará. Essa é outra razão para cingirmos nossos lombos porque é nítido que Ele não abandonou a luta, ou desertou do campo de batalha. Nosso grande Capitão ainda lidera o conflito, Ele cavalgou para outra parte do campo, porém voltará, talvez, num piscar de olhos. Vocês não afirmam que um comandante desistiu da campanha porque foi necessário que ele saísse de sua parte do campo. Nosso Senhor está fazendo o melhor para Seu reino em ir embora.

Era extremamente necessário que Ele partisse e que cada um de nós recebesse o Espírito. Há uma bendita unidade entre o Cristo Rei

---

[10] Conforme Mateus 28:18-19

e o mais comum soldado das fileiras. Ele não afastou Seu coração de nós, nem Seu cuidado, tampouco Seu interesse em nós. Jesus está unido pelo coração e pela alma ao Seu povo e à guerra santa deles. Esta é a evidência disso: "E eis que venho sem demora, e comigo está o galardão que tenho para retribuir a cada um segundo as suas obras".

Ademais nos é dito no texto — e esse é um motivo por que devemos partir para o trabalho — que *Ele está voltando da mesma forma como partiu*. Certamente alguns comentaristas parecem não entender nada de inglês.[11] Para eles "Esse Jesus que dentre vós foi assunto ao céu virá do modo como o vistes subir" tem a ver com Sua vinda espiritual no Pentecoste. Dê a qualquer pessoa um grão de bom senso e não perceberá ela que uma vinda espiritual não é uma vinda do mesmo modo como Ele ascendeu ao Céu? As duas coisas são análogas, porém certamente não idênticas.

Nosso Senhor foi levado, eles puderam vê-lo subir. Ele voltará e "todo olho o verá". Ele não ascendeu em espírito, mas em pessoa, e é assim que voltará. "Esse Jesus [...] virá do modo como o viste subir". É fato que Ele subiu, não em figura poética ou símbolo espiritual, mas como um fato — "Esse Jesus" literalmente ascendeu. "Esse Jesus" literalmente voltará.

Ele descerá por entre as nuvens da mesma forma como subiu entre elas "e por fim se levantará sobre a terra" do mesmo modo como fez antes. Cristo ascendeu sem enfrentar oposição — nenhum sumo sacerdote, ou escriba, ou fariseu, ou qualquer pessoa da multidão se opôs à Sua ascensão. Seria ridículo supor que eles pudessem se opor. Quando Cristo vier uma segunda vez, ninguém se levantará contra Ele. Seus adversários perecerão; como a gordura dos carneiros, eles derreterão em Sua presença. Quando Jesus voltar, Ele quebrará as nações rebeldes com uma vara de ferro, pois Seu exército será irresistível naquele dia.

---

[11] A língua na qual esse sermão foi pregado e escrito originalmente.

Irmãos, não permitam que ninguém os afaste disso pela espiritualização. Jesus está voltando de fato, portanto, voltem, de fato, à sua esfera de serviço. Coloquem as mãos à obra e ensinem ao ignorante, ganhem o desviado, instruam as crianças e a todos falem sobre o doce nome de Jesus. Doem dos seus bens, verdadeiramente, e não apenas falem sobre isso. Na verdade, consagrem sua vida diária à glória de Deus. Vivam, de fato, completamente para seu Redentor.

Jesus não está voltando de modo mítico, indistinto e vago. Ele está literalmente e verdadeiramente voltando, e da mesma maneira vai convocá-los para prestar contas de sua administração. Assim sendo, agora, hoje mesmo, literalmente, não de modo simbólico, pessoalmente e não por meio de representantes, vão para aquela parte do mundo que vocês conseguem alcançar e preguem o evangelho a toda criatura de acordo com as suas oportunidades.

É isto o que os homens trajados de branco quiseram dizer — *estejam prontos para encontrar seu Senhor que voltará*. Qual a forma de estarmos preparados para nos encontrar com Jesus? Se é o Jesus que partiu dentre nós que está voltando, então que sejamos achados fazendo o que Ele fazia antes de Ele partir. Se é o mesmo Jesus que está voltando, não há melhor postura para termos a fim de obter Sua aprovação do que a de praticarmos o bem. Se você quiser encontrá-lo com alegria, sirva-lhe com zelo.

Se o Senhor Jesus Cristo tivesse de voltar hoje, eu gostaria que Ele me encontrasse estudando, orando ou pregando. Vocês não gostariam que Ele os achasse em sua Escola Dominical, em sua sala de aula, ou em alguma esquina pregando ou fazendo qualquer coisa que vocês tenham o privilégio de fazer em Seu nome? Gostariam de encontrar seu Senhor em indolência? Nem pensem nisso!

Certo dia, visitei um de nossos membros, e ela estava alvejando os degraus da frente de sua casa. Ela se levantou toda confusa e disse: "Ó céus, senhor, eu não sabia que o senhor estava vindo hoje, senão estaria com tudo pronto". Respondi: "Querida amiga, você não poderia estar mais bem vestida do que está, pois está fazendo seu dever como uma boa dona de casa, e que Deus a abençoe". Ela não tinha condições de pagar uma empregada e cumpria seu dever ao manter a casa em ordem. Achei que ela estava mais bonita com seu balde ao seu lado do que se estivesse vestida de acordo com a última moda.

Eu disse àquela senhora: "Quando o Senhor Jesus Cristo repentinamente voltar, espero que Ele me encontre como você, ou seja, cumprindo meu dever do momento". Eu gostaria que todos vocês pegassem seus baldes sem se envergonhar deles. Sirvam ao Senhor de uma forma ou de outra, sirvam-lhe sempre, sirvam-lhe intensamente, sirvam-lhe mais e mais. Amanhã, vão e sirvam ao Senhor no balcão, ou na loja, ou no campo. Vão e sirvam-lhe ao ajudar os pobres e necessitados, as viúvas e os órfãos, sirvam-lhe ensinando às crianças, especialmente esforçando-se para treinar seus próprios filhos. Vão e dirijam um grupo de ajuda, mostrando ao alcoolista que há esperança para ele em Cristo, ou compareçam à reunião da meia-noite e ajudem à prostituta saber que Jesus pode restaurá-la.

Façam aquilo que Jesus lhes deu o poder de fazer e, então, não ficarão olhando para as alturas, mas aguardarão seu Senhor em oração, receberão o Espírito de Deus e tornarão pública, a todos que os cercam, a doutrina do "creia e viva". Assim, quando Cristo voltar, Ele lhes dirá: "Muito bem, servo bom e fiel... entra no gozo do teu Senhor". Que a Sua graça nos capacite a fazer assim. Amém!

2

OS DOIS ADVENTOS DE CRISTO[12]

E, assim como aos homens está ordenado morrerem uma só vez, vindo, depois disto, o juízo, assim também Cristo, tendo-se oferecido uma vez para sempre para tirar os pecados de muitos, aparecerá segunda vez, sem pecado, aos que o aguardam para a salvação. (Hebreus 9:27-28)

Precisamos começar percebendo o paralelo que o apóstolo[13] traça aqui. As palavras "assim como" e "assim" sugerem uma comparação entre duas verdades cuja correspondência ele desejou estabelecer: a primeira, um fato geralmente consentido, e a outra, um fato que estava ansioso para inculcar. Vocês verão que ele diz "aos homens está ordenado morrerem *uma só vez*", e uma vez apenas. Isso é óbvio. A regra é universal, as exceções não

---

[12] Este sermão foi pregado no *Metropolitan Tabernacle*, em 22 de dezembro de 1861.

[13] Spurgeon considerava Paulo o autor de Hebreus, pois usa a palavra "apóstolo". Contudo, a autoria dessa carta ainda permanece incerta.

são plausíveis. Uma ou outra pessoa pode ter morrido duas vezes, como, por exemplo, Lázaro, e os outros que foram ressuscitados dos mortos por Cristo. Estes, não podemos duvidar, retornaram para o túmulo após terem vivido por um pouco mais. Mas, para a maioria, "...aos homens está ordenado morrerem uma só vez".

Os grandes afazeres da vida podem ser realizados apenas uma vez. Nascemos naturalmente apenas uma vez, também uma vez nascemos espiritualmente. Não há dois nascimentos naturais, tampouco dois nascimentos espirituais. Apenas uma vez vivemos na Terra, morremos uma única vez, seremos julgados uma vez, receberemos nossa sentença final apenas uma vez e, uma única vez, seremos recebidos no gozo de nosso Senhor para sempre, ou seremos afastados de Sua presença para jamais retornar.

Bem, uma parte do paralelo do escritor de Hebreus está aqui. Assim como o homem morre apenas uma vez, do mesmo modo Cristo morreu somente uma vez. Como a Lei exigia apenas uma morte, assim, tendo Jesus Cristo oferecido essa única morte como resgate por Seu povo, Ele completou Sua tarefa. "...no dia em que dela comeres, certamente morrerás" era a penalidade; "...Cristo morreu pelos nossos pecados, segundo as Escrituras" foi o pagamento; "...por um só homem entrou o pecado no mundo" — esse é o primeiro *fato*; "...agora, porém, ao se cumprirem os tempos, se manifestou uma vez por todas, para aniquilar, pelo sacrifício de si mesmo, o pecado" — esse é o segundo fato.

Contudo, vocês ainda não absorveram todo o peso dessa comparação. Depois de o espírito de um homem ter estado uma vez sobre a Terra, de ter vivido seu tempo e seu corpo morrido, sua alma revisitará essa Terra novamente, pois "depois disso, [vem] o juízo". Todos os homens terão dois adventos — aquele que ele presentemente desfruta, ou desperdiça, sobre a Terra, e o advento que está além do atual curso de provação. Após ele ter descido ao túmulo, voltará para cá, seus ossos se reunirão uns aos outros, a carne se recomporá sobre o esqueleto, e o espírito retornará — quer do Céu, onde se alegra, quer do inferno, onde hoje lamenta — para habitar novamente o corpo e se erguer sobre esse mundo.

Todos voltaremos para cá. E se o lugar que agora nos conhece nunca mais vier a nos conhecer? Mesmo assim, nós nos levantaremos sobre algum lugar neste planeta. E se não pudermos reconhecer qualquer semelhança entre esse lugar e aquele onde vivemos, e formos incapazes de reconhecer qualquer similitude entre nós e o que fomos? Ainda assim, retornaremos para cá para receber o destino que nos foi determinado.

Acontece o mesmo com Cristo. Ele morreu uma vez e voltará novamente. Seu corpo estará uma segunda vez sobre a Terra. Após a morte vem o juízo! A questão é que, quando falamos de Cristo, Ele voltará não para ser julgado, mas para ser o Juiz. Depois da morte vem a recompensa para nós; após a Sua morte, a recompensa para Ele. Depois de nossa morte, vem a ressurreição; isso já aconteceu com Cristo. Assim como a ressurreição virá sobre o santo e o pecador, assim virá o julgamento final e o pronunciamento da sentença. Do mesmo modo, Cristo virá para a reunião final de Seus eleitos e a derrota final de todos os Seus inimigos, para a coroação final de Sua cabeça, quando Ele terá todas as coisas colocadas sob Seus pés e reinará para sempre.

Penso que, tendo assim trazido o paralelo do texto, vou deixá-lo à sua meditação. Como foi ordenado ao homem morrer apenas uma vez, e depois disso vem o juízo, foi ordenado a Cristo morrer uma única vez. Isso foi cumprido! A sequência fica estabelecida. Àqueles que o buscam, Ele aparecerá uma segunda vez sem pecado para a salvação. Nesta noite, empregaremos nosso tempo — e, queira Deus, de forma aproveitável — para observar, primeiramente, a *semelhança entre os dois adventos de Cristo*; em segundo lugar, *em que eles diferem*, que é um assunto muito mais extenso; e, por último, faremos algumas observações sobre *nosso interesse pessoal em ambos os adventos*.

1. O texto afirma, categoricamente, que, do mesmo modo como estaremos aqui duas vezes — a primeira em uma vida de provação e a segunda vez no dia do julgamento —, assim Cristo estará aqui duas vezes: a primeira, em Sua vida de sofrimento e, depois, em Sua hora de triunfo. Assim, AS DUAS VINDAS DE CRISTO POSSUEM ALGUM GRAU DE SEMELHANÇA.

Primeiramente, são semelhantes no fato de que *ambas são vindas físicas*. Cristo veio a primeira vez, não como um espírito, pois este não tem carne e osso como Ele tinha. Ele tinha uma natureza que poderia ser acalentada no peito de uma mulher, que podia ser carregada nos braços de um pai. Era tal que Ele poderia, mais tarde, caminhar por si até o Templo, que podia carregar, em Seu próprio corpo, o nosso pecado sobre aquele madeiro. Já tratamos de forma definitiva aquelas ideias tolas de alguns hereges de que a aparição de Cristo sobre a Terra foi como a de um espectro. Sabemos que Ele esteve aqui na Terra de maneira real, pessoal e física.

Todavia, não está claro para algumas pessoas que Ele virá do mesmo modo real, pessoal e físico uma segunda vez. Sei que há alguns que estão se empenhando para se livrar da ideia de um reino pessoal físico. Contudo, do meu ponto de vista, a volta e o reino estão tão intimamente ligados que, se devemos ter um reino espiritual, teremos de ter uma vinda espiritual.

Cremos, e sustentamos, que Cristo virá repentinamente uma segunda vez para ressuscitar Seus santos — na primeira ressurreição —, que isso será o início do grande julgamento e que eles reinarão com Ele após isso. O restante dos mortos não viverá até que os mil anos tenham findado. Então, eles ressuscitarão de seus túmulos, ao soar da trombeta, e o julgamento deles virá e receberão das obras que realizaram em seus corpos.

Cremos que o Cristo que se assentará no trono de Seu pai Davi, e cujos pés se fixarão no monte das Oliveiras, é tão pessoal quanto o Cristo que nasceu em Belém e que chorou naquela manjedoura.

Cremos que o mesmo Cristo, cujo corpo foi pendurado no madeiro, sentar-se-á sobre o trono, que as mesmas mãos que sentiram os cravos segurarão o cetro, que os pés que se apressaram para a cruz calcarão os pescoços de Seus inimigos. Aguardamos o advento pessoal, o reino pessoal, a sessão judicial e o veredito de Cristo.

Os adventos não serão menos semelhantes no fato *de que ambos serão de acordo com a promessa*. A prometida primeira vinda de Cristo foi a que alegrou os primeiros a crer. "Abraão, vosso pai, alegrou-se por ver o meu dia, viu-o e regozijou-se." O epitáfio inscrito na placa que cobre o sepulcro dos primeiros santos tem o texto: "Todos estes morreram na fé, sem ter obtido as promessas; vendo-as, porém, de longe". E hoje cremos que Cristo virá de acordo com a promessa. Pensamos ter evidências em abundância nas palavras ditas pelos lábios dos inspirados profetas e videntes e, mais especificamente, na extasiada caneta de João em Patmos. Não testificam elas que Cristo virá com certeza? Nós, agora, como Abraão, vemos o Seu dia, nossos olhos captam o esplendor vindouro, nossa alma fica fascinada com a glória que se aproxima.

Os judeus aguardavam pelo Messias, o Príncipe? Nós também o aguardamos. Eles esperavam que Ele reinasse? Nós idem. De fato, o mesmo Príncipe por quem Israel agora aguarda, em toda a sua dureza de coração, é o mesmo que nós aguardamos. Eles duvidam do primeiro advento do Messias e aguardam que Ele venha como o mais belo entre milhares, o Príncipe dos reis da Terra. Salve, Israel! Nisso sua irmã gentia[14] concorda com você, ela aguarda que Ele venha da mesma forma. E, quando Sua vinda remover as escamas dos olhos cegos das tribos de Israel, então, a plenitude dos gentios louvará juntamente com a semente de Abraão e magnificarão o Cordeiro, que uma vez foi morto e que virá uma segunda vez como o Leão da tribo de Judá. Em ambos os casos, temos em mente o advento de Cristo plenamente prometido.

---

[14] Spurgeon se refere à Igreja.

No entanto, devemos afirmar, em segundo lugar, que o segundo advento de Cristo será como o primeiro no que *é inesperado pela maioria das pessoas.* Quando Ele veio anteriormente, havia apenas poucos que o aguardavam — Simeão e Ana, e algumas almas humildes que sabiam que Ele estava próximo de vir. Os demais sabiam daquilo que os patriarcas e profetas de sua nação haviam predito sobre Seu nascimento, mas a vaidade de seus pensamentos e a sua forma de conduzir a vida eram tão divergentes do credo no qual foram treinados que eles não se preocupavam minimamente com Ele. Os magos podiam vir do distante Oriente, os pastores das campinas próximas, mas quão pouca comoção houve nas agitadas ruas de Jerusalém, no palácio dos reis ou nas casas comerciais. O reino de Deus chegou sem que fosse notado. Em tal hora, como eles não aguardavam, o Filho do Homem veio. E agora, embora tenhamos as palavras das Escrituras para nos assegurar de que Ele logo voltará, e que tem em mãos a Sua recompensa e Sua obra diante de si, como são poucos os que o aguardam!

Como é esperada e antevista a vinda de algum príncipe estrangeiro ou a aproximação de algum evento grandioso desde a hora em que foi promulgada entre as pessoas! Mas a Tua vinda, Jesus, o Teu glorioso advento, onde estão aqueles que espremem seus olhos para captar os primeiros raios do Sol nascente? São poucos os Teus seguidores que esperam a Tua aparição. Encontramos poucos homens que caminham como aqueles que sabem que o tempo é breve, que o Mestre pode vir ao cantar do galo, ou à meia-noite, ou ao raiar do dia. Conhecemos poucos discípulos amados que, com corações anelantes, iludem as horas cansativas enquanto preparam canções para te saudar, ó Emanuel!

Estrangeiros na Terra, por ti aguardamos;
Ó, deixa o trono do Pai nos Céus,
Vem com um brado de triunfo, Senhor,
E reivindica-nos como Teus.

Nesta Terra, não encontramos descanso,
Tampouco o amor temos avistado,
Nossos olhos repousam no trono real,
Para ti e para nós preparado.

Senhor, aumenta o número daqueles que te buscam, e desejam, e oram, e aguardam e vigiam durante as lúgubres horas da noite em favor da manhã em que Tua volta brilhará!

Ainda assim, vejam, quando Ele voltar, poderemos dizer isto: *Ele voltará para abençoar aqueles que esperam por Ele, assim como fez da primeira vez*. Benditos foram os olhos que o viram, benditos os corações que o amaram, benditos os ouvidos que o ouviram, benditos os lábios que o beijaram, benditas as mãos que quebraram o vaso de alabastro sobre Sua gloriosa cabeça. E benditos serão aqueles que forem encontrados dignos da ressurreição e do reino que Ele preparou. Bem-aventurados são os que, tendo nascido da água e do Espírito, entrarão no reino de Deus, pois isso não é dado a todos. Há alguns que ainda não veem o reino, e outros que não podem entrar porque não obedecem às ordenanças que fariam deles discípulos de Cristo. Três vezes mais abençoados serão os que, com lombos cingidos, sendo servos obedientes e tendo cumprido a Sua vontade, ouvirão: "Vinde, benditos de meu Pai! Entrai na posse do reino que vos está preparado desde a fundação do mundo". Ele vem para abençoar Seu povo!

Mas também há esta outra semelhança, e, tendo-a mencionado, encerrarei esse primeiro ponto: Ele vem, não apenas para abençoar Seu povo, mas *para ser pedra de tropeço e uma rocha de ofensa para aqueles que não creem nele*. Quando Cristo veio a primeira vez, era como um fogo do ourives e como a potassa dos lavandeiros.[15] Como o fogo do ourives refina a escória, assim Ele consumiu os fariseus e os saduceus; e como o sabão do lavandeiro limpa a impureza, assim Ele

---

[15] Conforme Malaquias 3:2

fez com aquela geração quando a condenou, como o profeta Jonas condenou os habitantes de Nínive e, portanto, condenou os habitantes de Jerusalém porque eles não se arrependeram.

Do mesmo modo, quando Ele vier a segunda vez, ao mesmo tempo que abençoará o Seu povo, a Sua pá estará em Sua mão para limpar completamente a Sua eira.[16] Aqueles que não o conheceram e não o amaram serão colocados de lado como a palha para o fogo inextinguível. Não anseie pela volta de Jesus se você não o ama, pois o Dia do Senhor será para você trevas, e não luz. Não implore pelo fim do mundo, não diga: "Vem sem demora!" porque a Sua vinda será para sua destruição, Seu advento será a chegada de seu terror eterno. Que Deus permita que amemos nosso Salvador e coloquemos nele a nossa confiança, mas somente depois disso poderemos dizer: "Vem sem demora, vem sem demora, Senhor Jesus!".

2. Voltemo-nos agora para a segunda parte de nosso assunto: AS DIFERENÇAS ENTRE OS DOIS ADVENTOS.

Na profecia de *Sua vinda*, da primeira e da segunda, havia uma disparidade e ao mesmo tempo uma correspondência. É verdade que, em ambos os casos, Ele vem assistido por Seus anjos, e a canção será: "Glória a Deus nas maiores alturas, e paz na terra entre os homens, a quem ele quer bem". É verdade que, em ambos os casos, os pastores que vigiam sobre seus rebanhos, até mesmo durante a noite, estarão entre os primeiros a saudar com seus olhos sem descanso. Benditos os pastores que viram o Cristo envolto em faixas e, portanto, verão o Grande Pastor quando Ele voltar. No entanto, quão diferente será Sua volta. Na primeira vez, Ele veio como um infante, medindo cerca de um palmo; agora o Glorioso voltará — *envolto em um arco-íris e nuvens tempestuosas*. Primeiro, veio por meio de uma manjedoura, agora Ele ascenderá ao Seu trono. Da primeira vez, sentou-se no colo de uma

---

[16] Conforme Mateus 3:12

mulher e aquietou-se sobre seu peito, agora toda a Terra estará a Seus pés, e todo o Universo estará sobre Seus ombros eternos. Primeiro, apareceu como uma criança, agora como o infinito. Em Sua primeira vinda, Ele nasceu em um contexto perturbado, assim como as fagulhas voam no ar; da próxima, virá em glória, como o relâmpago desde uma extremidade do céu à outra. Um estábulo recebeu o bebê, agora as elevadas abóbodas da Terra e do Céu serão pequenas demais para Ele. Os bois foram Sua primeira companhia; no futuro, as 20 mil carruagens divinas, com miríades de anjos, estarão à Sua mão direita. Seus pais terrenos ficaram felizes, em sua pobreza, ao receber as ofertas de ouro, incenso e mirra; mas agora, em esplendor, diante do Rei dos reis e Senhor dos senhores, todas as nações se dobrarão, e os reis e os príncipes farão reverência a Seus pés. Ainda assim, Ele não necessitará de qualquer coisa das mãos deles, pois poderá dizer: "Se eu tivesse fome, não to diria, pois são meus todos os animais do bosque e as alimárias aos milhares sobre as montanhas".[17] "...sob seus pés tudo lhe puseste: ovelhas e bois, todos, e também os animais do campo".[18] O mundo pertence ao Senhor e tudo o que nele se contém.[19]

Não haverá meramente uma diferença em Sua vinda, mas uma distinção ainda maior e aparente em *Sua pessoa*. Ele será o mesmo, de forma que conseguiremos reconhecê-lo como o Homem de Nazaré, porém, ó quão diferente será! Onde está agora o avental do carpinteiro? A realeza assumiu agora a Sua púrpura. Onde estão os pés desgastados, que precisavam ser lavados após suas longas jornadas? Estão calçados em luz, "semelhantes ao bronze polido, como que refinado numa fornalha".[20] Onde está agora o clamor: "As raposas têm seus covis, e as aves do céu, ninhos; mas o Filho do Homem não tem onde reclinar a cabeça"?[21] O céu é Seu trono, e a Terra, o escabelo de Seus pés.

---

[17] Uma combinação entre os versículos 12 e 10 do Salmo 50
[18] Salmo 8:6-7
[19] Conforme a segunda parte do versículo 12 do Salmo 50
[20] Apocalipse 1:15
[21] Mateus 8:20; Lucas 9:58

Acho que nas visões da noite eu vejo o dia raiando. E ao Filho do Homem são dados "...domínio, e glória, e o reino, para que os povos, nações e homens de todas as línguas o servissem".[22] Ah, vocês acham que reconheceriam, no homem de dores e que sabe o que é sofrer, o Rei eterno, imortal, invisível? Achariam que o homem humilde, desprezado e rejeitado seria a semente de milho da qual brotaria uma espiga inteira, o Cristo glorioso, diante de quem os anjos cobrem suas faces e clamam "Santo, Santo, Santo é o *Yahweh Sabaoth*"?[23] Ele é o mesmo, ainda assim quão mudado! Vocês que o desprezaram, desprezá-lo-iam agora?

Imaginem que o Dia do julgamento chegou, e permitamos que este grande público aqui represente a reunião daquela última manhã terrível. Agora, vocês que desprezaram a Sua cruz, aproximem-se e insultem Seu trono! Vocês que diziam que Ele era apena um homem, venham para perto e resistam-lhe enquanto Ele lhes prova que é seu Criador! Vocês que disseram: "Não vamos permitir que esse *homem* reine sobre nós", digam-no agora, se têm coragem, repitam, se ousarão demonstrar sua ousada e presunçosa provocação! O quê? Estão em silêncio? Voltam as costas e fogem? Em verdade, em verdade, foi dito que vocês agiriam assim. Que aqueles que o odeiam fugiriam de diante dele. Seus inimigos comerão o pó. Clamarão para que as rochas se lancem sobre eles e para que as montanhas os escondam de Sua face.[24] Quão mudado, digo, Ele estará na aparência de Sua pessoa.

Contudo, a diferença será ainda mais aparente no tratamento que Ele receberá. Infelizmente, meu Senhor, Tua recepção na Terra da primeira vez não foi tal que te atrairia a vir novamente aqui. "Todos os que me veem zombam de mim, afrouxam os lábios e dizem: 'Confiou no SENHOR! Livre-o ele; salve-o, pois nele tem prazer'. Tornei-me objeto de escárnio para eles. Tagarelam sobre mim os que à porta se

---

[22] Daniel 7:14

[23] Transliteração do hebraico "SENHOR dos Exércitos"

[24] Conforme Apocalipse 6:15-16

assentam, e sou motivo para cantigas de beberrões."[25] "...olhamo-lo, mas nenhuma beleza havia que nos agradasse".[26] Essa foi a opinião do mundo sobre o Ungido de Deus. Foi assim que saudaram o Cristo de Jeová quando Ele veio pela primeira vez.

Mundo cego, abra seus olhos enquanto as trovoadas do julgamento o agitam em terror e assombro e examine-se a si mesmo. Esse é o homem em quem vocês não viram beleza — ousariam dizer-lhe o mesmo agora? Seus olhos são como chamas de fogo, e de Sua boca sai uma espada de dois gumes, Sua cabeça e Seus cabelos são brancos como a lã, tão alvos quanto a neve, e Seus pés são como ouro polido. Quão glorioso Ele é agora! Como a opinião do mundo acerca dele é diferente! Os homens maus choram e lamentam por causa dele. Os homens bons clamam: "Saúdem-no todos! Saúdem-no todos! Saúdem-no todos!", batem palmas, inclinam sua cabeça e saltam de alegria. Ao redor de Cristo, uma companhia incontável de anjos espera, os querubins e os serafins com suas rodas reluzentes[27] estão a Seus pés e eternamente e continuamente clamam: "Santo, Santo, Santo é o SENHOR dos Exércitos!".

Suponhamos novamente que o Dia do julgamento chegou e desafiemos o mundo a tratar o Salvador como antes o fez. Agora, as multidões vêm e o arrastam para jogá-lo do penhasco! Venham, fariseus, tentem-no e busquem enredá-lo em Suas próprias palavras. Herodianos, não têm qualquer centavo agora, para que possam perguntar-lhe algo difícil e armar-lhe uma armadilha? O quê, saduceus, vocês não possuem mais nenhum enigma? "Hahaha", riam dos escribas e dos sábios, vejam como o sábio Homem de Nazaré confundiu-os todos! Vejam como o sofredor tornou em nulidade os Seus perseguidores!

Venha, Judas, arquitraidor, venda-o por trinta moedas de prata! Venha e dê nele outro beijo e banque o traidor novamente! Pilatos,

---

[25] Nestes dizeres de Cristo, Spurgeon mistura o conteúdo dos Salmos 22 e 69.
[26] Isaías 53:2
[27] Conforme Ezequiel 1

venha e lave suas mãos em inocência e diga: "Estou inocente do sangue deste [justo]".[28] Vejam, vocês pais do Sinédrio, acordem de seu longo sono e digam novamente, se tiverem coragem: "Este [homem] blasfema!".[29] Batam-lhe na face, vocês soldados; espanquem-no novamente, vocês pretorianos. Sentem-no novamente na cadeira e cuspam-lhe na face. Teçam-lhe Sua coroa de espinhos, ponham-na sobre Sua cabeça e coloquem o caniço em Sua mão direita. O quê? Vocês não possuem uma capa velha para pôr sobre Seus ombros novamente? O quê? Não possuem mais canções, nem brincadeiras obscenas e não há entre vocês um homem que ouse puxar-lhe os cabelos? Não! Vejam como eles fogem! Os lombos não estão cingidos, os escudos dos poderosos foram lançados ao vento. A coragem lhes faltou, os valentes romanos se tornaram em covardes e os arrogantes touros de Basã[30] se apressaram para fora de seus pastos.

E agora, clamem, judeus: "Crucifica-o!" e que o Seu sangue caia sobre vocês e sobre seus filhos.[31] Venha, multidão irreverente, e escarneçam dele na cruz como o fizeram. Apontem às Suas feridas, zombem de Sua nudez, riam de Sua sede, ultrajem Sua oração, levantem-se e deem vazão à sua língua e insultem a Sua agonia, se ousarem fazê-lo. Vocês o fizeram uma vez! É a mesma pessoa, façam de novo. Mas, não, eles lançam seu rosto sobre o pó, e dessa massa reunida sobe um lamento como nunca ouvido antes, nem mesmo quando os filhos de *Mizraim*[32] sentiram a espada do anjo, pranto pior do que jamais se viu em Boquim,[33] lágrimas mais quentes do que Raquel derramou quando não pôde ser consolada pela morte de seus filhos.[34] Chorem! Agora é tarde demais para sua tristeza.

---

[28] Mateus 27:24
[29] Mateus 9:3
[30] Salmo 22:12
[31] Conforme Mateus 27:25
[32] Egito, em hebraico
[33] Juízes 2:1-5. Boquim, no hebraico, quer dizer "aquele que chora".
[34] Jeremias 31:15 e Mateus 2:16-18

Ó, se tivesse havido as lágrimas de penitência antes, não haveria o choro de remorso agora. Ó, se tivesse havido o olhar da fé, não haveria o incendiar mordaz de seus olhos com os horrores que os consumirão completamente. Digo que Cristo vem para ser tratado de modo muito diferente do tratamento que recebeu anteriormente.

A diferença aparece mais uma vez nisto: *Cristo voltará para um propósito muito diferente.* A primeira vez Ele veio com: "agrada-me fazer a tua vontade, ó Deus meu". E virá uma segunda vez para reivindicar a recompensa e dividir o despojo com o forte. Na primeira vez, Ele veio como oferta pelo pecado. Tendo sido essa oferta apresentada uma vez, não há mais necessidade de mais sacrifícios pelo pecado. Na segunda vez, voltará para administrar justiça. Ele era justo, na primeira vez que veio, mas era a justiça da obediência. Ele será justo em Sua segunda vinda com a justiça da supremacia. Veio para suportar a penalidade, voltará para obter a recompensa. Veio para servir, voltará para governar. Veio para escancarar a porta da graça, voltará para fechá-la. Voltará não para redimir, mas para julgar; não para salvar, porém para pronunciar a sentença; não para chorar enquanto convida, mas para sorrir enquanto retribui; não para estremecer em Seu coração enquanto pronuncia a graça, senão para fazer os outros tremerem enquanto Ele proclama o destino deles. Ó Jesus, como é grande a diferença entre a Tua primeira e segunda vindas!

3. Devo empreender os poucos minutos que nos restam em FAZER UMAS POUCAS PERGUNTAS.

O que isso tem a ver conosco? Essas verdades têm algo relacionado a cada um de nós, desde o senhor mais velho, com poucos cabelos, até à criança com as bochechas mais rosadas, que ouve com um olhar maravilhado diante do pensamento de que Cristo voltará e todo olho o verá. Há alguns espetáculos cuja contemplação é reservada a poucos dentre os homens, mas todo olho verá *Cristo* voltando.

Muitos de nós podemos partir desta Terra antes que a próxima grande exibição possa ser admirada em Londres, porém todo olho o verá. Há algumas visões grandiosas nas quais vocês não têm interesse e não as veriam se pudessem, mas todos verão Cristo. Pode ser que vocês se recusem a ir a um local de adoração para ouvi-lo, mas, mesmo assim, o verão. Talvez vocês tenham ido à casa de Deus algumas vezes e, quando lá estavam, prometeram a si mesmos nunca mais voltar. Ah, no entanto, vocês estarão lá naquele dia, sem importar qual a sua escolha. E terão de permanecer até o encerramento, até que Ele pronuncie quer a bênção quer a maldição sobre sua cabeça. Pois todo olho o verá.

Não haverá sequer um de nós ausente no dia da aparição de Cristo, portanto, todos temos interesse nesse assunto. Infelizmente, é muito triste que muitos o verão para chorar e se lamentar! Você estará entre esses? Não, não olhe ao redor para os que o cercam — *você* estará entre esses? Lamento por você! Com certeza estará entre eles se, aqui na Terra, nunca chorar por seus pecados. Se não prantear por seus pecados na Terra, lamentá-los-á naquele dia e, preste atenção, se você não correr para Cristo e confiar nele *agora*, deverá fugir dele e ser amaldiçoado por Ele *quando aquele dia chegar*. "Se alguém não ama o Senhor, seja anátema. Maranata!"[35], um maldito com uma maldição! Foi Paulo quem o disse. Em nome da igreja, por meio de seu apóstolo mais amado e terno, é amaldiçoada a alma que não ama a Cristo.

O Céu solenemente ratificará essa maldição com um "Amém", e o Dia do julgamento traz consigo trovões que envolverão em terríveis coros o som: "Amém! Que seja maldito aquele que não ama a Cristo". Contudo, haverá alguns que, naquele dia quando Cristo voltar, grandemente se regozijarão em vê-lo. Você estará entre esses? Haverá uma coroa para você? Você compartilhará daquele triunfo magnífico? Estará entre aqueles da corte real que se regozijarão em ver "o Rei na Sua formosura" na "terra que se estende até longe"?[36]

---

[35] 1 Coríntios 16:22
[36] Isaías 33:17

Irmã, você estará entre as filhas de Jerusalém que se encontrarão com o rei Salomão que tem sobre sua cabeça a coroa com a qual sua mãe o coroou no dia de suas núpcias? Irmão, estará você entre aqueles que se encontrarão com o Rei quando Ele vier cantando: "Hosana! Bendito é o Rei que vem em nome do Senhor!"? "Espero que sim", diz alguém. Eu também espero que sim, mas você tem certeza? "Bem, espero que sim!" Não se contente em ter uma esperança, a menos que saiba que é uma boa esperança por meio da graça. O que vocês dizem esta noite? Nasceram de novo? Passaram da morte para a vida? São novas criaturas em Cristo Jesus? O Espírito de Deus tem tratado com vocês? Já foram levados a ver a falácia de toda a confiança humana? Já foram convencidos de que nenhuma boa obra pode torná-los adequados para reinar com Cristo? Já foram levados a descartar sua justiça própria como trapos de imundícia? Alma, você pode cantar esta noite:

Em fé minha mão imponho,
Sobre Tua amada cabeça;
Como penitente me reconheço
E ali meu pecado confesso.[37]

Vocês podem dizer — em humildade, fraqueza, mas, ainda assim, resolutamente —: "Cristo é meu tudo, Ele é tudo o que desejo na Terra, é tudo o que eu preciso para chegar ao Céu"? Se for assim, anseiem por Sua aparição, pois vocês o verão e serão glorificados nele. Contudo, se não puderem fazer essa afirmação…

Estamos nos aproximando do fim deste ano.[38] Esta é a última vez que terei o prazer de me dirigir a vocês neste ano. Ó, que Deus traga mais nesta última semana do que em todas as demais que já se passaram! É possível, pois nada é difícil demais para Deus. Será assim se Ele puder mover seu coração, irmãos e irmãs, para que clamem por isso.

---

[37] Tradução livre do hino *Not all the blood of beasts*, de Isaac Watts.
[38] Ano de 1861

Não há rapazes aqui que ainda não são seguidores do Cordeiro? Ó, que esta noite, nesta mesma noite, o Espírito de Deus possa dizer ao seu coração: "Convertei-vos, convertei-vos dos vossos maus caminhos; pois por que haveis de morrer...?". E que vocês possam ficar tão inquietos, de modo que esta noite não consigam dar o sono a seus olhos nem sequer dormitar, até que tenham colocado sua fé em Cristo e que Ele seja seu. Amanhã provavelmente ouvirão os canhões indicando o tempo em que as cinzas do príncipe serão colocadas em seu local de descanso.[39] Que cada canhão lhes seja um sermão; que esta seja a mensagem deles, à medida que os ouvirem disparar: "Venham ao julgamento, venham depressa ao julgamento!". E que vocês possam responder ao ouvi-los: "Sim, bendito seja Deus, não temo comparecer ao julgamento porque

Não poderia me gloriar,
justiça própria a alegar.
Diria, humilde: Ó Redentor,
aceita um pobre pecador![40]

Lembrem-se de que a salvação é por meio de Cristo, não pela vontade humana, nem pelo sangue, ou por nascimento, e esta é a mensagem que Jesus nos ordena anunciar: "Todo aquele que invocar o nome do Senhor será salvo". Ó, que vocês sejam levados a invocar Seu nome pela oração e fé humilde e serão salvos. "Quem nele crê não é julgado". Ó, que vocês creiam nele nesta noite, caso nunca o tenham feito antes. Toquem na orla de Seu manto, vocês hemorrágicos. Digam: "Jesus, Filho de Davi, tem misericórdia de mim", vocês

---

[39] Referência de Spurgeon à cerimônia fúnebre do príncipe Alberto de Saxe-Coburgo-Gota, marido da rainha Vitória, que seria realizada no dia seguinte, 23 de dezembro de 1861. O príncipe morrera no dia 14 daquele mês.

[40] *Justiça e sangue de Jesus*, hino nº 50 do Livro de Canto da Igreja Evangélica de Confissão Luterana do Brasil (IECLB).

que são cegos; digam: "Senhor, salva-nos! Perecemos!", vocês que estão prontos para naufragar, e os ouvidos de Jesus e as hábeis mãos do Salvador os ouvirão e abençoarão, se seu coração estiver pronto e se sua alma estiver implorando por misericórdia. Que Deus lhes conceda as mais ricas bênçãos de Sua graça em nome de Jesus. Amém!

Talvez seja impróprio desejar-lhes, do púlpito, as felicitações por essa época do ano. Mas eu realmente lhes desejo a bênção de Deus em todas as épocas, em tempo e fora de tempo, e essa é minha bênção sobre vocês nesta noite. Que tenham a bênção de Deus na vida, e Sua bênção na morte, Sua bênção em Seu advento e Sua bênção em Seu julgamento. Que o Senhor os abençoe mais e mais, que Ele lhes conceda um abençoado Natal e o mais feliz Ano Novo! E a Ele seja todo louvor e honra!

3

AS DUAS MANIFESTAÇÕES E A DISCIPLINA DA GRAÇA[41]

Porquanto a graça de Deus se manifestou salvadora a todos os homens, educando-nos para que, renegadas a impiedade e as paixões mundanas, vivamos, no presente século, sensata, justa e piedosamente, aguardando a bendita esperança e a manifestação da glória do nosso grande Deus e Salvador Cristo Jesus, o qual a si mesmo se deu por nós, a fim de remir-nos de toda iniquidade e purificar, para si mesmo, um povo exclusivamente seu, zeloso de boas obras.

(Tito 2:11-14)

Ao ler este texto bíblico, pode-se ver rapidamente que Paulo cria em um Salvador divino. Ele não pregava um Salvador que era meramente um homem. Cria que o Senhor Jesus Cristo era verdadeiramente homem, mas também

---
[41] Este sermão foi pregado no *Metropolitan Tabernacle*, em 4 de abril de 1886.

acreditava que Ele fosse Deus sobre todas as coisas e, portanto, escreveu as notáveis palavras: "a manifestação da glória do nosso grande Deus e Salvador Cristo Jesus". Não é mencionada a aparição do Deus Pai, não há uma expressão como essa nas Escrituras. A manifestação é a aparição daquela segunda pessoa da bendita Trindade, em unidade, que já aparecera anteriormente e que se manifestará uma segunda vez sem uma oferta pelo pecado nos últimos dias. Paulo cria em Jesus como "grande Deus e Salvador". Era um grande prazer exaltar o Senhor que antes fora crucificado em fraqueza. O apóstolo o chama de "*grande* Deus" — desse modo apoiando-se em Seu poder, domínio e glória —, e isso é ainda mais surpreendente porque ele, em seguida, diz "o qual a si mesmo se deu por nós, a fim de remir-nos de toda iniquidade". Aquele que dera a si mesmo, que rendera a vida sobre aquele maldito madeiro, Aquele que fora despido de toda honra e glória e que entrara nas maiores profundidades da humilhação era, de fato, o grande Deus, a despeito de tudo. Ó irmãos, se vocês retirarem a divindade de Cristo, o que restará no evangelho que seja digno de ser pregado? Ninguém, senão o grande Deus, está à altura da obra de ser nosso Salvador.

Também aprendemos, em uma olhada, que Paulo cria em uma grande redenção: "o qual a si mesmo se deu por nós, a fim de remir-nos de toda iniquidade". Essa palavra "redenção" soa como um sino de prata aos meus ouvidos. Somos resgatados, comprados da escravidão, e isso a um preço imensurável, não meramente pela obediência de Cristo, nem por Seu sofrimento, tampouco pela Sua morte, mas por Cristo entregando-se *a si mesmo* por nós. Tudo que há no grande Deus e Salvador foi pago para que Ele nos remisse "de toda a iniquidade". O esplendor do evangelho repousa no sacrifício redentor do Filho de Deus, e jamais falharemos se dermos primazia a isso em nossa pregação. Essa é a principal joia dentre todas as joias do evangelho. Tal qual a Lua fulgura entre as estrelas, assim essa grande doutrina está entre todas as luzes de menor intensidade que Deus acendeu para alegrar a noite do homem decaído. Paulo jamais hesita, ele tem um Salvador divino e uma redenção divina e prega ambos com confiança inabalável. Ó, quem dera todos os pregadores fossem como ele!

Também está claro que Paulo aguardava a manifestação do Salvador como um Redentor de toda a iniquidade, como uma exibição da graça divina. Diz ele: "a graça de Deus se manifestou salvadora a todos os homens". A graça de Deus é revelada na pessoa de Jesus, como quando o Sol nasce e alegra todas as terras. Não é uma visão particular de Deus a um profeta favorecido em um canto da montanha, mas é uma declaração aberta da graça divina a cada criatura sob o céu — uma exibição da graça de Deus a todos os olhos que estão abertos para contemplá-la. Quando o Senhor Jesus Cristo veio a Belém e quando encerrou uma vida perfeita morrendo no Calvário, Ele manifestou a graça de Deus de maneira mais gloriosa do que jamais fora feito pela criação ou pela Providência. Essa é a revelação mais clara da eterna misericórdia do Deus vivo. No Redentor, nós contemplamos o desvendar da face do Pai. E se eu declarar a revelação do coração divino? A fim de repetir a imagem do texto, essa é a aurora do alto que nos visitou, o Sol que se levantou com Suas asas curadoras. A graça de Deus tem brilhado conspicuamente e se fez visível aos homens de todas as classes sociais na pessoa e obra do Senhor Jesus. Isso não nos foi concedido por causa de qualquer merecimento de nossa parte; é a manifestação da graça livre, rica e imerecida e daquela graça que está em sua plenitude. A graça de Deus foi manifestada a todo o Universo na aparição de Jesus Cristo, nosso Senhor.

O grande objetivo da manifestação da graça divina em Cristo Jesus é libertar o homem do domínio do mal. O mundo, nos dias de Paulo, estava imerso em imoralidade, devassidão, impiedade, derramamento de sangue e crueldades de todos os tipos. Nesta manhã, não tenho tempo de lhes dar um esboço do mundo romano quando Paulo escreveu esta carta para Tito. Somos muito ruins hoje em dia, mas os modos exteriores e os costumes daquele período eram simplesmente horríveis. A disseminação do evangelho operou uma mudança para melhor. Nos dias do apóstolo, o espetáculo preferido para a diversão nos dias livres era a carnificina de homens, e a depravação geral era tal que os vícios que não ousamos mencionar eram defendidos e elogiados. À meia-noite da história do mundo, nosso Senhor apareceu para afastar o pecado. O Senhor Jesus Cristo, que é a manifestação da graça divina aos homens, veio ao mundo para pôr um fim na impronunciável tirania maligna. Sua obra e ensinamentos serviram para elevar a humanidade no geral, mas também para redimir Seu povo de toda a iniquidade e para santificá-lo para si mesmo como Sua herança peculiar.

Paulo vê a cura do pecado como uma maravilhosa prova da graça divina. Ele não fala de um tipo de graça que deixaria o homem no pecado, e, mesmo assim, o salvaria da punição. Não, a salvação em Cristo é *a salvação do pecado*. Paulo não fala de uma graça gratuita que flerta com a iniquidade e nada faz com a transgressão, mas de uma graça muito superior, que denuncia a iniquidade e condena a transgressão e, assim, livra a vítima delas do hábito que a levou à escravidão. Ele declara que a graça de Deus brilhou sobre o mundo na obra de Jesus, para que as trevas do pecado e da ignorância pudessem desaparecer e o brilho da santidade, da justiça e da paz pudessem ser a norma. Deus nos envia para testemunhar desses abençoados resultados em cada parte do mundo! O Senhor nos faz vê-los em nós mesmos! Que nós sintamos que a graça divina apareceu a nós individualmente! Nosso apóstolo queria que Tito soubesse que essa graça era destinada a todos os tipos de homens, para os cretenses que eram "sempre mentirosos, feras terríveis, ventres preguiçosos" e até para o mais desprezado escravo que, sob o Império Romano, era tratado pior do que os cachorros. Para cada um de nós, pobres ou ricos, proeminentes ou desconhecidos, chegou o evangelho, e seu propósito é que possamos ser libertos por ele de toda a impiedade e luxúria deste mundo.

Sendo essa a linha do texto, vou pedir-lhes que se aproximem mais um pouco dele enquanto tento mostrar-lhes como o apóstolo nos estimula à santidade e nos ordena a vencer todo o mal. Primeiramente, ele descreve *a nossa posição*; depois, *a nossa instrução*; e, em terceiro lugar, menciona *nosso encorajamento*. Que o bom Espírito abençoe nossa meditação nesta manhã.

1. Antes de tudo, o apóstolo, neste texto, descreve NOSSA POSIÇÃO. *O povo de Deus está entre duas manifestações.* No versículo 11, ele nos diz que "a graça de Deus se manifestou salvadora a todos os homens" e depois diz no versículo 13: "guardando a bendita esperança e a manifestação da glória do nosso grande Deus e Salvador Cristo Jesus". Vivemos em uma Era que está no intervalo entre as duas aparições do Senhor do Céu. Aqueles que creem em Jesus estão afastados do antigo sistema pela primeira vinda do Senhor. Deus não considerou os tempos de ignorância do homem, mas agora ordena que os homens, em toda parte, se arrependam.[42] Estamos separados do passado por um muro de luz, sobre cuja fachada lemos as palavras Belém, Getsêmani e Calvário. Datamos a partir do nascimento do Filho da virgem, começamos com o Anno Domini.[43] Todo o restante do tempo é antes de Cristo e está excluído da Era cristã. A manjedoura de Belém é nosso começo. O principal marco, em todos os tempos, para nós, é a maravilhosa vida daquele que é a luz do mundo. Vemos a manifestação da graça de Deus na forma do humilde Nazareno, pois é aí que está a nossa esperança. Confiamos naquele que se tornou carne e habitou entre nós, para que o homem pudesse contemplar a Sua glória, glória como do Unigênito do Pai, cheio de graça e de verdade.[44] As densas trevas das Eras pagãs

---

[42] Conforme Atos 17:30

[43] Expressão latina que quer dizer "Ano do Senhor" e expressa o que nosso calendário define como "depois de Cristo".

[44] Conforme João 1:14

começam a romper-se quando alcançamos a primeira aparição, e teve início o alvorecer de um novo dia.

Irmãos, aguardamos ansiosamente pela segunda manifestação. Nossa vigilância quanto ao encerramento desta Era presente é a outra aparição — a aparição de glória em lugar de graça. Depois que nosso Senhor foi elevado da encosta do monte das Oliveiras, Seus discípulos permaneceram por um tempo em admiração silente, porém, logo um mensageiro angelical lhes lembrou da profecia e da promessa dizendo-lhes: "Varões galileus, por que estais olhando para as alturas? Esse Jesus que dentre vós foi assunto ao céu virá do modo como o vistes subir". Cremos que nosso Senhor, na plenitude dos tempos, descerá do Céu com alarido, com o som da trombeta do arcanjo e a voz de Deus:

O Senhor voltará! A terra tremerá;
Toda montanha, em seu centro, sacudirá;
E, desvanecendo na abóboda noturnal,
As estrelas apagarão sua débil luz natural.

Esse é o término da Era presente. Olhamos deste *Anno Domini*, no qual Ele veio a primeira vez, em direção ao grande *Anno Domini*, o ano de nosso Senhor quando Ele virá uma segunda vez em todo o esplendor de Seu poder, para reinar em justiça e derrubar os poderes malignos com Seu cetro de ferro.

Vejam então que, onde estamos, encontramo-nos envolvidos por todos os lados, por trás e por diante, com as manifestações de nosso Senhor. Atrás de nós está a nossa confiança; diante, nossa esperança. Atrás, o Filho de Deus em humilhação; diante, o grande Deus, nosso Salvador, em Sua glória. Para usar um termo eclesiástico, estamos entre duas epifanias: a primeira é a manifestação do Filho de Deus em carne humana, em desonra e fraqueza; a segunda é a manifestação do mesmo Filho de Deus em todo Seu poder e glória. Em que posição estão, então, os santos! Eles têm para si toda uma Era que começa e termina com as manifestações do Senhor.

Nossa posição é mais detalhadamente descrita no texto, se vocês observarem, como sendo *no presente século*, ou Era. Estamos vivendo na Era que se encontra entre os dois luminosos faróis das aparições divinas e somos chamados a nos apressar entre uma e outra. A hoste sagrada dos eleitos de Deus está marchando de uma manifestação à outra em passos rápidos. Temos tudo a esperar na última aparição, do mesmo modo que temos tudo a crer na primeira, e, neste momento, precisamos aguardar em paciente esperança ao longo de todo o cansativo intervalo que se interpõe entre elas. Paulo o chama de "presente século". Isso demonstra sua natureza efêmera. É presente, mas dificilmente é futuro, pois pode ser que o Senhor venha em breve e assim colocará um fim em tudo. É presente neste momento, contudo não o será por muito tempo. "Porque, ainda dentro de pouco tempo, aquele que vem virá e não tardará".[45] Agora é este "presente século", ó, e como é presente! Como ele, infelizmente, nos rodeia! No entanto, pela fé, consideramos as coisas presentes como sendo imateriais como um sonho e fitamos nossos olhos naquelas que não se veem, e não são do tempo presente, como sendo reais e eternas. Passamos por este mundo como peregrinos. Atravessamos o território do inimigo. Enquanto vamos de uma à outra manifestação, somos como pássaros migrando com suas asas de uma região à outra, não há descanso para nós nessa jornada. Precisamos nos manter desprendidos o máximo possível deste território sobre o qual caminhamos em peregrinação, pois somos estrangeiros e forasteiros, e aqui não possuímos um local permanente. Apressamo-nos por entre essa Feira das Vaidades; diante de nós está a Cidade Celestial[46] e a vinda de nosso Senhor, que lá é o Rei. Como viajantes que cruzam o Atlântico, e assim passam de uma costa à outra, assim nos apressamos sobre as ondas deste mundo em

---

[45] Hebreus 10:37

[46] Menções ao livro *O peregrino*, de John Bunyan (Publicações Pão Diário, 2020).

mudança contínua até à terra da glória da brilhante aparição de nosso Senhor e Salvador Jesus Cristo.

Já lhes ofereci, por meio dessa descrição de nossa posição, o melhor argumento para uma vida santa. Se for assim, meus irmãos, vocês não são do mundo, assim como Jesus não é deste mundo. Se isso é verdade, que diante de vocês arde o esplendor sobrenatural do segundo advento e atrás queima a luz eterna da primeira aparição do Redentor, que tipo de pessoas devem ser vocês? Se, de fato, vocês estão apenas cruzando este presente século, não permitam que seu coração seja contaminado pelo pecado, não aprendam o modo de falar desses estrangeiros por cujo território vocês estão atravessando. Não está escrito: "é povo que habita só e não será reputado entre as nações"? "Por isso, retirai-vos do meio deles, separai-vos, diz o Senhor; não toqueis em coisas impuras", pois o Senhor disse: "serei vosso Pai, e vós sereis para mim filhos e filhas". Aqueles que viveram antes da vinda de Cristo tinham responsabilidades sobre si, mas não como as que estão sobre vocês que viram a face de Deus em Jesus Cristo e que esperam vê-la novamente. Vocês vivem na luz que, comparativamente, atribui certa escuridão ao maior conhecimento que eles possuíam, portanto caminhem como filhos da luz. Vocês estão entre duas manhãs, entre elas não há noite. A glória do Senhor se levantou sobre vocês na encarnação e na expiação de seu Senhor. Essa luz brilha mais e mais e logo será dia perfeito, o qual será iluminado pelo segundo advento. O Sol não mais se porá, mas se revelará e derramará um esplendor indescritível sobre o coração daqueles que o buscam. "...revistamo-nos das armas da luz". Que expressão grandiosa! Capacete da luz, couraça da luz, sapatos da luz — tudo pertencente à luz. Que grande cavaleiro deve ser aquele que se reveste, não em ferro, mas em luz, a mesma luz que derrama confusão sobre seus inimigos! Deve haver uma luz sagrada sobre você, ó crente em Jesus, uma vez que essa é uma aparição da graça na sua retaguarda e uma de luz à sua dianteira. Duas manifestações de Deus raiam sobre vocês. Como uma muralha de fogo, as aparições do Senhor os rodeiam, e é preciso que haja uma glória especial de santidade em meio a elas. "Assim brilhe também a vossa luz diante dos homens, para que vejam as vossas boas obras e glorifiquem a vosso Pai que está nos céus." Essa é a posição dos justos de acordo com nosso texto, e ela promove um chamamento em alta voz para a santidade.

2. Em segundo lugar, devo lhes chamar a atenção para A INSTRUÇÃO que nos é dada pela graça de Deus que se manifestou a todo homem. Nossa tradução traz assim: "a graça de Deus se manifestou salvadora a todos os homens, educando-nos para que, renegadas a impiedade e as paixões mundanas, vivamos, no presente século, sensata, justa e piedosamente". Uma melhor tradução seria: "a graça de Deus se manifestou salvadora a todos os homens, disciplinando-nos para que possamos renegar a impiedade e as paixões mundanas". Aqueles de vocês que sabem um pouco de grego notarão que a palavra que, em nossa versão, está traduzida como "educando-nos" é um termo escolástico e se relaciona à educação de filhos, não meramente o ensinamento, mas o treinamento e a sua criação. A graça de Deus veio para ser um mestre para nós, para nos ensinar e treinar, preparar para um estado mais evoluído. Cristo manifestou em Sua própria pessoa essa maravilhosa graça divina que é lidar conosco como filhos, educar-nos em santidade e, assim, na posse completa de nossa herança celestial. Somos os muitos filhos que devem ser levados à glória pela disciplina da graça.

Assim sendo, primeiramente, *a graça tem uma disciplina*. Geralmente pensamos na Lei quando falamos de mestres e disciplina, mas a graça tem sua própria disciplina e um grande poder de treinamento também. A manifestação da graça está nos preparando para a manifestação da glória. Aquilo que a Lei não pôde fazer, a graça está realizando. O favor gratuito de Deus instila novos princípios, sugere novos pensamentos e, ao nos inspirar com gratidão, cria em nós o amor a Deus e a aversão a tudo que se opõe a Ele. Felizes os que vão à escola da graça divina! Essa graça, entrando em nós, mostra-nos o que era mau ainda mais claramente do que os mandamentos o fazem. Recebemos um princípio interior vital e examinador pelo qual discernimos entre o bem e o mal. A graça de Deus nos provê instrução, porém, igualmente, ministra-nos com castigo, como está escrito: "Eu repreendo e disciplino a quantos amo". Tão logo chegamos a desfrutar conscientemente da livre graça divina, descobrimos que ela é uma regra sagrada, um governo paternal e um treinamento celestial. Descobrimos que ela não é autoindulgente, muito menos licenciosa, porém, ao contrário, a graça divina tanto nos restringe quanto nos constrange. Torna-nos livres para a santidade e nos livra da lei do pecado e da morte por meio da "lei do Espírito da vida, em Cristo Jesus".

A graça tem sua própria disciplina e *a graça também tem seus discípulos escolhidos,* visto que não dá para deixar de perceber que, mesmo que o versículo 11 diga que "a graça de Deus se manifestou salvadora a todos os homens", fica claro que essa graça não exerce sua santa disciplina sobre todos os homens, por isso o texto muda de "todos os homens" para "nos". Normalmente, nas Escrituras, quando se percebe uma generalidade, logo se encontra uma particularidade próxima a ela. O texto afirma "educando-*nos* para que, renegadas a impiedade e as paixões mundanas, *vivamos*, no presente século, sensata, justa e piedosamente". Desse modo, vê-se que a graça tem seus próprios discípulos. Você é um discípulo da graça de Deus? Alguma vez já se submeteu a ela? Já aprendeu a soletrar a palavra "fé"? Possui confiança em Jesus como a de uma criança? Aprendeu a se lavar na bacia da expiação? Instruir-se com os exercícios sagrados que são ensinados pela graça de Deus? Pode afirmar que sua salvação é pela graça? Entende o significado do texto "pela graça sois salvos, mediante a fé; e isto não vem de vós; é dom de Deus"? Se sim, então vocês são

Seus discípulos, e a graça divina, que apareceu tão conspicuamente, veio para discipliná-los. Como discípulos da graça, empenhem-se por adornar a doutrina dela. De acordo com os versículos anteriores, até mesmo um escravo deveria fazê-lo. Ele deveria ser um ornamento à graça divina. Que essa graça tenha tal efeito sobre sua vida e caráter, que todos possam dizer: "Vejam o que a graça pode efetuar! Vejam como a graça de Deus produz a santidade entre os cristãos!". Todo o tempo, desejo dirigir-me ao ponto ao qual o apóstolo objetiva: devemos ser santos — santos porque a graça exerce uma disciplina purificadora e porque somos discípulos dessa graça.

A disciplina da graça, de acordo com o apóstolo, tem três resultados: renegar, viver, aguardar. Você vê as três palavras diante de si. A primeira é *renegar*. Quando um jovem entra na faculdade, normalmente ele tem muito a desaprender. Se a educação dele foi negligenciada, um tipo de ignorância instintiva cobre a sua mente como sarças e espinheiros. Se estudou em uma escola fraca onde o ensino era superficial, o seu tutor terá, primeiramente, que tirar dele tudo em que foi mal ensinado. A parte mais difícil do treinamento de jovens não é colocar dentro deles as coisas certas, mas extrair as erradas. Um homem se propõe a ensinar um idioma em seis meses, e, no final das contas, algo muito bom terá sido alcançado se um de seus pupilos for capaz de esquecer toda a sua tolice em seis anos. Quando o Espírito Santo entra no coração, Ele descobre que já sabemos muito daquilo que seria melhor deixar desconhecido. Somos presunçosos e orgulhosos. Aprendemos lições da sabedoria mundana e das práticas carnais, as quais precisamos desaprender e renegar. O Espírito Santo opera essa renegação em nós por meio da disciplina da graça.

O que precisamos renegar? Primeiro, a impiedade. Essa é uma lição que muitos de vocês estão necessitados de aprender. Ouçam os trabalhadores. Eles dizem: "Ah, temos que trabalhar duro, não podemos pensar sobre Deus ou religião". Isso é impiedade! A graça de Deus nos ensina a renegar a ela; chegamos a detestar esse tipo de ateísmo.

Outros estão prosperando no mundo e clamam: "Se você tivesse tantas empresas para supervisionar como eu tenho, não teria tempo para pensar em sua alma ou em outro mundo. Tentar batalhar com a atual concorrência não me deixa oportunidade para oração ou leitura da Bíblia, já tenho coisas o suficiente a fazer com o meu Livro Diário e meu Livro Razão".[47] Isso também é impiedade! A graça de Deus nos conduz a negar isso, abominamos tal negligência a Deus. Uma grande obra do Espírito Santo é transformar um homem em piedoso, fazê-lo pensar em Deus, levá-lo a concluir que essa vida presente não é tudo, que há um julgamento porvir em que ele deverá prestar contas diante de Deus. O Senhor não pode ser esquecido sem que haja punição. Se o tratarmos como se Ele fosse nada e o deixarmos fora de nossa vida, cometeremos um erro fatal. Ó meu ouvinte, existe um Deus e, tão certo quanto você está vivo, você terá de lhe prestar contas. Quando o Espírito de Deus vem com a graça do evangelho, Ele remove nossa impiedade entranhada e nos leva a renegá-la com alegre determinação.

A seguir renegamos "as paixões mundanas", isto é, as paixões do mundo ou Era atual, a qual eu lhes descrevi agora mesmo como estando entre as duas manifestações. A presente Era é cheia de paixões malignas, como aquelas que Paulo descreveu a respeito dos cretenses.[48] A concupiscência dos olhos, a concupiscência da carne e a soberba da vida ainda estão em nós.[49] Onde quer que a graça de Deus chegue efetivamente, ela leva aquele que vive dissolutamente a renegar os desejos da carne, faz o homem que almejava ouro dominar sua cobiça, afasta o orgulhoso de suas ambições, treina o mais indolente na diligência e traz sobriedade à mente lasciva, que se preocupava apenas com as frivolidades da vida. Não apenas abandonamos essas paixões, mas

---

[47] Dois termos da contabilidade. O primeiro refere-se ao livro no qual se registra cronologicamente as transações de uma empresa. No *Livro Razão*, registram-se esses dados do *Livro Diário*, organizando-os por contas individualizadas.

[48] Tito 1:12

[49] 1 João 2:16

as renegamos. Sentimos abominação por aquelas coisas em que antes colocávamos nosso prazer. Nosso clamor é: "O que mais tenho eu com os ídolos?". Ao mundano dizemos: "Isso pertence a vocês, mas, quanto a nós, não podemos retê-las, o pecado não mais terá domínio sobre nós. Não somos do mundo, e, portanto, os caminhos dele e seus modismos não nos pertencem". O período no qual vivemos não terá grande influência sobre nós, visto que nossa vida mais verdadeira está com Cristo na eternidade; nossa conversa é celestial. A graça divina nos levou a renegar as filosofias, glórias, máximas e formas prevalentes deste mundo. No melhor sentido, somos inconformistas. Desejamos ser crucificados para o mundo, e este, para nós. Essa era uma grande obra da graça entre os sensualistas degradados dos dias de Paulo e não é uma realização menos gloriosa em nossos tempos.

Mas, irmãos, vocês não podem estar completos com uma religião meramente negativa, precisam ter algo positivo, e, assim, a próxima palavra é *viver* — que "vivamos, no presente século, sensata, justa e piedosamente". Observem que o Espírito Santo espera que vivamos no presente século, portanto, não devemos nos excluir dele. Esta Era é o campo de batalha no qual o soldado de Cristo deve lutar. A sociedade é o local em que o cristianismo deve exibir as graças de Cristo. Se fosse possível a estas boas irmãs se retirarem a uma casa espaçosa e lá viverem separadas do mundo, elas estariam retrocedendo em seus deveres em vez de cumprindo-os. Se todos os bons e verdadeiros homens tivessem de formar uma colônia seleta e não fazer qualquer coisa mais senão orar e ouvir sermões, eles estariam simplesmente se recusando a servir a Deus do jeito que Ele determinou. Não, vocês devem viver sensata, justa e piedosamente neste mundo, tal como ele é no presente. Não há utilidade alguma em intentar se afastar dele. A vocês foi ordenado opor-se a essa corrente e combater todas as suas ondas. Se a graça de Deus está em vocês, essa graça deve ser exibida, não em um retiro seleto e recluso, mas neste mundo atual. Vocês devem brilhar como luzeiros em meio à escuridão.

Essa vida é descrita de forma tripla. Primeiramente, ela deve ser vivida *sensatamente* quanto a si mesmo. Sensata em relação ao que vocês comem e bebem e na satisfação de todos os seus apetites físicos — nem preciso mencionar isso. Os beberrões e glutões, os fornicadores e adúlteros não podem herdar o reino de Deus. Vocês devem viver em sensatez em tudo o que pensam, tudo o que dizem e em todas as suas ações. Precisa haver sensatez em todos os seus anelos deste mundo. Devem se portar com domínio próprio, devem ser comedidos. Conheço alguns irmãos que nem sempre são sóbrios. Não os acuso de estarem embriagados com vinho, mas de estarem mentalmente intoxicados. Não possuem bom senso, moderação e juízo. São totalmente esporas, e não rédeas. Quer certo ou errado, eles precisam obter aquilo sobre o que colocaram seu coração. Nunca olham ao redor para ver todos os meandros da questão, nunca fazem estimativas com calma, porém, de olhos fechados, apressam-se como touros. Ai dessas pessoas insensatas! Elas não são confiáveis, oscilam em tudo e não permanecem por longo tempo em nada. O homem que é disciplinado pela graça de Deus se torna comedido, ponderado, tem domínio próprio e não é mais jogado daqui para lá pelas paixões, ou agitado pela parcialidade. Há apenas uma insobriedade na qual eu desejo que nós caiamos e, verdade seja dita, essa é a mais verdadeira sobriedade. Sobre isso, dizem as Escrituras: "E não vos embriagueis com vinho, no qual há dissolução, mas enchei-vos do Espírito". Quando o Espírito de Deus toma completamente posse de nós, somos sustentados por Sua energia sagrada e somos plenificados com o entusiasmo divino que não precisa de controle. Sob quaisquer outras influências, devemos nos guardar de não ceder completamente, de modo que vivamos com sensatez.

Quanto ao seu próximo, o crente vive *justamente*. Não compreendo cristãos que conseguem fazer coisas escusas em suas negociações. A esperteza, a astúcia, a trapaça, a declaração falsa e o engano não são instrumentos para as mãos dos homens piedosos. Disseram-me que meus princípios são angelicais demais para os negócios — que o homem não pode se equiparar ao patamar do seu próximo nas negociações, se ele for puritano demais. Todos os demais usam estratagemas, e ele será arruinado se não retribuir da mesma maneira. Ó, meus queridos ouvintes, não falem dessa forma. Se vocês desejam prosseguir no caminho do diabo, digam-no logo e aceitem as consequências; mas, se professam ser servos de Deus, reneguem toda a parceria com a injustiça. A desonestidade e a falsidade são o oposto de piedade. Um cristão pode ser pobre, mas deve viver justamente; pode lhe faltar a sagacidade, mas não lhe deve faltar a integridade. Uma profissão de fé cristã sem a retidão é mentira. A graça deve nos disciplinar para uma vida em justiça.

Em relação a Deus, o texto nos diz que devemos ser *piedosos*. Cada um que tem a graça divina em si, de fato e em verdade, pensará muito em Deus e buscará em primeiro lugar o Seu reino e a Sua justiça. Deus estará presente em todas as áreas de sua vida, a presença do Senhor será sua alegria, a força do Senhor será a sua confiança, a providência divina será sua herança, a glória de Deus será o principal objetivo de seu ser, a lei divina será o guia para suas conversas. Agora, se a graça de Deus, que se mostrou tão claramente a todos os homens, realmente veio a nós com sua sagrada disciplina, ela estará nos ensinando a viver desse modo triplo.

Por fim, há o *aguardar*, bem como o viver. Uma obra da graça de Deus é nos levar a aguardar "a bendita esperança e a manifestação da glória do nosso grande Deus e Salvador Cristo Jesus". O que é essa "bendita esperança"? Ora, primeiro, é que, quando Ele vier, ressuscitaremos dentre os mortos, se tivermos morrido. E, caso estejamos vivos e permanecermos, seremos transformados diante de Sua aparição. Nossa esperança é que seremos Seus aprovados e o ouviremos dizer: "Muito bem, servo bom e fiel". Essa esperança não é de débito, mas de graça, pois, embora nosso Senhor nos dê uma recompensa, esta não será de acordo com a lei das obras. Esperamos ser como

Jesus quando o virmos como Ele é. Quando Jesus brilhar como o Sol, "Então, os justos resplandecerão como o sol, no reino de seu Pai". Nosso lucro a partir da piedade[50] não pode ser contado na palma de nossa mão. Ele repousa no futuro glorioso, mas, ainda assim, para a fé, ele está tão próximo neste momento que quase posso ouvir a carruagem daquele que vem. O Senhor voltará, e na Sua vinda está a grande esperança do cristão, seu grande estímulo para vencer o mal, seu maior incentivo para a perfeita santidade no temor do Senhor. Ó, ser encontrado inculpável no dia da manifestação de nosso Senhor! Que Deus assim nos conceda! Não veem vocês, irmãos, como a disciplina da doutrina da graça vai na direção de nos separar do pecado e nos fazer viver para Deus?

3. Por fim, e brevemente, o texto traz alguns de NOSSOS ENCORAJAMENTOS. E passarei por eles rapidamente.

O que poderíamos fazer nessa batalha pelo bem, pela verdade e santidade, meus irmãos e irmãs, se fôssemos deixados sozinhos? Contudo, nosso primeiro encorajamento é que *a graça veio* em nosso resgate, visto que, no dia que o Senhor Jesus apareceu entre os homens, Ele nos trouxe a graça divina para nos auxiliar a vencer toda a iniquidade. Aqueles que agora lutam contra o pecado inato têm o Espírito Santo dentro de si para os ajudar. Aqueles que saem para combater o mal em outros homens, pregando o evangelho, têm o mesmo Espírito Santo avançando com a verdade para torná-la como um fogo ou como um martelo. Eu deporia minhas armas e recuaria de uma batalha tão desesperançado se não fosse o fato de o Senhor dos Exércitos estar conosco ou o Deus de Jacó ser nosso refúgio. A graça de Deus, que traz salvação do pecado, raiou tão visivelmente como o relâmpago que é visto de uma à outra extremidade do céu, e nossa vitória sobre o pecado é garantida. Por mais difícil que seja o conflito

---

[50] Conforme 1 Timóteo 6:6

contra o mal, ele não é desesperado. Podemos esperar sempre. Certo guerreiro foi visto em oração e, quando o rei zombou dele, respondeu que estava suplicando ao aliado mais augusto de Sua Majestade. Eu questiono se Deus é aliado de qualquer um que saia por aí com armas e espadas, mas, ao usar "as armas poderosas de Deus, e não as armas do mundo, para derrubar as fortalezas", poderemos contar com nosso aliado excelso. Fale a verdade, homem, pois Deus fala com você! Trabalhe para Deus, mulher, pois Deus opera em você o querer e o realizar daquilo que o agrada.[51] A manifestação da graça de Deus na pessoa de Cristo é incentivo suficiente contra as ameaças mais mortais. A graça se manifestou, portanto, sejamos corajosos!

Um segundo encorajamento é que *outra manifestação está por vir*. Aquele que inclinou Sua cabeça em fraqueza e morreu no momento da vitória está voltando em toda a glória de Sua vida eterna. Não questione isso. O mundo não escurecerá em uma noite eterna, a manhã virá assim como a noite e, embora abundem o pecado e a corrupção, e o amor de muitos esfrie, esses são apenas lembretes da proximidade do advento daquele que disse que assim seria antes de Sua aparição. O direito estará com o mais forte, e o mais forte estará com o direito; será assim tão certo como vive o Senhor. Não estamos combatendo numa batalha perdida. O Senhor deve triunfar. Ó, se Sua vida de sofrimento e Sua morte cruel fossem a única manifestação, poderíamos temer, mas não o são. Isso é apenas a primeira manifestação e uma parte preliminar da Sua manifestação. Ele virá! Ele virá! Ninguém pode deter a Sua volta! Cada momento o aproxima ainda mais, nada pode retardar a Sua glória. Quando chegar a hora, Ele aparecerá na majestade de Deus para colocar um fim ao domínio do pecado e trazer a paz infinita. Satanás logo será esmagado debaixo de nossos pés, por isso consolem-se mutuamente com essas palavras e se preparem para a batalha. Afiem suas espadas e estejam prontos para uma guerra acirrada! Confiem em Deus e mantenham prontas

---

[51] Conforme Filipenses 2:13

as suas munições. Que este seja sempre nosso grito de guerra: "Ele deve reinar!". Aguardamos a manifestação do grande Deus e Salvador Jesus Cristo.

Outro encorajamento é que *estamos servindo a um Mestre glorioso*. O Cristo a quem seguimos não é um profeta morto, como Maomé. É verdade que pregamos o Cristo crucificado, mas também cremos no Cristo ressurreto dentre os mortos, no Cristo que ascendeu e no Cristo que virá uma segunda vez. Ele vive e vive como o grande Deus e nosso Salvador. Se realmente somos soldados de tal Capitão, abandonemos nossos temores. Podem vocês ser covardes quando o Senhor dos Exércitos os lidera? Ousam estremecer quando à sua frente está o Maravilhoso Conselheiro, o Deus poderoso, o Pai da eternidade, o Príncipe da paz? A trombeta já está nos lábios do arcanjo, quem não agirá com hombridade? O grande tambor que faz o Universo pulsar os está convocando para a ação —

Levantai-vos, levantai-vos por Jesus,
Ó, vós, soldados da cruz,
Erguei bem alto Seu estandarte real,
Pois, vencida está a batalha infernal.

A cruz de Cristo é a mesma de outrora e ninguém pode derrotá-la. Aleluia, aleluia ao nome de Jesus!

Por último, vêm-me os pensamentos ternos com os quais encerrarei. As memórias do que *o Senhor tem feito por nós para nos tornar santos*: "o qual a si mesmo se deu por nós". Uma redenção especial, redenção com um grande preço — "o qual a si mesmo se deu por nós". Coloquem de lado aquela trombeta e aqueles tambores, peguem a harpa e toquem gentilmente suas doces cordas. Falem como o Senhor Jesus nos amou e se entregou por nós. Ó senhores, se nada mais puder tocar seu coração, isto deve fazê-lo: "não sois de vós mesmos? Porque fostes comprados por preço".

E Ele se entregou por nós com estes dois objetivos: primeiro, redenção, para que pudesse nos redimir de toda a iniquidade, para que pudesse despedaçar as cadeias do pecado e lançar para longe de nós as cordas da depravação. Ele morreu — não se esqueçam disso — para que nossos pecados morressem, morreu para que toda concupiscência pudesse ser arrastada para o cativeiro nas rodas de Sua carruagem. Deu a si próprio para que vocês possam se entregar por Ele.

Ademais, Ele morreu para nos purificar — purificar-nos para Ele mesmo. Quão puros devemos ser se devemos ser puros para Ele? O santo Jesus terá comunhão apenas com aqueles que Ele purificou nos padrões de Sua própria natureza, purificou para si mesmo. Ele nos purificou para sermos completamente dele. Nenhuma mão humana deve usar o cálice de ouro, nenhum incenso humano deve queimar no sagrado incensário. Somos purificados para Ele mesmo, como está no hebraico, para sermos Seu *segullah*,[52] Sua propriedade peculiar.[53] A tradução "propriedade peculiar" é infeliz porque "peculiar" pode querer dizer "esquisito, estranho, singular".[54] O que a passagem realmente quer dizer é que os que creem em Jesus são o povo particular de Cristo, Sua porção eleita e seleta. Os santos são as joias da coroa de Cristo, Sua caixa de diamantes, muito particular e especialmente pertencentes a Ele. Jesus carrega o Seu povo como cordeiros em Seu peito, grava os nomes deles em Seu coração. São a herança da qual Ele é o herdeiro, e Ele os valoriza mais do que todo o Universo. Ele preferiria perder qualquer outra coisa a perder um deles. Jesus deseja que vocês, que estão sendo disciplinados por Sua graça, saibam que pertencem totalmente a Ele. Vocês são os homens de Cristo. Cada um de vocês deve dizer: "Não pertenço ao mundo, não pertenço a

---

[52] Conforme o léxico de Strong, esse termo pode ser traduzido como "uma propriedade valiosa".

[53] Conforme Êxodo 19:5

[54] Nos dicionários em português, essa palavra tem como alguns sinônimos "próprio, característico, inerente, único, singular". Todas essas definições podem ser usadas em tom irônico ou jocoso em substituição para "esquisito".

mim mesmo, pertenço unicamente a Cristo. Sou separado somente para Ele, e dele serei". A prata e o ouro pertencem a Ele, todo o gado em mil montanhas é dele, mas Jesus lhes dá pequeno valor, "a porção do Senhor é o seu povo".

O apóstolo termina dizendo que devemos ser o povo "zeloso de boas obras". Deus desejaria que todos os homens e mulheres cristãos fossem disciplinados pela graça divina até que se tornassem zelosos de boas obras! Em santidade, o zelo é sobriedade. Não devemos apenas ser aprovados pelas boas obras e falar delas, mas devemos ser extremamente dedicados a elas. Devemos ser diligentes por tudo o que é correto e verdadeiro. Não podemos nos contentar em permanecer quietos e inofensivos, mas devemos ser zelosos de boas obras. Ó, que a graça de meu Senhor nos inflame dessa maneira! Há combustível suficiente na Igreja; temos necessidade de fogo. Há muitas pessoas respeitáveis que, em seu modo ensonado, estão fazendo o menos possível em favor de qualquer boa causa. Isso nunca será proveitoso. Precisamos despertar! Ó, a quantidade de trabalho de socorro que os soldados de Cristo precisam prestar! Metade do exército de Cristo tem de carregar a outra metade. Ó, que nossos irmãos possam sair dessa lista de enfermos! Ó, quisera todos nós fôssemos ardorosos, fervorosos, vigorosos, zelosos! Vem, Espírito Santo, e aviva-nos! Podemos não conseguir alcançar isso por nossos próprios esforços e energia, mas Deus o fará por Sua graça. A graça que nos é concedida em Cristo é a nascente de todos os impulsos sagrados. Ó graça celestial, vem nos inundar e leva-nos imediatamente!

Ó, que cada um de vocês que jamais sentiu a graça de Deus possa ser capacitado a crer no Senhor Jesus Cristo quanto à Sua primeira manifestação! Depois, crendo em Sua morte sobre a cruz, aprenderá a aguardar por Sua segunda vinda sobre o trono e assim se regozijará. A Seu grande nome seja a glória para sempre! Amém.

4

UM ALERTA PROFÉTICO[55]

*E, por se multiplicar a iniquidade,
o amor se esfriará de quase todos.* (Mateus 24:12)

Cristo havia falado aos Seus discípulos sobre terremotos em vários lugares, fome e pestilência, mas isso tudo seria apenas o princípio das dores. Essas coisas não precisam perturbar os cristãos, pois, embora a Terra possa ser abalada, e as montanhas lançadas no meio do mar, ainda assim, aqueles que creem podem estar confiantes e seu coração permanecer em descanso. Mesmo quando o Mestre disse a Seus discípulos que eles seriam odiados por todos os homens por causa do Seu nome, não havia necessidade de que eles se afligissem. Cristo lhes ensinara anteriormente: "Não temais os que matam o corpo e não podem matar a alma; temei, antes, aquele que pode fazer perecer no inferno tanto a alma como o corpo".

---

[55] Este sermão foi pregado no *Metropolitan Tabernacle*, mas a data não ficou registrada. Sua primeira publicação foi em 9 de maio de 1912.

Desse modo, eles foram preparados para enfrentar a prova de fogo. Os terremotos, a pestilência, a guerra e a perseguição falham em perturbar a serenidade dos crentes em Cristo, mas o mal mencionado em nosso texto bíblico, essa é a ferida, essa é a tristeza! Aqui está algo diante do qual estremecer: "E, por se multiplicar a iniquidade, o amor se esfriará de quase todos" — isso é pior do que a perseguição. Assim como toda a água no exterior de um barco não lhe causa prejuízo até que entre nele, as perseguições externas não podem realmente ferir a Igreja de Deus. Contudo, quando o dano moral se infiltra na Igreja e o amor do povo de Deus se esfria — ah, então a embarcação está em grande dificuldade. Temo que estejamos nessa condição no presente momento. Que o Espírito Santo abençoe essa profecia alarmante que temos diante de nós, para nos despertar!

1. Notem, primeiramente, A CAUSA DESSE LAMENTÁVEL ESFRIAMENTO DO CORAÇÃO, que aqui é mencionada: "E, por se multiplicar a iniquidade, o amor se esfriará de quase todos".

É um sério sinal quando o coração esfria. O coração é afetado com o esfriamento! Isso não é um precursor da morte? Qual é a causa para o esfriamento? De acordo com nosso texto, é a multiplicação da iniquidade.

O pecado se esforça para destruir a graça. Quanto mais pecado, menos santidade e menos de cada uma das graças cristãs. O pecado é como uma atmosfera poluída; se um homem tiver de viver ali, ele terá muita necessidade de orar para não ser vencido por ela. Vocês e eu, uma vez que habitamos este mundo e não podemos partir dele todos de uma vez, teremos contato com o mal. Não importa o quanto sejamos cuidadosos, vamos nos deparar com essa infecção em nossos passatempos diários. Não há como não sentir que o mal que nos cerca é um empecilho para nossa santidade e prejudicial para nosso crescimento na graça. Quando a sociedade ao redor do cristão se torna flagrantemente perversa, corrupta e ofensiva, é difícil para ele manter a pureza de sua vida e a força de seu caráter espiritual.

Atualmente, vivemos em uma atmosfera que entrava nosso crescimento. No entanto, nos primeiros dias do cristianismo, o povo do Senhor, via de regra, tinha de viver numa sociedade pior do que a que nos cerca hoje. Não vou dizer que não há exceção a isso. Disseram-me que há algumas regiões de Londres tão depravadas quanto as que existiam em Corinto, ou na antiga Roma; e, temo, que algumas das depravações mais vulgares, as quais não ousamos mencionar, abundam nesta cidade. Temos uma capa de respeitabilidade que mal disfarça a licenciosidade e a abominação que transbordam. Li hoje sobre a quantidade de nascimentos de filhos ilegítimos e fiquei espantadíssimo diante da terrível maldade desse país. Intitulamo-nos de país cristão e toleramos falar com tamanha falsidade. Esta acabará por se tornar uma terra pagã, parte dela inclinando-se diante de imagens, a outra uivando "Não há Deus!" e uma terceira secretamente celebrando uma imundície impronunciável.

Mesmo assim, a maioria de nós não entra em contato com a depravação no mesmo nível que os primeiros cristãos. A sociedade no Império Romano estava absolutamente apodrecida. Surpreende-nos que Deus tenha permitido que o mundo existisse em uma Era tão repugnante. Ela tendia mais à supressão do princípio cristão em favor de que crimes infames fossem tolerados na sociedade que cercava os fiéis. Vejam essas primeiras igrejas pelas quais alguns têm tanta consideração! Elas não eram tão boas quanto as igrejas de hoje, por mais que as atuais sejam ruins.

Peguemos a igreja de Corinto como exemplo. Vocês já ouviram falar de alguma igreja atual que permita a embriaguez na Ceia do Senhor? Já encontramos pessoalmente uma igreja que, conscientemente, permitisse uma pessoa vivendo uma relação incestuosa permanecer em sua membresia? Espero que não! Contudo, as ofensas mais desveladas eram tão comuns nos dias de Paulo que nem passava pela mente do povo cristão que elas fossem erradas. A iniquidade abundava, e era grandemente prejudicial à graça.

Novamente, *a iniquidade é especialmente nociva ao crescimento do amor*. Porque a iniquidade abundou, o amor de muitos se esfriou. Homens de dentro da Igreja cristã se viram traídos por outros membros da igreja. Muitas vezes, a cabeça dos irmãos foi vendida aos algozes por hipócritas como Judas. Isso tendeu muito a ferir o amor cristão. Os homens começaram a suspeitar uns dos outros. Não havia como saber se a pessoa que se sentava ao seu lado na mesa do Senhor não denunciaria você no dia seguinte e ganharia dinheiro manchado de sangue por sua causa. Dessa maneira, a suspeita se infiltrou com seu sopro invernal.

É natural que assim o fosse: não obstante haja pecado nisso, eu e você, provavelmente cairíamos no mesmo erro. Os homens, de todos os lados, eram tão asquerosos, que o amor cristão — que nos ensina a nos apiedar dos mais degradados e a fazer o bem ao mais indigno — lutava arduamente por sobreviver. Os piedosos esforçavam-se para retirar os ímpios de sua vida de concupiscência, mas viam-se perseguidos como consequência disso. Quanto mais buscavam fazer o bem, mais odiados eram, e isso colocava seu amor em severa provação.

Penso que vocês conseguem ver por que nosso Salvador nos deu tal alerta nessa forma particular. A iniquidade é naturalmente oposta à graça, mas, acima de tudo, ela é mais prejudicial à graça do amor. Quando o pecado abunda em uma igreja, não surpreende que o amor de muitos se esfrie. Os membros mais novos introduzidos na igreja, após pouco tempo, descobrem que aqueles que consideravam como exemplos estão andando desordenadamente e usando leviandade em seu discurso e comportamento. Esses mais jovens não poderão, então, ser muito calorosos no amor porque foram levados a tropeçar e estão escandalizados.

Os santos mais antigos, que, por anos, têm guardado seu caminho na integridade e, pela graça, preservado suas vestimentas livres de manchas, veem aqueles que os cercam e que entraram na igreja como parecendo pertencer a uma raça diferente — que conseguem beber do cálice de Belial e do Senhor, que parecem seguir a Cristo e o demônio. Ao verem esse mal, esses santos recolhem suas vestes em santa indignação e acham difícil sentir o amor dos dias mais puros.

Ó, amigos, se o congelamento trazido pelo pecado dominar uma igreja, cada terna flor será prejudicada e nenhuma florescerá! O amor é uma planta sensível e, se for tocada pelos dedos do pecado, ela o revelará. Os lírios do Paraíso do Amor não podem se desenvolver em meio à fumaça e poeira da impiedade.

Pelo fato de a iniquidade abundar até mesmo na Igreja que professa Cristo, o amor de muitos está se esfriando hoje em dia. Que sermão devemos pregar acerca disso! No entanto, não o farei. Não estou tão desejoso por lastimar o pecado nos outros quanto por vigiar contra os males em meu próprio interior. Não estou tão ansioso por fazê-los descobrir a transgressão na Igreja quanto por levá-los a vigiar contra ela em seu próprio coração, pois, tenham certeza disto: se vocês derem qualquer licença ao pecado em seu coração, seu amor se esfriará. Não podem andar em amor a Cristo e ainda viver no amor ao pecado. Se hoje vocês se entregaram a um estado de mente profano, se deram ocasião à concupiscência, se, de qualquer modo, transgrediram contra o Senhor, não sentirão aquele calor do amor a Jesus Cristo que sentiram ontem. Sua vida terá perdido muito de sua beleza e doçura. Clamem a Deus para que Ele devolva esse calor a vocês. Não fiquem satisfeitos até que ele seja perfeitamente restaurado.

2. Agora, vamos considerar O CARÁTER GRAVE DESSE MAL. "...o amor se esfriará de quase todos". É muito temível que o amor se esfrie do coração de qualquer pessoa. Observe a postura do amor cristão e você verá o pecado nesse esfriamento sob vários aspectos.

Nosso amor é, primeiramente, *amor ao grande Pai,* nosso Pai que nos escolheu antes que a Terra existisse, por meio de quem fomos novamente gerados e recebidos em Sua família. Se nosso amor por Ele se esfriar, que perversidade virá ao encalço disso? A frieza acerca do pai, em uma família, vocês conhecem alguma casa que seja aflita dessa maneira? Eu lamentaria muito se fosse membro dela. Frieza de amor em relação ao pai? Ora, essa casa dificilmente compõe uma família! Ela perdeu o vínculo que une e constitui uma família. Que o Senhor nos salve da ruína de toda a santa unidade!

A seguir, nosso amor é *amor a Jesus Cristo,* que "nos amou e se entregou a si mesmo por nós". Se o amor a Jesus esfriar, o resultado será penoso. Há alguma graça espiritual dentro de você que poderia estar em condição saudável se seu amor por Cristo estiver diminuindo? Haverá qualquer retidão se seu coração estiver tortuoso em relação a seu Senhor? Você consegue fazer qualquer coisa zelosamente quando seu amor por Cristo arrefece? Consegue cantar de forma apropriada? E orar perfeitamente? Consegue viver corretamente? Que não sonhemos em produzir fruto se estivermos cortados da Videira. É vitalmente importante que amemos Jesus com todo nosso coração, alma e força.

O amor cristão também abraça *a verdade.* Aqueles que amam a Deus e ao Seu Filho divino amam a verdade que Ele lhes confiou. A Igreja detém a custódia do evangelho, ela é "coluna e baluarte da verdade". E quando alguém começa a brincar com a verdade, e achar que um conjunto de doutrinas é tão bom quanto qualquer outro, e que coisa alguma é de particular importância, o mal virá. Em tempos passados, nossos pais consideravam pouca coisa o ir à prisão em favor de uma doutrina ou o ser queimado até a morte por um testemunho. Vejam as multidões na Holanda que foram afogadas, que foram amarradas em escadas e assadas até à morte, por nada além de sua convicção de que os crentes em Jesus deveriam ser batizados.[56]

---

[56] Neste trecho, Spurgeon se refere a Anneken Hendriks, uma anabatista que foi amarrada a uma escada e colocada em uma fogueira em praça pública na Holanda,

Hoje em dia, as pessoas consideram as diferentes perspectivas cristãs quanto ao batismo como sendo meramente triviais. Questiono se nossos clérigos liberais atuais pensam que haja qualquer doutrina pela qual valeria perder uma parte do dedo mínimo. Quanto ao queimar até à morte, isso deve parecer um grande absurdo para esses teólogos liberais. Agora que as coisas chegaram a esse ponto, deve nos surpreender que as heresias e todas as formas de erro invadam nossas ruas como torrentes de água? Quando a Igreja se permite trivializar a verdade, qual o valor dessa Igreja?

Nosso amor é também *amor por nossos companheiros cristãos*. Esse é um princípio vital. "Nós sabemos que já passamos da morte para a vida, porque amamos os irmãos." Porém, quando os membros das igrejas não amam uns aos outros, quando aqueles que professam a fé não se importam de maneira alguma com o que possa acontecer com seus irmãos, há algum cristianismo ainda na Igreja? Não, ela tem nome de quem vive, mas está morta.[57] O cristianismo vai embora quando o coração fica frio, a verdadeira vida dele é a afeição mútua.

E, ainda, devemos *amar os impiedosos e inconversos*. É por amor que devemos conquistá-los para Cristo. Contudo, se a Igreja não tem amor pelos homens que perecem, qual o valor dela? Onde estarão seus projetos missionários? Qual a utilidade de seu ministério? Pensem em sua Escola Dominical sem amor pelas crianças. Pensem nas pessoas fingindo ganhar almas sem ter por elas amor e sem se importar se estão perdidas ou salvas. A Igreja pode sofrer uma perda pior do que perder seu fervoroso amor pelas pessoas que perecem? E, ainda assim, se a iniquidade abundar, esse é o grande risco que corremos, o amor compassivo cessará de ministrar às necessidades dos homens.

Amados, mesmo que amemos intensamente, como ainda será pequeno o nosso amor comparado ao demonstrado por Aquele que

---

em 1571, por causa de suas convicções contrárias ao pensamento vigente quanto ao batismo dos cristãos.

[57] Conforme Apocalipse 3:1

abandonou a realeza do Céu em troca da vergonha e dor de nossa natureza! Se resplandecêssemos, dia e noite, com o fogo seráfico, ao longo de uma vida tão extensa como a de Matusalém, nosso amor não poderia retribuir o amor de Cristo. Se esse amor, por mais que seja pobre, ainda se esfriar, o que se tornará? Ó, olhos que devem fitar o Amado para sempre e eternamente, se vocês cessaram de contemplar a beleza nele agora, o que lhes terá cegado?

Ó, corações que devem brilhar eternamente com prazer na presença do Rei uma vez crucificado, que aflição se vocês esfriarem quando mais necessitam de Seu amor e mais recebem dele? Não posso suportar que amemos pouco a Jesus. Parece-me horrível! Não ter o coração de vocês por completo ardendo por Cristo é algo execrável! Que o amemos ao máximo. Que lhe imploremos que nos dilate o coração e nos acenda com a chama que está no coração do próprio Senhor de modo que possamos amá-lo ao máximo das possibilidades da afeição.

Ah, amados, pensem de novo. Suponham que nosso amor se esfrie; não percebem como isso paralisaria todo o sistema? Se o reservatório estiver vazio, você não poderá esperar conseguir muita água vindo dos canos. Se o coração esfriar, tudo o mais será feito de forma fria. Quando o amor diminui, que pregação gélida temos! Como se fosse apenas o brilho do luar: luz sem calor, polido como mármore e igualmente gelado. Quão indiferente se torna o nosso cantar — linda música produzida por flautas e harpas, mas, ó, quão desligada da alma! Quão pouco cantar pelo Espírito Santo criando a melodia para Deus no coração! E como se tornam pobres as nossas orações! Vocês ainda chamam de oração? Quão poucas doações! Quando o coração esfria, as mãos não encontram nada na bolsa, e a Igreja de Cristo e os Seus pobres, bem como os pagãos, podem perecer, pois precisamos acumular para nós mesmos e viver para enriquecermos.

Há algo que transcorra como deve quando o amor esfria? Eu gostaria de agir por toda a minha vida como o fiz quando minha alma foi despertada, em sua maior profundeza, com a afeição pelo Senhor! Desejaria agir continuamente como se tivesse acabado de *vê-lo* e colocado meus dedos nas marcas dos cravos. Desejaria viver como se estivesse assentado a Seus pés, como Maria; sim, lá sentada imóvel. Eu falaria em favor dele, trabalharia para Ele e doaria por amor a Ele como se tivesse recentemente levantado minha cabeça de Seu peito, como João.

3. Em terceiro lugar, O GRAVE PERIGO da disseminação dessa perversidade.

Lerei o texto traduzido mais precisamente: "E, por se multiplicar a iniquidade, o amor se esfriará *de* muitos". Essa é uma expressão mais triste do que "de quase todos". É o "amor *de* muitos", ou seja, da maior parte da Igreja — a maior parte dela. Isso supõe um temível estado das coisas porque, quando "muitos" esfriam, *eles se apoiam mutuamente.*

Um irmão frio diz a outro: "Qual a sua temperatura?". "Acho que estou muito abaixo de zero." "Eu também", diz o primeiro, "e estamos corretos". Se a maioria estiver quente, os frios descongelam. Todavia, se todos estiverem abaixo de zero, eles congelam formando um miserável bloco compacto. Essa será a igreja mais sóbria e respeitável que vocês podem ver. Eles não discutem, tudo está confortável e ordenado. Infelizmente, eles congelaram juntos, e a paz que possuem é mortal. O amor de muitos esfriou, e eles estão plenos de admiração mútua por sua calmaria.

Eles não têm ninguém para os repreender. Se muitos esfriaram, então os poucos que há entre eles, em vez de conseguirem repreendê-los com autoridade, são insultados. "Esse é um rapaz terrivelmente fanático! Aquele indivíduo zeloso nunca deixa os outros em paz!" "Ele vai amadurecer e sair dessa", diz alguém, "e, quando ele chegar à minha idade, será tão prudente quanto eu". Acolá há uma boa senhora que sente ansiedade pela conversão de almas, e ela se esforça nesse sentido. Outra senhora bem reputada declara que a primeira é importuna ou está vidrada nessa ideia. Pessoas ativas são consideradas perturbadoras quando o amor de muitos esfria. Os poucos têm dificuldade com isso, e, se eles se aventurarem em uma reprimenda, serão logo menosprezados, o que só confirma o mal.

E, por fim, *a tendência é que haja ainda mais esfriamento.* Eles congelam. Não há como explicar o quanto as pessoas podem ficar frias. Eu já me queimei com gelo e suponho que vocês também. Já preguei em lugares cuja temperatura espiritual era a mesma de um iglu. Preguei com tanta veemência quanto pude, mas nada resultou disso, pois minhas palavras caíam no chão como pedacinhos de gelo. As igrejas se tornam mais e mais frias, até que, finalmente, o grande Deus, que quebra icebergs em Seu tempo, destrói uma igreja e seu lugar fica vago.[58]

4. Na presença do perigo que está seriamente ameaçando muitas igrejas, há um CHAMADO PARA UMA IMPORTANTE AÇÃO DE NOSSA PARTE. Qual é essa importante ação?

Ora, primeiramente, é de que nos lembremos disto: se o amor de muitos esfriar, então *o nosso amor pode esfriar também.* Quem somos nós para pensar que estamos seguros quando os outros estão em perigo? Se outros homens, tão bons quanto nós, têm esfriado gradualmente, não podemos nós passar por situação semelhante? Que sejamos vigilantes e cuidadosos, e que busquemos a Deus por mais graça.

Notemos, a seguir, que, se o amor de muitos esfria, não há utilidade alguma em reclamar disso, mas os remanescentes *devem se reunir e orar.* A verdadeira vitalidade de uma igreja raramente está

---

[58] Conforme Apocalipse 2:5

nos muitos; ela geralmente está nos poucos. Dentro da eleição há outra eleição. Vocês se lembram de que, dentre todos os discípulos de Cristo, havia os Doze; e que dentre esses Doze havia três, e que dentre esses três havia um? Assim sendo, dentro dos círculos da eleição há outros círculos. Dentro da igreja nominal (não temos como dizer se todos eles são ou não povo de Deus), os muitos podem esfriar, mas precisa haver um remanescente que permanece na vida e no amor. Que Deus nos permita pertencer a esse grupo! Precisamos todos esquentar ao mesmo tempo. Devemos viver mais perto de Cristo. Precisamos ser mais entusiastas.

Ó, que haja um grupo de espíritos seletos — pessoas capazes de andar com Cristo em vestes alvas, pois eles são dignos — homens que estão preparados para seguir o Cordeiro aonde quer que Ele vá! O Espírito disse: "Tens, contudo, em Sardes, umas poucas pessoas que não contaminaram as suas vestiduras". Do mesmo modo, em cada igreja há alguns que não se tornaram indolentes ou heréticos. Que eles se reúnam e ajudem uns aos outros. Agradeço a Deus por aqueles que o Senhor mantém muito perto de si. Que eles cresçam em número diariamente! Que cada um de nós seja cheio com o Espírito.

Quando ouço sobre um pastor após o outro abandonando o "evangelho antiquado", sabem o que digo a mim mesmo? Resolvo me apegar ainda mais a ele. Se muitos não conseguem suportar a doutrina calvinista, eu serei mais calvinista do que nunca. Quanto mais pessoas não apreciam a verdade, obterei mais ainda dela. Essa deve ser nossa linha de ação. Se os homens se tornarem mais mundanos, eu me tornarei ainda mais puritano. Se os cristãos professos não exibem o Espírito de Cristo,[59] pedirei ao nosso Senhor que nos conceda sete vezes mais de Seu Espírito, para que possamos sustentar a verdade.

---

[59] Conforme Romanos 8:9

Suponham que vocês esperem uma fome em Londres como a que houve em Paris durante o cerco àquela cidade.[60] Todos os que pudessem ajuntariam cem vezes mais suprimentos. Toda boa família empregaria qualquer centavo que tivesse e encheria seus celeiros de boa comida. Haverá uma fome espiritual, portanto, comprem a verdade e não a vendam. Vão a seu Senhor e consigam mais suprimentos dele. Não o busquem um no outro. Seria como dizer: "Dai-nos do vosso azeite"[61], e seus companheiros responderão com sabedoria: "Não, para que não nos falte a nós e a vós outras!". Vão ao seu Mestre e peçam-lhe que atice o fogo dentro de vocês para que haja mais calor, a fim de que, se estiver frio em todos os lugares, possa haver aquecimento em seu peito. Que o Senhor os ajude a fazer isso, queridos amigos, em nome de Jesus! Amém

EXPOSIÇÃO POR C. H. SPURGEON
MATEUS 24:1-18

Tendo Jesus saído do templo, ia-se retirando, quando se aproximaram dele os seus discípulos para lhe mostrar as construções do templo. Ele, porém, lhes disse: Não vedes tudo isto? Em verdade vos digo que não ficará aqui pedra sobre pedra que não seja derribada. (vv.1-2)

O Rei, depois de encerrar Seu primeiro discurso no Templo, deixou aquele local para nunca mais retornar: "Tendo Jesus saído do templo, ia-se retirando". Seu ministério lá estava acabado. Enquanto Seus discípulos andavam com Ele em direção ao monte das Oliveiras, eles chamaram Sua atenção para as grandes pedras com as quais o

---

[60] Uma vez que não se consegue precisar a data deste sermão de Spurgeon, não sabemos a qual cerco ele se refere. Duas opções são: 1) o ocorrido em 845 d.C., efetuado por vikings liderados por Ragnar, que durou cerca de um ano; 2) o cerco ocorrido durante a guerra Franco-Prussiana, em 1870–71, que durou apenas quatro meses, mas deixou a cidade de Paris em estado de calamidade.

[61] Conforme Mateus 25:1-13

Templo fora construído e os caros adornos do belo edifício. Para eles, a aparência era gloriosa, mas para seu Senhor era uma triste visão. A casa de Seu Pai, que deveria ser uma casa de oração para todos os povos, havia se tornado um covil de salteadores e, em breve, seria totalmente destruída. Jesus disse aos discípulos: "Não vedes tudo isto? Em verdade vos digo que não ficará aqui pedra sobre pedra que não seja derribada".

Josefo[62] nos diz que Tito primeiramente tentou salvar o Templo, mesmo depois de ele ter sido incendiado, mas seus esforços foram em vão. Por fim, ordenou que toda a cidade e o Templo fossem demolidos, com exceção de uma pequena porção que ficaria para a guarnição. Isso foi cumprido tão completamente que o historiador conta que não restou coisa alguma que faria alguém que lá chegasse crer que a cidade fora alguma vez habitada.

Algumas vezes nos deleitamos na prosperidade temporal da Igreja como se fosse algo que certamente durará. Porém, tudo que é externo passará ou será destruído. Que nós reconheçamos apenas como substancial aquilo que vem de Deus e é obra dele. As coisas que se veem são temporais.[63]

No monte das Oliveiras, achava-se Jesus assentado, quando se aproximaram dele os discípulos, em particular, e lhe pediram: Dize-nos quando sucederão estas coisas e que sinal haverá da tua vinda e da consumação do século. (v.3)

A pequena procissão continuou subindo o monte das Oliveiras até que Jesus tivesse chegado ao local de descanso de onde poderia ver o Templo (Marcos 13:3). Ele se assentou, e os discípulos se aproximaram dele, em particular, dizendo: "Dize-nos quando sucederão essas coisas e que sinal haverá da tua vinda e da consumação do século?".

---

[62] Flávio Josefo, historiador judeu do primeiro século. Esses relatos podem ser encontrados em seu livro *A história dos hebreus* (Ed. CPAD, 1969).

[63] Conforme 2 Coríntios 4:18

Essas são perguntas feitas em cada uma das Eras desde os dias de nosso Salvador. Há aqui duas perguntas distintas, talvez três. Os discípulos inquiriram primeiro sobre o tempo da destruição do Templo, e depois sobre o sinal da volta de Cristo e da "consumação do século".

As respostas de Jesus continham muito do que é mistério e que somente poderia ser compreendido quando aquilo que Ele predisse realmente acontecesse. Jesus disse a Seus discípulos algumas coisas relacionadas ao cerco de Jerusalém, algumas, referentes ao Seu Segundo Advento e outras acerca daquilo que precederia imediatamente a "consumação do século". Quando obtemos luz mais clara, podemos perceber que todas as predições nesta memorável ocasião têm alguma conexão com esses três grandes eventos.

E ele lhes respondeu: Vede que ninguém vos engane. Porque virão muitos em meu nome, dizendo: Eu sou o Cristo, e enganarão a muitos. E, certamente, ouvireis falar de guerras e rumores de guerras; vede, não vos assusteis, porque é necessário assim acontecer, mas ainda não é o fim. (vv.4-6)

Jesus sempre foi prático. A coisa mais importante para os Seus discípulos não era que soubessem quando "essas coisas" aconteceriam, mas que fossem preservados dos males peculiares àquele tempo. Portanto, Jesus lhes respondeu: "Vede que ninguém vos engane. Porque virão muitos em meu nome, dizendo: Eu sou o Cristo, e enganarão a muitos". Eles deveriam estar atentos para que nenhum dos pretensos messias os desviasse, uma vez que perverteriam a muitos outros.

Muitos impostores se apresentaram antes da destruição de Jerusalém afirmando serem os ungidos de Deus. Quase cada uma das páginas da história está manchada com os nomes de tais embustes, e em nossos dias temos visto alguns vindo em nome de Cristo, dizendo que pertencem a Ele. Esses homens seduzem a muitos, mas aqueles que dão atenção ao alerta do Senhor não serão iludidos por eles.

As palavras de nosso Salvador: "E, certamente, ouvireis falar de guerras e rumores de guerras" podem ser aplicadas a quase todos os períodos da história mundial. A Terra raramente teve um longo intervalo de paz, tem havido tanto as guerras reais quanto os rumores de guerra. Houve muitas delas antes de Jerusalém ser derrubada, houve muitas desde então e haverá ainda muitas até aquele glorioso período em que "uma nação não levantará a espada contra outra nação, nem aprenderão mais a guerra".

"...vede, não vos assusteis" é uma mensagem oportuna para os discípulos de Cristo de todas as Eras. "...porque é necessário assim acontecer", assim sendo, não nos surpreendamos ou nos alarmemos com elas, "ainda não é o fim". A destruição de Jerusalém era o começo do fim, um grande tipo de antecipação de tudo o que acontecerá quando Cristo pisar a Terra naquele último dia. Foi *um* fim, mas não *o* fim, "ainda não é o fim".

Porquanto se levantará nação contra nação, reino contra reino, e haverá fomes e terremotos em vários lugares; porém tudo isto é o princípio das dores. (vv.7-8)

Alguém poderia pensar que já teria havido sofrimento suficiente em "fomes, e pestes, e terremotos" (ARC), porém nosso Senhor disse que "tudo isto" seria apenas "o princípio das dores", as primeiras contrações do trabalho de parto que precisam preceder Sua vinda, quer a Jerusalém quer a todo o mundo. Se a fome, as pestes e os terremotos são apenas o "princípio das dores", o que podemos esperar que seja o fim? Essa profecia deve alertar os discípulos de Cristo sobre o que devem esperar, bem como apartá-los do mundo onde todos esses grandes sofrimentos serão experimentados.

Então, sereis atribulados, e vos matarão. Sereis odiados de todas as nações, por causa do meu nome. (v.9)

Nosso Senhor não apenas predisse o julgamento geral que viria sobre os judeus e sobre o mundo, mas também a perseguição especial que seria a porção de Seus seguidores escolhidos: "Então, sereis atribulados, e vos matarão. Sereis odiados de todas as nações, por causa do meu nome". O Novo Testamento dá provas abundantes do cumprimento dessas palavras. Até mesmo nos dias de Paulo, esta seita "por toda parte, é ela impugnada".[64] Desde então, há alguma terra que não tenha sido manchada pelo sangue dos mártires? Onde quer que o evangelho de Cristo tem sido pregado, homens se levantam armados contra os mensageiros da misericórdia e os têm afligido e matado onde quer que consigam.

Nesse tempo, muitos hão de se escandalizar, trair e odiar uns aos outros... (v.10)

Essa seria uma provação mais amarga para os seguidores de Cristo, ainda assim, eles sempre tiveram de suportá-la. A perseguição revelaria os traidores dentro da Igreja, bem como os inimigos externos. Em meio aos escolhidos, se encontrariam os seguidores de Judas, que estariam dispostos a trair os discípulos assim como ele traiu seu Senhor. O mais triste de tudo seria a traição dos homens bons por seus próprios familiares. No entanto, eles têm suportado até mesmo isso por causa do nome de Cristo.

...levantar-se-ão muitos falsos profetas e enganarão a muitos. E, por se multiplicar a iniquidade, o amor se esfriará de quase todos. (vv.11-12)

O que não poderia ser alcançado pelos perseguidores fora da Igreja, e traidores de dentro dela, seria tentado pelos mestres heréticos: "levantar-se-ão muitos falsos profetas e enganarão a muitos". Eles têm se levantado em todas as Eras; nestes tempos modernos, têm se erguido como nuvens até que o ar fique saturado deles, como se fossem um exército de gafanhotos devoradores. Esses são os homens que inventam doutrinas e que parecem pensar que a religião de Jesus Cristo é algo que alguém pode distorcer até o formato ou a forma que mais lhe agradar. É lamentável que tais mestres tenham discípulos! E

---

[64] Atos 28:22

duplamente triste que consigam enganar a "muitos". Ainda assim, quando isso acontecer, lembremos que o Rei disse que assim seria.

Surpreende o fato de que, quando a iniquidade abundar e tal impiedade for multiplicada, o amor se esfrie de quase todos? Se os mestres enganam o povo e lhes dão "outro evangelho, o qual não é outro"[65] não assusta que haja a falta do amor e do zelo. O assustador é que haja algum amor e zelo sobrando depois de eles terem sido sujeitos a tal processo de esfriamento mortal quanto o adotado pelos defensores da moderna "crítica destrutiva".[66] De fato, ela foi corretamente chamada de "destrutiva", visto que destrói quase tudo o que vale a pena preservar.

Aquele, porém, que perseverar até o fim, esse será salvo. (v.13)

Nosso Salvador novamente relembra aos Seus discípulos da responsabilidade pessoal de cada um deles em tal tempo de tribulação e provação como o que eles estão prestes a enfrentar. Ele gostaria de lembrar-lhes de que não é aquele que começa a corrida, mas o que corre para o alvo que ganha o prêmio: "Aquele, porém, que perseverar até o fim, esse será salvo".

Se essa doutrina não fosse suplementada por outra, haveria poucas boas notícias em tais palavras para os pobres santos, que são tentados e que lutam. Quem dentre nós perseveraria em correr a carreira celestial se Deus não nos preservasse de cair e nos concedesse a graça para perseverar? Mas, bendito seja Seu nome, "o justo segue o seu caminho" e "aquele que começou boa obra em vós há de completá-la até ao Dia de Cristo Jesus".

---

[65] Gálatas 1:7

[66] Também conhecida como "Alta Crítica". Essa forma de crítica bíblica baseia-se no racionalismo em sua abordagem dos textos sagrados. A partir dessa abordagem, busca desconstruir antigos conceitos quanto à composição dos livros bíblicos, as fontes para esses textos e o tempo em que foi composto. Não há problema algum nesse tipo de investigação. O problema é o ponto de partida da Alta Crítica: o racionalismo. Com isso, a característica sobrenatural e milagrosa é retirada das Escrituras.

E será pregado este evangelho do reino por todo o mundo, para testemunho a todas as nações. Então, virá o fim. (v.14)

O mundo é para a Igreja aquilo que um andaime é para a construção. Quando a Igreja estiver edificada, o andaime deverá ser removido — o mundo permanecerá até que o último eleito seja salvo. "Então, virá o fim." Antes de Jerusalém ser destruída, "este evangelho do reino" foi, provavelmente, "pregado por todo o mundo", até onde era conhecido naquela época. Contudo, haverá uma proclamação ainda mais plena "para testemunho a todas as nações" antes da grande consumação de tudo. "Então, virá o fim", e o Rei se assentará sobre o trono da Sua glória e decidirá o destino eterno de toda a raça humana.

Quando, pois, virdes o abominável da desolação de que falou o profeta Daniel, no lugar santo (quem lê entenda), então, os que estiverem na Judeia fujam para os montes; quem estiver sobre o eirado não desça a tirar de casa alguma coisa; e quem estiver no campo não volte atrás para buscar a sua capa. (vv.15-18)

Essa porção das palavras de nosso Senhor parece se relacionar apenas à destruição de Jerusalém. Tão logo os discípulos de Cristo viram "o abominável da desolação", isto é, as insígnias romanas com seus emblemas idólatras, "no lugar santo", eles souberam que chegara o tempo de sua fuga e "fugiram para os montes". Os cristãos em Jerusalém e das cidades e vilarejos vizinhos, "na Judeia", aproveitaram-se da primeira oportunidade de escapar dos exércitos romanos e fugiram para a cidade montanhosa de Péla, na Pereia, onde foram preservados da destruição geral que abateu os judeus. Não havia tempo a perder antes da investida final contra a cidade culpada; aqueles que estavam no eirado não podiam descer para retirar qualquer coisa de casa, e aqueles que estavam no campo não poderiam voltar para buscar a sua capa. Eles deviam fugir para os montes com toda a pressa possível quando vissem "Jerusalém sitiada de exércitos" (Lucas 21:20).

Ai das que estiverem grávidas e das que amamentarem naqueles dias! Orai para que a vossa fuga não se dê no inverno, nem no sábado; porque nesse tempo haverá grande tribulação, como desde o princípio do mundo até agora não tem havido e nem haverá jamais. (vv.19-21)

Aquele deve ter sido um tempo particularmente desafiante para as mulheres que precisariam fugir de suas casas exatamente quando precisavam de quietude e descanso. Quão cuidadoso e terno foi nosso misericordioso Senhor em demonstrar empatia com as mães que sofreriam em sua hora de necessidade! A "…fuga… no inverno" ou "no sábado" traria dificuldades especiais, assim os discípulos foram exortados a orar para que outro tempo para isso estivesse disponível. O Senhor sabia exatamente quando eles conseguiriam escapar, mesmo assim ordenou-lhes orar para que a fuga não ocorresse no inverno nem no *Shabat*. Os sábios de nosso tempo diriam que a oração seria inútil diante de tais circunstâncias. Mas não o grande Mestre e Modelo para Seu povo suplicante. Ele lhes ensinou que uma ocasião como essa seria um tempo adequado para súplicas especiais.

O motivo para tal injunção foi declarado pelo Salvador: "porque nesse tempo haverá grande tribulação, como desde o princípio do mundo até agora não tem havido e nem haverá jamais". Leiam o registro da destruição de Jerusalém feito por Josefo e vocês verão quão verdadeiramente as palavras de nosso Senhor se cumpriram. Os judeus falaram impiedosamente acerca da morte de Cristo: "Caia sobre nós o seu sangue e sobre nossos filhos!". Nunca qualquer outro povo invocou sobre si uma maldição tão terrível, e um julgamento como esse jamais caiu sobre outra nação.

Lemos sobre judeus crucificados até que não houvesse mais madeira para se fabricarem cruzes, e de milhares de pessoas matando umas às outras em seu tumultuado combate dentro da cidade; de muitos deles sendo vendidos como escravos, de modo que se tornaram como droga no mercado e considerados totalmente sem valor; e de horrendas carnificinas quando multidões romanas entraram na amaldiçoada capital. Essa história de congelar o sangue confirma exatamente as declarações pronunciadas pelo Salvador cerca de 40 anos antes desses terríveis eventos acontecerem.

Não tivessem aqueles dias sido abreviados, ninguém seria salvo; mas, por causa dos escolhidos, tais dias serão abreviados. (v.22)

Essas foram as palavras tanto do Rei quanto do Profeta e, como tais, elas eram tão autênticas quanto autoritativas. Jesus falou do que "aconteceria", não apenas como um Vidente que poderia contemplar o futuro, mas como o Soberano que ordena todos os eventos. Ele sabia que tribulação feroz aguardava a nação incrédula, e "Não tivessem aqueles dias sido abreviados, ninguém seria salvo". Se os horrores do cerco se estendessem por muito tempo, todos os judeus seriam destruídos. O Rei possuía o poder de abreviar os dias maus e explicou Seu motivo para usá-lo: "por causa dos escolhidos, tais dias serão abreviados".

Aqueles que haviam sido odiados e perseguidos por seus conterrâneos se tornaram o seu meio de preservação da aniquilação absoluta. Assim tem sido desde aqueles dias, e, por amor aos Seus eleitos, o Senhor tem retido muitos julgamentos e abreviado outros. Os infiéis devem aos fiéis mais do que sabem ou se importam.

Então, se alguém vos disser: Eis aqui o Cristo! Ou: Ei-lo ali! Não acrediteis; porque surgirão falsos cristos e falsos profetas operando grandes sinais e prodígios para enganar, se possível, os próprios eleitos. Vede que vo-lo tenho predito. Portanto, se vos disserem: Eis que ele está no deserto!, não saiais. Ou: Ei-lo no interior da casa!, não acrediteis. (vv.23-26)

É grande coisa que tenhamos tal fé em Cristo, que não reste espaço para os impostores. É importante não dividir demais sua fé. Aqueles que acreditam um pouco em tudo, no final, não crerão em nada de nada. Se vocês exercerem plena fé naquilo que é certo e firme, os "falsos cristos e falsos profetas" não conseguirão fazer de vocês seus joguetes. Por um lado, os modernos mestres de heresias são mais bem-sucedidos do que seus protótipos judeus, pois eles realmente enganam "os próprios eleitos", embora não consigam operar "grandes sinais e prodígios".

Um dos mais tristes sinais dos tempos em que vivemos é a facilidade com que os "próprios eleitos" são enganados pelo discurso suave desses "falsos cristos e falsos profetas" que abundam em nosso meio. Contudo, nosso Salvador expressamente precaveu Seus seguidores contra eles: "Vede que vo-lo tenho predito". O precavido se arma com antecedência. Que seja esse o nosso caso. A ordem expressa de nosso Salvador pode ser adequadamente aplicada a todo o sistema do "pensamento moderno", que é contrário à inspirada Palavra de Deus: "não acrediteis"!

Porque, assim como o relâmpago sai do oriente e se mostra até no ocidente, assim há de ser a vinda do Filho do Homem. (v.27)

Quando ELE vier, saberemos quem Ele é e por que veio. Não haverá mais qualquer mistério ou segredo sobre a "vinda do Filho do Homem". Não haverá mais necessidade de fazer qualquer pergunta, ninguém se enganará quanto à Sua aparição quando ela acontecer de fato. "...todo olho o verá". A vinda de Cristo será repentina, surpreendente, universalmente visível e terrível para os ímpios, "assim como o relâmpago sai do oriente e se mostra até no ocidente". Sua primeira vinda para julgamento na destruição de Jerusalém teve em si terrores nunca antes realizados na Terra; a Sua última vinda será ainda mais temível.

Onde estiver o cadáver, aí se ajuntarão os abutres. (v.28)

O judaísmo se tornou um "cadáver", morto e corrupto, adequado aos abutres ou aos milhafres-reais[67] de Roma. Logo, eles chegarão em outro dia, quando houver uma Igreja morta em um mundo morto,

---

[67] Aves de rapina originárias da Europa

então, os "águias" do julgamento divino "se ajuntarão" para despedaçar aqueles para quem não haverá livramento. As aves de rapina se ajuntam onde quer que se possa encontrar corpos mortos, e os julgamentos de Cristo serão proferidos quando o corpo político ou religioso se tornar insuportavelmente corrupto.

5

UMA ALEGRE EXPECTATIVA DO SEGUNDO ADVENTO[68]

*Ora, ao começarem estas coisas a suceder,
exultai e erguei a vossa cabeça; porque a vossa redenção
se aproxima. Ainda lhes propôs uma parábola, dizendo:
Vede a figueira e todas as árvores. Quando começam
a brotar, vendo-o, sabeis, por vós mesmos,
que o verão está próximo. Assim também, quando
virdes acontecerem estas coisas, sabei que está
próximo o reino de Deus.* (Lucas 21:28-31)

Já afirmei que compreendo que nosso Senhor Jesus Cristo considerou a destruição de Jerusalém como sendo o "princípio do fim". Embora 1.800[69] anos já tenham se passado desde aquele evento terrível, nós, juntamente com Ele, podemos nos importar pouco com o intervalo e considerá-lo

---

[68] Este sermão foi pregado no *Metropolitan Tabernacle*, em 23 de abril de 1885.
[69] Considerando a data em que o sermão foi pregado.

como uma dispensação que passou. Aquela bela cidade era a coroa de toda a Terra, pois lá Deus habitava.

Ela pode ser comparada ao diamante em um anel, a joia cujo assentamento era o mundo todo. E, quando aquela joia foi destruída, e Deus o fez como se fosse reduzi-la a pó, foi um alerta de que o próprio anel seria, repentinamente, esmagado e consumido, visto que "os céus passarão com estrepitoso estrondo, e os elementos se desfarão abrasados; também a terra e as obras que nela existem serão atingidas". A destruição de Jerusalém foi, por assim dizer, o desenrolar da cortina do grande drama da ruína do mundo. Ela não cairá novamente até que as coisas que agora vemos tenham passado e somente as coisas inabaláveis — as concernentes a Deus e à eternidade, que não são visíveis — permaneçam.

Ademais, penso que, a partir deste capítulo, devemos, de algum modo, entendê-lo — e, confessadamente, ele é muito difícil de compreender. Precisamos considerar o cerco de Jerusalém e a destruição do Templo como sendo um tipo de ensaio para o que ainda acontecerá. A longanimidade de Deus foi demonstrada por séculos a Israel. As tribos rebeldes tiveram muitas oportunidades para o arrependimento. Foram, inclusive, levadas ao cativeiro e, pela graciosa compaixão do Senhor, esforçaram-se para retornar, mas continuaram a se afastar de Deus, mudando apenas a forma de sua apostasia. Estavam inclinadas a desviar-se de Jeová, mesmo quando os ídolos delas foram todos destruídos e, assim, a semente de Abraão veio a detestar qualquer tipo de símbolo ou imagem.

Mesmo assim, eles começaram a estabelecer outros tipos de ídolos a partir das tradições de seus pais e das invenções dos escribas. Dessa forma, perderam o espírito do ensinamento divino para a mera letra dele e se tornaram apenas formalistas após terem deixado de ser idólatras, pois — atentem aqui —, se a verdade morrer, ela não terá mais virtude do que a falsidade. Quando o Espírito de Deus se retiradaquilo que é, em si, correto, essa coisa se torna, muitas vezes, uma capa debaixo da qual milhares de males se ocultam.

Desse modo, afinal, a longanimidade divina chegou ao seu fim e, de acordo com uma tradição corrente, houve um som como o de asas batendo no lugar santo em Jerusalém. Conta-se que um sacerdote, que estava para oficiar no altar, ouviu a solene frase: "Saiamos daqui", pois Deus estava prestes a partir de Seu Templo. Esse lugar já havia tido seu véu rasgado de alto a baixo pelo opróbrio do que fora feito ao Cristo do Senhor,[70] e agora o mesmo tecido seria consumido pelo fogo, apesar da ordem do Imperador romano. Ele não conseguiu salvá-lo da ruína, a despeito de todo o seu poder. E a cidade foi destruída tão completamente que Sião foi arada como um campo e o próprio local do Templo foi alvo de discussão durante muito tempo.

Ah, meus amigos, isso é uma figura — uma figura turva — do que acontecerá quando o Senhor Jesus Cristo voltar! Então, toda a religião exterior — caso ela seja apenas exterior — perecerá no fogo e somente o que é espiritual e verdadeiro viverá. "Pois eis que vem o dia e arde como fornalha; todos os soberbos e todos os que cometem perversidade serão como o restolho; o dia que vem os abrasará", do mesmo modo como foi com o véu do Templo. No dia que está por vir, permanecerá apenas aquilo sobre o que o fogo não tem poder. Somente ficará de pé o que pertencer à verdade divina eterna. Dessa maneira, considero a destruição de Jerusalém e de seu Templo como o princípio do fim e um ensaio daquilo que ainda ocorrerá.

O tempo que antecedeu a destruição de Jerusalém foi o mais terrível. Se vocês já leram [Flávio] Josefo, não puderam evitar sentir seu coração sangrando pelos pobres judeus. Eles estavam tão soberbos, tão absortos numa loucura heroica, que lutaram contra os romanos com bravura desesperada após a cidade ser cercada. Jamais houve nesta Terra espíritos mais valentes, ou mais fanáticos, do que aqueles que estavam encerrados dentro daquelas muralhas. Quando estavam

---

[70] Conforme Mateus 27:51

exaustos de combater os romanos, voltaram suas espadas e adagas uns contra os outros, dividindo-se em seitas e em partidos que se odiavam mutuamente com a máxima fúria.

Jerusalém era um caldeirão, uma panela fervente, efervescendo toda a forma de mal, perversidade e tormento. A terra foi devorada diante dos exércitos romanos. Todos pareciam estar sendo afastados do país ou abandonados mortos ao redor das muralhas da cidade. Os romanos crucificaram tantos judeus que tiveram de abandonar essa ação porque não achavam mais madeira sobre a qual pregá-los. Aqueles que foram tomados como cativos eram vendidos como escravos, até o ponto de um centavo ser recusado como seu preço. Eram literalmente vendidos por um par de sapatos. Os preciosos filhos de Deus que, como dissera o profeta, eram comparados ao ouro fino[71] foram estimados como cântaros de barro, rachados e quebrados e dignos apenas de serem lançados no monturo.

Contudo, todo o tempo — talvez o mais terrível que alguma nação já enfrentou —, os discípulos do Senhor Jesus Cristo permaneceram todos ilesos. Há um registro de que eles fugiram para a pequena cidade de Péla, exatamente de acordo com a ordem de seu Mestre, e sequer um cabelo de sua cabeça pereceu. De fato, para eles foi um tempo de redenção, pois a perseguição que os judeus haviam mantido contra eles fora extremamente cruel, mas agora haveria uma pausa. As desgraças dos judeus eram tão graves que eles não se importavam com os pobres cristãos. Estes, pelo menos, estavam seguros, exultaram e ergueram sua cabeça, pois a profecia de seu Mestre estava confirmada, e todo o poder da maldição caiu sobre aqueles que clamaram a Pilatos: "Caia sobre nós o seu sangue e sobre nossos filhos!".

Queridos amigos, será exatamente assim no final. Não estou prestes a entrar em qualquer profecia do que ainda ocorrerá, mas aqui

---

[71] Provavelmente, Spurgeon se refere a Isaías 13:12, onde o profeta falava do Dia do Senhor, em que haveria tal destruição que restariam pouquíssimas pessoas, como o raro ouro de Ofir.

estão as palavras do próprio Mestre: "Haverá sinais no sol, na lua e nas estrelas; sobre a terra, angústia entre as nações em perplexidade por causa do bramido do mar e das ondas; haverá homens que desmaiarão de terror e pela expectativa das coisas que sobrevirão ao mundo; pois os poderes dos céus serão abalados. Então, se verá o Filho do Homem vindo numa nuvem, com poder e grande glória. Ora, ao começarem estas coisas a suceder, exultai e erguei a vossa cabeça; porque a vossa redenção se aproxima".

É disto que tratarei, caros amigos, e, primeiramente, consideraremos *o terrível tempo em que este preceito se cumprirá*: "exultai e erguei a vossa cabeça". Em segundo lugar, *o admirável preceito em si*: "exultai e erguei a vossa cabeça". E, por último, *a encorajadora parábola* que foi dada para nos induzir a exultar e erguer a nossa cabeça: "Vede a figueira e todas as árvores. Quando começam a brotar, vendo-o, sabeis, por vós mesmos, que o verão está próximo. Assim também, quando virdes acontecerem estas coisas, sabei que está próximo o reino de Deus".

1. Então, em primeiro lugar está o TERRÍVEL TEMPO em que nos é ordenado que exultemos e ergamos a nossa cabeça.

Esse será evidentemente um tempo de temível sofrimento nacional, e, se tal tempo chegar em nossos dias — e se realmente puder haver um tempo que se compare com a destruição de Jerusalém —, aqui estão as palavras do Mestre para nós: "Quando ouvirdes falar de guerras e revoluções, não vos assusteis; pois é necessário que primeiro aconteçam estas coisas, mas o fim não será logo".

Quando as grandes guerras acontecerem,[72] como certamente acontecerão, não há nada nelas para aterrorizar o cristão. Ainda que aconteçam à nossa porta, os cristãos não devem ser vítimas de sequer um

---

[72] Charles Spurgeon pregou este sermão 29 anos antes do início da Primeira Guerra Mundial e sete anos antes da morte dele.

temor. Independentemente do que vier a ocorrer, o que há para que eles temam? O Salvador lhes dá esse preceito para um tempo em que será impossível eles suportarem senão somente pela fé nele: "exultai e erguei a vossa cabeça". Sejam quais forem os castigos que cairão sobre as nações, vocês estarão seguros em seguir completamente os princípios da paz que seu Mestre lhes ordenou.

Ademais, esse preceito é concedido não apenas para tempos de estremecimento público, mas, também, para tempos de *terríveis sinais e maravilhas físicos no mundo*: "Haverá sinais no sol, na lua e nas estrelas". Esse poderá ser um tempo de trevas sobrenaturais, ou o sistema solar entrará em desordem, de modo que as estrelas do céu, fixas por séculos, começarão a cair como frutos maduros que caem das árvores ou como as folhas murchas do outono são dispersas por uma tempestuosa rajada de vento.

Vocês sabem o quanto as pessoas ficam aterrorizadas quando há algum fenômeno que elas, e seus pais, jamais haviam visto. Contudo, suponham que haja manifestações visíveis no céu, como jamais havia sido testemunhado, mesmo assim, em tais tempos, os filhos de Deus devem exultar e erguer sua cabeça. E, caso essas manifestações não fiquem meramente no céu, e até mesmo a terra venha a tremer e estremecer — e se aquilo que deveria ser mais estável, tornar-se inconstante —, ainda assim devemos exultar e erguer nossa cabeça.

E, se as ondas rugirem de maneira incomum, de forma que os camponeses ouçam seu barulho a distância, ou se nós mesmos estivermos em alto mar e as vagas suplantarem a altura das montanhas e o navio ameaçar afundar, mesmo aí este é o preceito que permanece para os piores momentos possíveis: "ao começarem estas coisas a suceder, exultai e erguei a vossa cabeça". Até mesmo nesses momentos de provação, adotem a linguagem do Salmo 46 e digam: "Deus é o nosso refúgio e fortaleza, socorro bem-presente nas tribulações. Portanto, não temeremos ainda que a terra se transtorne e os montes se abalem no seio dos mares; ainda que as águas tumultuem e espumejem e na sua fúria os montes se estremeçam".

"A natureza humana não pode exultar a tal ponto", diz alguém. Não, eu sei que não, mas a graça pode. "Não consigo me exultar desse modo", diz outro. Talvez você não consiga, porém há Alguém que pode erguê-lo e é Ele mesmo que lhe ordena se levantar.[73]

Este terrível tempo que nosso Senhor descreve é, além disso, um tempo de *sobressalto universal*: "sobre a terra, angústia entre as nações em perplexidade por causa do bramido do mar e das ondas; haverá homens que desmaiarão de terror e pela expectativa das coisas que sobrevirão ao mundo; pois os poderes dos céus serão abalados". Vocês sabem que o medo é contagioso. Quando uma pessoa estremece, muitos começarão a sentir o mesmo tipo de tremor. E, quando todas as pessoas, independentemente de aonde forem, em seu país ou no estrangeiro, estiverem perplexas — quando, em todos os lugares, o coração dos homens parecer morrer dentro deles, ou se tornarem como pedras, de modo que não consigam se mover, como aqueles que vigiavam o túmulo de Cristo, que, ao vê-lo ressuscitar, ficaram como mortos — se chegarmos a esse ponto de haver pânico geral, então vocês que têm Cristo como seu Mestre e Deus por Pai, a eternidade como sua herança e o Céu como seu lar, mesmo assim vocês poderão "exultar e erguer a sua cabeça".

Talvez vocês estejam perguntando: "Como o faremos?". Não conseguirão sem seu Senhor. Com Deus, todas as coisas são possíveis. Em Cristo, vocês podem todas as coisas; sem Ele, não podem nada. Se viverem distantes de seu Senhor e Mestre naqueles dias de terror que estão por vir, seus corações tremerão de medo e vocês serão como

---

[73] O leitor que comparar esse trecho com o original perceberá que excluímos a última frase desse parágrafo de nossa versão em português. Isso foi feito porque, examinando todas as versões bíblicas disponíveis em português e o próprio original grego, não se encontrou a palavra que Spurgeon enfatizou e que estava presente apenas na versão bíblica King James. No entanto, decidimos incluir o trecho nesta nota de rodapé para a apreciação do leitor, explicando-se apenas que a tradução bíblica será, não do original, mas do inglês na versão bíblica que Spurgeon utilizava. "'Então', diz Jesus, 'quando essas coisas começarem a acontecer, então, levantem-se e ergam a cabeça'".

todos os demais homens. Caso corram com eles, temerão como eles. Se sua força estiver onde está a deles, vocês serão tão fracos quanto eles. No entanto, se vocês aprenderam a exultar, ora, então até mesmo naqueles tempos tempestuosos devem guardar o hábito de exultar e, se aprenderam a erguer a sua cabeça acima do mundo, devem manter a prática de erguer sua cabeça. A sua porção está no Céu, ela não será abalada quando a Terra se agitar e cambalear até seus alicerces. Se seu tesouro estiver no Céu, ele não será perdido.

Se Deus estiver com vocês, poderão se colocar de pé entre as próprias mandíbulas da morte ou até mesmo no centro do inferno, e não sentir pavor. Com Cristo ao seu lado, vocês poderão permanecer tão calmos em meio aos destroços da matéria e à ruína dos mundos quanto o próprio Senhor em Sua glória. Ele pode operar até mesmo isso em vocês, caso lançarem-se a si mesmos a Ele e viverem inteiramente para Ele.

Mais uma vez, o tempo em que deveremos estar serenos e tranquilos desse modo e exultar levantando nossa cabeça é no *julgamento vindouro*. Meus queridos irmãos e irmãs, seja o que for que eu possa lhes dizer sobre as calamidades que ainda virão sobre a Terra, a despeito da descrição que eu possa lhes dar das guerras, terremotos e tempestades — ainda que eu fizesse cada palavra tão obscura quanto a noite e cada frase tão penetrante quanto uma espada mortal —, eu ainda não conseguiria descrever plenamente a cena final quando o próprio Senhor virá sobre as nuvens em toda pompa e esplendor do pavoroso julgamento final.

Nenhuma língua humana pode pronunciar, da mesma forma que nenhum coração pode imaginar, os horrores daquele dia tremendo, especialmente da visão do Cristo uma vez crucificado quando Ele aparecer assentado sobre Seu grande trono branco e quando a convocação tocar: "Venham para o julgamento! Venham para o julgamento, venham!"[74]. Quando o sepulcro não esconderá os inúmeros mortos, nem as profundezas do oceano serão suficientes para ser local de refúgio daquele que se assenta no trono, pois todos serão reunidos diante dele, todo olho o verá, incluindo os que o traspassaram. Você estará lá, meu amigo, você estará lá tão certo quanto está aqui.

Ó vocês que estão sem Cristo, todo o medo e pavor que já sentiram nesta vida serão como nada comparado ao espanto e terror daquele dia! Seus temores quando estavam acamados com febre e próximos às portas da morte serão brincadeira de criança quando contrastados ao que sentirão naquele dia que logo virá. Ainda assim, Cristo diz a Seu povo, com relação até mesmo àquele momento: "exultai e erguei a vossa cabeça".

Jamais haverá qualquer coisa que temer para vocês que colocaram sua confiança nele. É seu Juiz que está vindo, mas Ele vem para os absolver e para os exibir trajados de Sua própria justiça, que vocês já vestem, a todo o Universo reunido. Aquele que está vindo é seu Senhor, seu Amigo, seu Noivo. Aquele que jurou livrá-los está vindo para chamar seu corpo do túmulo e para os ressuscitar, a fim de morarem com Ele eternamente. Aquele dia da manifestação de Cristo será para vocês como uma manhã do soar da harpa e tempo de brados de alegria e bem-aventuradas canções.

"Haverá pranto, haverá pranto no trono de julgamento de Cristo", mas não para vocês que estão nele. Para vocês será seu dia feliz, seu dia das bodas, o mais luminoso dos dias em toda a sua história. "…ao começarem estas coisas a suceder, exultai e erguei a vossa cabeça".

Devo agora deixar esse primeiro ponto concernente ao terrível tempo quando esse preceito deverá ocorrer, relembrando-lhes de que, quando o Senhor Jesus Cristo voltar, os céus nos informarão: "Haverá sinais no sol, na lua e nas estrelas". A Terra nos esclarecerá, pois sobre ela haverá "angústia entre as nações em perplexidade". O mar nos dirá, pois então o mar e as ondas rugirão. Os homens nos mostrarão

---

[74] Tradução livre de um trecho do hino *Come to judgment, come Away*, de João Wesley e George Herbert, composto no século 18, ainda não disponível nos hinários em português.

porque o coração deles desmaiará de terror "pela expectativa das coisas que sobrevirão ao mundo".[75]

E, então, à medida que todas essas vozes proclamarem Sua vinda, nossos próprios olhos nos esclarecerão, uma vez que eles contemplarão "o Filho do Homem vindo numa nuvem, com poder e grande glória". "Então, os justos resplandecerão como o sol, no reino de seu Pai", e, em expectativa daquele dia glorioso, cada cristão poderá dizer como o patriarca Jó: "Porque eu sei que o meu Redentor vive e por fim se levantará sobre a terra. Depois, revestido este meu corpo da minha pele, em minha carne verei a Deus. Vê-lo-ei por mim mesmo, os meus olhos o verão, e não outros".

2. Agora chego ao ADMIRÁVEL PRECEITO em si: "exultai e erguei a vossa cabeça".

Meus queridos irmãos, há alguns cristãos que parecem pensar que é quase imoral exultar e erguer a cabeça. Quando se apresentam diante de Deus, seu clamor é: "Senhor, tem misericórdia de nós, miseráveis pecadores". Bem, mas certamente um verdadeiro filho de Deus se eleva acima dessa condição. Ele é pecador, é fato, e, enquanto for pecador, será infeliz. Porém, ainda assim, ele foi regenerado pelo Espírito Santo, foi lavado no sangue do Cordeiro, foi adotado na família de Deus, então há uma nota mais nobre para ele alcançar em seu canto lamurioso. Se, em meio às pragas e pestilência, ou dos terremotos, das tempestades e guerras, devemos exultar e erguer a nossa cabeça, essa deve ser nossa atitude diariamente.

Por que vossa face, ó almas humildes,
Revestem-se desse tom austero?
Que dúvidas são estas que desgastam sua fé,
E alimentam seu desespero?

---

[75] Todo esse parágrafo é uma paráfrase de Lucas 21:25-26.

Ouçam o gracioso mandamento de seu Senhor: "exultai e erguei a vossa cabeça". O que significa esse preceito? Primeiramente, implica em *ausência de medo*. "...o perfeito amor lança fora o medo" porque o medo traz tormento. Aquele que teme não foi tornado perfeito em amor. Que causa tem um cristão para temer? O que pode ameaçar o homem que Deus ama? Ele pisará Seu filho ou permitirá que outros o firam? Não, pois "todas as coisas cooperam para o bem daqueles que amam a Deus, daqueles que são chamados segundo o seu propósito". O sol, a lua e as estrelas, a terra e o mar, guerras e pestes, todos cooperam juntamente para o bem dos queridos filhos de Deus. Que, portanto, lancemos fora todo o medo.

Esse preceito, certamente, também significa *a remoção de todo o pesar*. Enquanto houver um cristão aqui, sempre haverá mais do que o suficiente para o levar a lamentar como qualquer um, mas também haverá sempre a graça em Cristo para enxugar cada lágrima. Nascemos para a tristeza, porém somos, igualmente, nascidos de novo, assim não devemos ceder ao pranto mais do que o necessário, não devemos nos sobrecarregar com a tristeza para que não nos tornemos como um ébrio.

É tão perverso ficar embriagado com o cálice da aflição quanto com o pecaminoso cálice do prazer. Ponhamos de lado nossa tristeza, pesar, angústia, e digamos como o profeta Habacuque: "Ainda que a figueira não floresça, nem haja fruto na vide; o produto da oliveira minta, e os campos não produzam mantimento; as ovelhas sejam arrebatadas do aprisco, e nos currais não haja gado, todavia, eu me alegro no SENHOR, exulto no Deus da minha salvação".

"Exultai e erguei a vossa cabeça." Esse preceito de nosso Senhor parece muito maravilhoso para mim porque ele não significa apenas que não deve haver temor e pesar nos que creem, mas que, *mesmo nos piores tempos, devemos demonstrar evidências de alegria*. Esta expressão me sugere expressões e demonstrações exteriores — "exultai e erguei a vossa cabeça". Nosso Senhor parece nos dizer: "Hasteiem suas bandeiras e soem seus sinos. Que seu coração esteja tremendamente feliz, tão alegre que aqueles que olham para vocês não possam deixar de notar sua felicidade. Exultai e erguei a vossa cabeça'".

Que não haja olhares cabisbaixos pelo fato de a Terra estar tremendo e estremecendo, mas que haja um levantar de olhos uma vez que vocês se erguerão dessa situação; nenhum desânimo porque os túmulos estão abertos; por que deveriam olhar para baixo? Vocês sairão dos sepulcros para nunca mais morrer. "Erguei a vossa cabeça." O tempo para reclinar a cabeça, como juncos, já terminou e, com certeza, acabará quando o Senhor estiver vindo e a redenção de vocês estiver próxima. Assim sendo, "exultai e erguei a vossa cabeça".

Será uma magnífica visão quando Jesus voltar. Quando Jerusalém foi destruída, deve ter sido uma visão espantosa, mas os verdadeiros cristãos sabiam que isso ia acontecer. E tudo aquilo que aconteceu, por mais terrível que tenha sido, era apenas confirmação da fé que tinham e o cumprimento das profecias de seu Senhor. Assim será quando, no último grande dia, andarmos calma e serenamente entre os filhos dos homens. Eles se surpreenderão conosco e nos dirão: "Como pode ser que vocês estejam tão alegres? Estamos espantados, nosso coração desmaia de pavor", e nós iniciaremos nosso hino das bodas, nossa canção de casamento: "O Senhor vem! O Senhor vem! O Senhor vem! Aleluia!". A Terra em chamas será a tocha incandescente que iluminará a procissão nupcial, o estremecer dos céus será, por assim dizer, os pés dançantes dos anjos nessas festividades gloriosas e o ressoar e colidir dos elementos serão, de algum modo, apenas um auxílio para avolumar o irromper de louvores ao Deus justo e terrível, que para nós é alegria extrema.

Não consigo falar como eu gostaria a respeito desse glorioso tema, porém creio que consigo captar algo do que o Mestre quis dizer quando disse: "exultai e erguei a vossa cabeça". Não quis Ele dizer que naquele tempo, e sempre, os cristãos devem estar cheios da *paz interior* conjugada com *santa expectativa*? Seja o que for que acontecer, tudo estará bem com os justos. Não sei o que virá, tampouco desejo saber, mas sei que tudo estará bem, e isso para sempre e eternamente. "Exultai e erguei a vossa cabeça", amados, pois será melhor do que anteriormente.

Há algo vindo que será mais reluzente e alegre do que tudo que conhecemos. As nossas bênçãos terrenas são apenas uma antessala para nossos deleites eternos. O reino do Senhor ainda é pequeno e débil, aparentemente, contudo ele será mundial e Ele mesmo se manifestará em Sua glória. Portanto, que nós exultemos e ergamos a nossa cabeça. Exultem por causa daquele que está vindo, exultem por Aquele que já veio. Elevem seus olhos para os montes, pois de lá virá o seu socorro. "Exultai e erguei a vossa cabeça."

Parece-me que o próprio texto é suficiente para fazê-los marchar ao som da música marcial em direção à vitória. Venham, sejamos um grupo de pessoas que confiam inteiramente em nosso Senhor e que, doravante, despedem-se da dúvida e do tremor. "Exultai e erguei a vossa cabeça."

3. Nosso texto termina com uma PARÁBOLA PARA NOS ENCORAJAR A OBEDECER AO PRECEITO: "Vede a figueira e todas as árvores. Quando começam a brotar, vendo-o, sabeis, por vós mesmos, que o verão está próximo".

Primeiramente, notem os sinais mencionados nessa parábola. O verão é a temporada do brotar dos botões, do desabrochar das flores, de formar e colher os frutos. Pode haver muitas chuvas torrenciais na primavera, mas isso não deterá a chegada do verão. Pelo contrário, ajudará para que o verão venha. Por um tempo, pode haver o frio debaixo das nuvens que pairam sobre nós, porém isso não impedirá o verão. "As chuvas de abril trazem as flores de maio".[76] Todas

---

[76] Essa é a tradução literal de um ditado, em inglês: *April showers bring forth May flowers*. É importante lembrar que as estações no hemisfério norte são inversas às do hemisfério sul. Lá, entre março e maio acontece a primavera.

essas coisas são prenúncios do verão que se aproxima. Então, irmãos, quando vocês estiverem em lutas, aguardem pelas bênçãos que virão. Ao enfrentar grandes provações, olhem adiante porque esse é outro sinal de que o verão está chegando. Não temam exultar e erguer a sua cabeça, pois —

As nuvens a que tanto vós temeis
Estão plenas de misericórdia e derramarão
Sobre vossa cabeça bênçãos incontáveis.[77]

"Exultai e erguei a vossa cabeça." Eu desejaria que pudéssemos adotar o hábito de crer que, em cada momento de necessidade, cada dor, cada tempo de depressão, é apenas o início de uma temporada de bênçãos. "...embora, no presente, por breve tempo, se necessário, sejais contristados por várias provações", lembrem-se de que o objetivo do Senhor nessa experiência é que "confirmado o valor da vossa fé, muito mais preciosa do que o ouro perecível, mesmo apurado por fogo, redunde em louvor, glória e honra na revelação de Jesus Cristo".

Portanto, quando vocês olharem para os escuros botões da árvore de sua vida, digam a si mesmos: "Imagino que flor brilhante virá desse aqui!". Olhem para as sombrias mudas que nós colocamos no chão, desprovidas de qualquer beleza em si, e, ainda assim, as flores que vêm delas são belas e aromáticas. Assim, quando Deus plantar Suas mudas soturnas no jardim de sua alma, não chore por causa da feiura delas, mas olhe para as flores que, no tempo certo, aparecerão, e espere algo belo vindo do semear divino.

Sim, e, se novamente os céus se escurecerem, a Terra estremecer, os mares soltarem seu bramido, os reinos se dissolverem e a peste abater as suas miríades, mesmo assim "exultai e erguei a vossa cabeça". Seu Mestre lhes ordena fazer isso. Ele, o crucificado, que fez um diadema

---

[77] Tradução livre de um trecho do hino *God moves in a mysterious way*, escrito, em 1774, por William Cowper, e não disponível em português.

a partir de uma coroa de espinhos, Aquele que está adornado com joias que são as cicatrizes de Seu próprio sofrimento, Aquele cuja glória é que Ele morreu uma vez é o mesmo que gostaria que vocês vissem, em todas as provações da hora presente, os prenúncios das bênçãos vindouras. Desse modo, "exultai e erguei a vossa cabeça".

Ademais, os sinais mencionados nesta parábola falam da *certeza*. Quando as árvores estão brotando, apressando-se para exibir suas folhas, pode vir uma geada, podem vir muitos dias frios, certamente virão impetuosos ventos e nuvens, mas o verão chegará no tempo devido. Cada dia o trará para mais perto. Todos os demônios do inferno não poderão impedir a primavera de se tornar verão, isso não é possível. As forças da natureza são ordenadas por Deus para que as árvores cheguem à sua perfeição na coroação do ano. Semelhantemente, os sinais que Deus dá a Seu povo, embora nem sempre sejam promissores, são muito certeiros.

Você já confiou em Cristo? Então, a você Ele deu paz e alegria. Ainda está confiando nele e permanecerá se apegando somente a Ele e confiando totalmente nele? Então, a sua justiça irromperá com fulgor, e a sua salvação, como uma lâmpada. O Senhor acenderá sua vela. A noite pode ser longa, mas a manhã virá quando o Sol da justiça nascerá sobre vocês com a cura em Suas asas, e vocês "sair[ão] e saltar[ão] como bezerros soltos da estrebaria".

Quanto à vinda de nosso Mestre divino e o triunfo de tudo o que é justo e verdadeiro, quanto ao cumprimento de Sua aliança e o aperfeiçoamento de todos os Seus propósitos eternos, quanto à salvação de Seus eleitos e remidos, o céu e a Terra podem passar, mas a Sua Palavra não passará até que cada *i* ou *til* seja cumprido. Deus está com vocês, Deus está em vocês, quem pode lhe resistir? Confiem no Senhor, no poderoso Deus de Jacó, e jamais serão envergonhados nem confundidos, até o fim. Sigam seu caminho e digam: "Tudo está bem, pois está nas mãos de meu Pai, portanto exultarei e erguerei a minha cabeça".

Com relação a vocês que *não* são Seu povo, comecem a procurar por um lugar onde se esconder, uma vez que Cristo está vindo. Ó vermes, comecem a procurar por buracos para os quais desejarão rastejar para se esconder! Eu desejaria que vocês procurassem por um abrigo de tal maneira que pudessem encontrá-lo naquele Homem que se apresenta como a melhor guarita para cada pecador que confiar nele. Deus levará todos vocês a encontrarem refúgio em Cristo! Amém.

EXPOSIÇÃO POR C. H. SPURGEON
LUCAS 21

Estando Jesus a observar, viu os ricos lançarem suas ofertas no gazofilácio. Viu também certa viúva pobre lançar ali duas pequenas moedas; e disse: Verdadeiramente, vos digo que esta viúva pobre deu mais do que todos. Porque todos estes deram como oferta daquilo que lhes sobrava; esta, porém, da sua pobreza deu tudo o que possuía, todo o seu sustento. Falavam alguns a respeito do templo, como estava ornado de belas pedras e de dádivas; então, disse Jesus: Vedes estas coisas? Dias virão em que não ficará pedra sobre pedra que não seja derribada. (vv.1-6)

Isso foi literalmente verdade acerca do Templo em Jerusalém, e hoje em dia não resta nada dele. Também é verdadeiro sobre todos os edifícios terrenos e todas as coisas terrenas. Não importa quão sólidos eles pareçam ser, como se pudessem perdurar mais que os séculos, ainda assim as coisas que se veem são temporais e, do mesmo modo que a estrutura infundada de uma visão, eles derreterão no ar e passarão. "...as [coisas] que se veem são temporais, e as que se não veem são eternas".

Perguntaram-lhe: Mestre, quando sucederá isto? E que sinal haverá de quando estas coisas estiverem para se cumprir? (v.7)

Essas são perguntas que estão sempre sendo feitas. São feitas ainda hoje sobre a segunda vinda de Cristo e não obterão resposta, pois o próprio Cristo nos assegura que, como o Filho do homem, Ele não sabia o dia nem a hora de Sua própria vinda. Como o Filho de Deus, Ele sabia todas as coisas, mas como um homem como nós, Ele estava disposto a ser alguém que não sabia de nada sobre essa questão.

Respondeu ele: Vede que não sejais enganados; porque muitos virão em meu nome, dizendo: Sou eu! E também: Chegou a hora! Não os sigais. (v.8)

Essa passagem se refere, primeiramente, ao cerco de Jerusalém e, em seu segundo e mais completo sentido, à vinda do Senhor. Parece-me que nosso Senhor considerava a destruição de Jerusalém como o "princípio do fim", uma grande figura e expectativa de tudo que acontecerá quando Ele se levantar no último dia sobre a Terra. E, do mesmo modo como antes da destruição de Jerusalém havia muitos falsos Cristos, assim haverá mais deles quanto mais se aproximar o fim do mundo. Esse será para nós um dos prenúncios da iminente manifestação de nosso Senhor, mas nós não seremos enganados por eles. "Respondeu ele: Vede que não sejais enganados; porque muitos virão em meu nome, dizendo: Sou eu! E também: Chegou a hora! Não os sigais."

Quando ouvirdes falar de guerras e revoluções, não vos assusteis; pois é necessário que primeiro aconteçam estas coisas, mas o fim não será logo. (v.9)

Por toda a parte das Escrituras, há essa dupla mensagem de nosso Senhor: "Vigiem, pois posso voltar a qualquer momento. Esperem que eu venha, e venha logo. No entanto, não fiquem atemorizados como se o tempo fosse iminente porque há certos eventos que precisam acontecer antes de meu advento". Não sei como harmonizar esses dois pensamentos, e não me importo em saber. Eu gostaria de ser encontrado naquela condição que consiste, em parte, em vigilância e, por outro lado, pacientemente aguardando e trabalhando até que Cristo se manifeste.

Então, lhes disse: Levantar-se-á nação contra nação, e reino, contra reino; haverá grandes terremotos, epidemias e fome em vários lugares, coisas espantosas e também grandes sinais do céu. (vv.10-11)

Talvez alguém esteja dizendo: "Isso já aconteceu inúmeras vezes, e Cristo não voltou". Exatamente, porque esses sinais não foram enviados para ministrar à nossa curiosidade, mas para nos manter sempre vigilantes. Sempre que virmos esses terremotos, guerras, fome e peste, devemos pensar: "Eis que [Ele] vem!" e vigiar com ainda mais zelo. Vocês sabem como ocorre com um homem que esteja muito enfermo. Diz-se que ele não durará muito, você faz prognósticos muitas vezes, e ele continua vivo. Você, então, conclui que ele não morrerá? Não, mas concluirá com mais certeza que ele logo partirá.

Assim ocorre com o segundo advento de Cristo. Ele nos ordena observar os sinais de Sua vinda e, mesmo assim, quando um deles aparece, Ele não vem. Tudo isso objetiva nos manter ainda em alerta vigilância por Ele. Mesmo nos dias em que Cristo estava aqui, quando Ele falava desta forma para que Seus servos esperassem que Ele voltasse em breve, também acrescentava palavras pelas quais eles poderiam julgar, corretamente, que Ele não voltaria imediatamente.

Antes, porém, de todas estas coisas, lançarão mão de vós e vos perseguirão, entregando-vos às sinagogas e aos cárceres, levando-vos à presença de reis e governadores, por causa do meu nome; e isto vos acontecerá para que deis testemunho. Assentai, pois, em vosso coração de não vos preocupardes com o que haveis de responder; porque eu vos darei boca e sabedoria a que não poderão resistir, nem contradizer todos quantos se vos opuserem. (vv.12-15)

A moda hoje em dia é meditar, pensar e inventar um evangelho para si próprio. Ser um pensador — essa é a própria coroa da perfeição, para algumas mentes. Mas não é assim de acordo com a mente de nosso

Senhor. Seus servos devem falar, não baseados em sua própria forma de pensar, mas sobre o modo de Ele pensar. Se eles se mantiverem fiéis a Seu evangelho, Cristo lhes dará boca e sabedoria que todos os adversários não conseguirão resistir nem contradizer. Devemos ser repetidores da mensagem que nos foi entregue, não fabricantes de notícias. Logo haverá uma exibição de invenções, e é adequado e correto que assim o seja, mas oro para que nenhum de nós venha a ser o inventor de um novo evangelho, de novas doutrinas, de novos sistemas teológicos. Pelo contrário, que firmemos em nosso coração que falaremos da Palavra de Cristo todos os nossos dias e, se por isso enfrentarmos lutas, dependeremos dele para nos conceder boca e sabedoria que nossos adversários não conseguirão resistir ou contradizer.

E sereis entregues até por vossos pais, irmãos, parentes e amigos; e matarão alguns dentre vós. (v.16)

Como isso é muitas vezes verdadeiro! Os santos foram martirizados por muito tempo! E os dias de martírio ainda não acabaram.

De todos sereis odiados por causa do meu nome. Contudo, não se perderá um só fio de cabelo da vossa cabeça. (vv.17-18)

Durante todo o terrível cerco de Jerusalém, acredita-se que nenhum cristão tenha perecido, uma vez que Deus cuidou de forma especial dos seguidores de Seu Filho. Eles eram os mais odiados dentre os homens, mesmo assim ninguém pôde tocar neles. Nenhum deles pegou em armas, visto que isso era contrário à sua religião, do mesmo modo como resistir o mal é contrário à nossa religião. Pelo contrário, devemos suportá-lo e sofrê-lo. Os cristãos primitivos o fizeram e, por não buscarem se defender, ficaram seguros sob o cuidado protetor do Senhor seu Deus.

É na vossa perseverança que ganhareis a vossa alma. Quando, porém, virdes Jerusalém sitiada de exércitos, sabei que está próxima a sua devastação. Então, os que estiverem na Judeia, fujam para os montes; os que se encontrarem dentro da cidade, retirem-se; e os que estiverem nos campos, não entrem nela. Porque estes dias são de vingança, para se cumprir tudo o que está escrito. Ai das que estiverem grávidas e das que amamentarem naqueles dias! Porque haverá grande aflição na terra e ira contra este povo. Cairão a fio de espada e serão levados cativos para todas as nações; e, até que os tempos dos gentios se completem, Jerusalém será pisada por eles. (vv.19-24)

E é assim até os dias atuais. Aqui está outro exemplo no qual o Senhor ordenou a Seu povo que aguardasse a Sua vinda e, ao mesmo tempo, disse-lhes que não viria até que Jerusalém fosse pisada pelos gentios. "...até que os tempos dos gentios se completem" significa o tempo em que o Messias reunirá esses gentios a si, uma vez que, quando Ele aparecer, eles olharão para Aquele a quem desprezaram e se voltarão Àquele a quem por muito tempo rejeitaram.

Haverá sinais no sol... (v.25)

Como houve na destruição de Jerusalém e como haverá na segunda vinda de Cristo. Tivemos um ensaio dessa vinda na destruição da cidade favorecida. Porém, o grande evento em si, quem falará corretamente dele?

...na lua e nas estrelas; sobre a terra, angústia entre as nações em perplexidade por causa do bramido do mar e das ondas; haverá homens que desmaiarão de terror e pela expectativa das coisas que sobrevirão ao mundo; pois os poderes dos céus serão abalados. Então, se verá... (vv.25-27)

Quer desejem ou não ver o Senhor, "se verá..." —

...o Filho do Homem vindo numa nuvem, com poder e grande glória. Ora, ao começarem estas coisas a suceder, exultai e erguei a vossa cabeça; porque a vossa redenção se aproxima. Ainda lhes propôs uma parábola, dizendo: Vede a figueira e todas as árvores. Quando começam a brotar,

vendo-o, sabeis, por vós mesmos, que o verão está próximo. Assim também, quando virdes acontecerem estas coisas, sabei que está próximo o reino de Deus. Em verdade vos digo que não passará esta geração, sem que tudo isto aconteça. (vv.27-32)

Conforme entendo, houve uma primeira vez e depois ela se cumprirá novamente. Essa é uma profecia que tem dois sentidos, um externo e um interno. Ela se cumpriu uma vez e logo se cumprirá de novo.

Passará o céu e a terra, porém as minhas palavras não passarão. Acautelai-vos por vós mesmos, para que nunca vos suceda que o vosso coração fique sobrecarregado com as consequências da orgia, da embriaguez e das preocupações deste mundo… (vv.33-34)

Por favor, notem que "as preocupações deste mundo" são listadas com a orgia e a embriaguez, pois os homens podem ficar embriagados e empanturrados com as preocupações. Sejam elas as preocupações de adquirir, de manter, de gastar ou de perder. Qualquer dessas podem causar um empanzinamento e embriaguez, portanto, "Acautelai-vos por vós mesmos, para que nunca vos suceda que o vosso coração fique sobrecarregado com as consequências da orgia, da embriaguez e das preocupações deste mundo…".

…para que aquele dia não venha sobre vós repentinamente, como um laço. (v.34)

Tudo o que vocês veem neste mundo devem considerar como sentenciado à destruição, destruição essa que começou, por assim dizer, quando Jerusalém caiu sob a espada romana. Tudo nesta Terra está condenado. Vocês não estão vivendo em suas mansões eternas, mas em uma vida improvisada, estão passando pelo deserto, são peregrinos, são forasteiros, este não é seu local de descanso. Não amem o mundo nem se juntem a ele. Não lancem suas raízes nele, vocês não habitarão aqui ou viverão aqui sempre. Estão andando entre sombras, considerem-nas assim. Não as acolham em seu peito, não alimentem sua alma com elas, para que vocês não fiquem surpresos e envergonhados quando chegar o dia diante do qual tudo se desfará.

Pois há de sobrevir a todos os que vivem sobre a face de toda a terra. Vigiai, pois, a todo tempo, orando, para que possais escapar de todas estas coisas que têm de suceder e estar em pé na presença do Filho do Homem. Jesus ensinava todos os dias no templo, mas à noite, saindo, ia pousar no monte chamado das Oliveiras. (vv.35-37)

Vocês sabem o que Ele fez no monte das Oliveiras, pois —

As gélidas montanhas e da meia-noite o ar
Testemunharam com que fervor Ele estava a orar.[78]

Jesus sempre praticou o que pregava. Ele disse aos Seus discípulos: "Vigiai, pois, a todo tempo, orando", então Ele mesmo vigiava e orava.

E todo o povo madrugava para ir ter com ele no templo, a fim de ouvi-lo. (v.38)

Que todos nós estejamos desejosos de não apenas o ouvir, mas também a atentar ao que Ele diz! Amém.

---

[78] Tradução livre do hino *My Redeemer and my Lord*, de Isaac Watts, escrito no século 18.

6

O DILÚVIO DE NOÉ[79]

*...e não o perceberam,
senão quando veio o dilúvio e
os levou a todos...* (Mateus 24:39)

Normalmente dizemos que "não há uma regra sem exceção", e, certamente, a regra de que não existem regras sem exceção tem, em si, uma exceção, pois as regras de Deus não possuem exceção. A regra de que Deus punirá os ímpios não tem exceção; a regra de que aqueles que não estão em Cristo perecerão não possui exceção; a regra de que aqueles que estão em Cristo serão salvos também é sem exceção.

1. Deverei chamar a sua atenção nesta noite para as três regras que não possuem exceção. A primeira é a que está diante de nós

---

[79] Este sermão foi pregado no *Metropolitan Tabernacle*, em 5 de março de 1868.

— "VEIO O DILÚVIO E OS LEVOU A TODOS". A destruição causada pelo dilúvio foi universal, ela não varreu meramente alguns dos que estavam fora da arca, mas varreu a *todos*. Sem dúvida, havia distinções naqueles dias, como há hoje, pois nunca houve um nível infalível de igualdade entre os filhos de Adão desde que os homens se multiplicaram sobre a face da Terra. Naquela época, muitos eram ricos, haviam acumulado fartura de ouro e prata. Eram ricos no mercantilismo, na invenção, ou na pilhagem; eram ricos no cultivo dos campos; possuíam muitos acres de terra; haviam multiplicado para si comodidades e luxos da vida. Porém, o dilúvio veio e varreu todos eles. Sequer um rico pôde escapar com todos seus tesouros ocultos, tampouco poderia comprar a vida se tivesse dado toda a sua riqueza, uma vez que o dilúvio veio e *varreu todos* eles. Não havia jangadas feitas do mais raro cedro nem sólidas e caras torres que pudessem se elevar acima do dilúvio que a tudo devorava. A morte se riu do avarento e do mercador, dos milionários e dos monarcas; todos foram tragados pelo colérico dilúvio.

Havia também naqueles dias alguns que eram extremamente pobres. Trabalhavam arduamente para ganhar o suficiente para sustentar seu corpo e alma juntamente, e mal conseguiam fazê-lo. Todos os dias tinham de suportar "os erros do opressor, o orgulho dos que mandam".[80] Contudo, não creio que eles teriam sido poupados como recompensa por seus sofrimentos. Não, quando veio o dilúvio, ele os varreu; tanto o mendigo quanto o príncipe que estavam fora da arca pereceram. O pobre e miserável camponês morreu arrastado para fora da imundície de sua choupana feita de barro, bem como os monarcas de seus palácios; o pedinte, sem sapatos para seus pés, morreu — o dilúvio não teve piedade de seus trapos; aqueles que varriam os cruzamentos das ruas e aguardavam por esmolas casuais foram carregados com os aristocratas que se apiedavam deles. O dilúvio veio e varreu

---

[80] Citação adaptada da peça *Hamlet*, de Shakespeare, Ato 3, cena 1. O poema é aberto com a famosa frase "Ser ou não ser... Eis a questão".

a todos eles; as implacáveis vagas dispensaram o mesmo destino a todos que estavam fora da segurança da arca. *E será assim no último dia.* Do mesmo modo que os grandiosos não poderão comprar seu escape usando tudo o que acumularam, assim os homens não serão livrados por sua pobreza. Lemos que havia um rico no inferno, e houve homens pobres lá, bem como há agora mesmo, uma vez que as riquezas não podem salvar do inferno, bem como a pobreza não eleva um homem ao Céu. A graça e a justiça de Deus são independentes da sociedade, da classe, do estado e da condição de alguém! Que importa ao Senhor se você possui muito ou pouco do metal amarelo? Ele não mede qualquer homem por sua carteira, mas por sua *alma*, e aquele cuja alma não foi perdoada está perdido, quer ele se revire na abundância, quer se lamente em escassez. Vocês precisam nascer de novo! Devem crer em Jesus! Em outras palavras, devem entrar na arca, ou, quando o dilúvio chegar, ele os varrerá, sejam vocês ricos como *Dives* ou pobres como Lázaro.[81]

Havia, naquele tempo, os *instruídos* do mundo, homens que pesquisavam as estrelas noturnas, os que decifravam as constelações, os que esquadrinhavam os segredos da matéria, aqueles que vasculhavam a ciência, e, até o limite aonde haviam chegado (e não sabemos se eles haviam percorrido um longo caminho), haviam penetrado nos mais profundos recônditos do conhecimento. No entanto, quando veio o dilúvio, ele varreu a todos eles. Lá se foi o filósofo, vocês podem ouvir seu gorgolejo mortal; ali, flutuando nas correntezas, está a cabeça de um Salomão antediluviano; as inundações arrastaram mestres em artes, doutores na lei e rabis em divindade. Ninguém conseguiu escapar do dilúvio por meio de tudo o que aprendeu. O conhecimento não é uma boia, a lógica não é um cinto de flutuação, a retórica

---

[81] Referência à parábola do rico e de Lázaro, que se encontra em Lucas 16:19-31. Algumas tradições adotaram a palavra latina *dives*, que quer dizer "homem rico" e foi usada na Vulgata Latina, como sendo um nome para o rico. Isso, no entanto, não encontra embasamento histórico ou bíblico, visto que Jesus parece ter deixado o nome do rico incógnito propositalmente.

não é um bote salva-vidas. Eles afundam e afundam, e com eles vai toda a sua ciência, para baixo das ondas que não possuem uma costa onde parar. E quanto aos iletrados, que, certamente, eram numerosos naqueles dias, assim como atualmente, que conseguiam contar apenas até o limite dos dedos de suas mãos, que desconheciam as sutilezas da instrução ou da eloquência — quando veio o dilúvio, ele os varreu a todos. De forma que o conhecimento, com exceção daquele conhecimento específico, a saber, o conhecer de coração a Cristo Jesus, não nos livrará da destruição final.

E, por outro lado, embora a ignorância seja um paliativo pelo pecado — caso não seja proposital — ela jamais será desculpa para permitir que o pecado fique impune! Há um inferno para aqueles que sabiam a vontade de seu Mestre e não a cumpriram, e também há um inferno para aqueles que não desejaram saber, mas viveram e morreram intencionalmente ignorantes em relação às coisas de Deus. O dilúvio veio e os arrastou a todos. Vocês que são ortodoxos na doutrina, vocês que sabem falar sobre teologia e reivindicam ser mestres em Israel, se não pertencerem a Cristo, o dilúvio varrerá todos vocês! E vocês que dizem: "O que importa? O que são os credos senão meras alças para velhos lixos? Não estudamos nossa Bíblia e não queremos saber das doutrinas que ela ensina", digo-lhes, senhores, que, a menos que conheçam Cristo e sejam encontrados nele, a sua ignorância não será desculpa suficiente para vocês — quando o dilúvio chegar, ele os varrerá a todos!

Não duvido que, entre aqueles que pereceram no dilúvio de Noé, havia muitos que eram zelosos na causa da religião — talvez alguns que haviam oficiado como sacerdotes em meio às suas famílias e, possivelmente, até mesmo no altar de Deus. Naquele tempo, eles não eram uma raça de incrédulos, tanto quanto a profissão de fé havia evoluído; eles tinham religião — até mesmo os filhos de Caim tinham religião e, de fato, quanto piores os homens são em seu coração, mais eles tagarelam sobre a religião exterior. Podemos supor que fosse assim nos dias de Noé, mas, quando veio o dilúvio, pelo fato de esses homens estarem fora da arca, quer fossem ou não sacerdotes, eles não escaparam — o dilúvio os arrastou. E, sem dúvida, havia outros que eram profanos, que viviam em desprezo a Deus ou que vociferavam expressões infiéis acerca dele, porém o dilúvio não fez distinção entre o sacerdote hipócrita e o blasfemador declarado. Quando ele veio, varreu a todos! Ó vocês, filhos de Levi, que trajam as vestimentas dos sacerdotes e professam ser enviados de Deus para ensinar aos outros, com todos os seus poderes mágicos alardeados, se vocês não crerem em Jesus como pobres pecadores e olharem somente para a cruz para obter a salvação, quando o dilúvio de fogo chegar, ele os consumirá a todos! Você se afogará, senhor sacerdote, apesar de sua regeneração batismal e da eficácia sacramental! Você afundará com um falso indulto em seus lábios até o mais profundo inferno! E, ó vocês que protestam contra a religião e se vangloriam de não serem hipócritas, vocês, sem dúvida, pensam de si como honestos, mas não imaginam que a sua "honestidade" impudente, como vocês a escolhem chamar, isentar-se-á de vocês naquele último e tremendo dia, pois, no dia da ira, o feroz dilúvio os varrerá para longe! Então, Deus terá pouco trabalho com os céticos, visto que eles o verão, e se assustarão, e perecerão, pois um trabalho preciso e rápido será efetuado por Ele na Terra. Ele efetuará uma célere obra com os hipócritas naquele dia, pois, embora eles clamem, Deus não lhes responderá, e quando começarem a implorar a Ele, o Senhor zombará da calamidade deles e se rirá quando os temores deles vierem. O arrasador dilúvio os varrerá, por fim — quer religiosos, quer profanos, uma vez que não correram para a arca de Cristo e, assim, rejeitaram o único abrigo.

Permitam-me lembrar-lhes, solenemente, nesta congregação nesta noite, de que, naquele dia de destruição, alguns dos homens mais velhos que viveram e pereceram — mais velhos que vocês, não obstante sua cabeça esteja branca ou calva; mulheres mais velhas do que vocês, mesmo que tenham cuidado e educado seus filhos e embalado seus netos e bisnetos sob seus joelhos —, todos eles foram levados pela correnteza com os demais, perecendo como se nunca houvessem visto a luz! E os jovens igualmente morreram, aquela temerária destruição levou consigo criancinhas em toda a sua beleza, e jovens, em toda a sua força, e a moça que desabrochava. O dilúvio levou-os todos! Assim, para nós que chegamos à fase adulta e ao conhecimento para julgar entre o bem e o mal, caso não sejamos encontrados em Cristo, o dilúvio de fogo nos arrastará! Não sabemos em qual idade nos tornamos responsáveis, mas que as crianças jamais presumam por sua juventude. Temos ouvido de tolos, em seus 20 anos de idade, alegando "infantilidade" em nossas cortes e todo tipo de marotice que são sancionadas por nossas leis. Creio que essa alegação de "infantilidade" por parte de jovens em seus 19 ou 20 anos, que roubaram joias e não sei o que mais para gastarem em suas concupiscências e todo tipo de vilania, digo que ela me parece ser do tipo mais intolerável! Contudo, não haverá esse argumento de infantilidade para vocês, meninos e meninas, e jovens, naquele último dia. Se vocês sabem a diferença entre o certo e o errado, se podem compreender o evangelho de Jesus Cristo, vocês o rejeitam para seu próprio dano! Para seu próprio risco vocês o negligenciam! Não, nem os jovens ou os idosos escaparão, se não vierem a Cristo. O "...importa-vos nascer de novo" é de aplicação universal para todos vocês da mocidade e para os de cabelos brancos; nem a juventude poderá ser desculpa, tampouco a experiência poderá isentá-los, mas o dilúvio da ira divina submergirá, igualmente, cada alma humana, a menos que encontremos refúgio na arca da aliança da graça, na obra e na pessoa de Jesus, o ensanguentado Cordeiro de Deus.

Terei de ilustrar essa universalidade de outra forma ainda. Posso supor que, quando Noé construiu a arca, algo muito absurdo de se fazer dentro de todos os princípios de senso comum, com exceção da fé que Noé tinha em Deus, muitas pessoas que ouviram a respeito se questionaram. Era um barco gigantesco, o maior construído até então, uma concepção de navegação que atordoava a mente dos homens de seu tempo. Quando Noé construiu essa embarcação, e a construiu sobre a terra seca, distante de qualquer rio ou mar, deve ter sido uma grande surpresa e ter causado muitas conversas em todas as nações daquelas redondezas. Eu não me surpreenderia se, quando as notícias se espalharam amplamente, que houvesse alguns que, tão logo souberam, tivessem dito: "Um louco! Pergunto-me por que os amigos dele não o confinam. Que lunático deve ser esse homem!". Após terem feito essa observação, contaram uma ou duas anedotas sobre ele e criaram o hábito de zombar sobre algo tão absurdo que acabou por se tornar um provérbio. E, quando alguém fazia algo estúpido, eles diziam: "Ora, ele é tão tolo quando o velho Noé!". Tudo o que Noé tinha deles eram piadas vulgares; eles zombavam dele, ridicularizavam-no e desprezavam-no ao máximo. Todavia, quando o dilúvio veio e os arrastou para longe, findaram-se suas galhofas, seu sarcasmo, seu escárnio; o dilúvio tratou deles da forma mais efetiva. Assim será com qualquer um de vocês que ridiculariza o evangelho de Cristo. Vocês descobrirão, no grande e terrível Dia do Senhor, que seu riso não terá poder sobre a morte. Verão que ele não lhes trará alívio das agonias do inferno; não haverá espaço para a infidelidade naquele dia tremendo! Deus será muito real para vocês quando Ele os despedaçar e não houver alguém para os libertar; e o julgamento será muito concreto quando os trovões despertarem os mortos, os livros forem abertos e lidos pelas chamas dos relâmpagos — e a sentença for pronunciada: "Apartai-vos de mim, malditos!". Acautelem-se, vocês desdenhadores, pasmem e pereçam! Vigiem agora, enquanto ainda há um dia da graça divina para iluminá-los ao Céu; lembrem-se: ele não durará para sempre. Que o amor eterno salve qualquer um de nós de perecer no fogo devorador como pereceram no dilúvio devorador aqueles que desprezaram Noé!

Havia, sem dúvida, outras pessoas que, quando ouviram sobre Noé, criticaram sua construção. Posso imaginar alguns dos construtores de embarcações daquele tempo examinando e lhe dizendo que a quilha não estava colocada de maneira adequada, o engenhoso plano de betumar o grande navio por dentro e por fora sendo extensamente criticado, uma vez que parecia ser uma grande novidade, não uma invenção do homem, mas uma revelação de Deus. Depois, havia a questão de fazer apenas uma janela — ora, nós, que lemos sobre isso agora, não sabemos o que significava, e todos as plantas da arca de Noé que têm sido desenhadas não parecem fazer jus à descrição dela. "Ora", diria o sábio construtor de barcos, "aquela coisa jamais flutuará acima do dilúvio, caso venha algum. Além disso, ela está sendo construída há tanto tempo que, com certeza, desenvolverá a podridão seca".[82] Que coisas sábias foram ditas sobre a arca! Se fosse possível imprimi-las naqueles tempos, quantas dissertações teriam sido publicadas contra "aquela velha caixa de madeira de Noé", como eles muito provavelmente a teriam chamado! Todos esses críticos poderiam realizar a construção muito melhor, não tenho dúvidas, mas eles não construíram e, embora encontrassem defeitos e pudessem fazer muito melhor que Noé, ainda assim, de uma maneira ou outra, eles se afogaram, e Noé foi salvo. Do mesmo modo, no mundo atual, constantemente encontramos homens que devoram os pecados do povo de Deus enquanto comem pão. "Ó, sim", eles podem dizer, "há algo na religião, sem dúvidas, mas olhe para as suas imperfeições e falhas!". E, irmãos e irmãs, eles não precisam olhar longe para vê-las; logo encontrarão 10 mil pontos em que poderíamos estar um pouco melhores e, algumas vezes, não duvido que nossos críticos sejam, em alguns aspectos, melhores do que nós. Muitos mundanos têm um temperamento melhor do que o de um cristão genuíno. Lamento dizer isso, mas conheci não convertidos que eram muito mais generosos do que alguns convertidos. Os cristãos superam em algumas qualidades, porém, ainda assim, há uma verdade solene de que o mais

---

[82] Um tipo de podridão na madeira gerada por fungos, que dá a ela um aspecto deteriorado, escuro e craquelado.

sagaz e filosófico crítico dos outros, se estiver fora de Cristo, será arrastado para longe, ao passo que os homens a quem ele criticou e condenou, caso sejam humildemente encontrados crendo em Jesus, serão salvos pela fé nele! Tudo se articula nesta única questão, dentro ou fora da arca: dentro da arca há mil imperfeições, mas todos estão salvos; fora da arca, milhares de excelências, porém todos afogados sem sequer uma exceção!

Por outro lado, pode ter havido entre aqueles que vieram ver o pai Noé e seu grande navio alguns que o apoiavam. Nunca conheci um homem que, por mais tolo que fosse, não tivesse alguém para ficar ao seu lado. Então, talvez houvesse alguns que dissessem: "Bem, no fim das contas, não sejam tão duros com ele. Noé é um patriarca respeitável, é um homem que segue suas convicções — as convicções dele são muito absurdas, sem dúvidas, mas, mesmo assim, é bom ver um homem que seja realmente sincero atualmente. Não apreciamos ver esse homem tão passional, porém, embora não possamos evitar desejar que ele fosse um homem *sensato*, ainda é melhor ver um homem insano e agindo conforme suas convicções do que vê-lo frívolo como muitos que, infantilmente, são fúteis com seus princípios". Muitos cavalheiros que olhavam para a arca, depois de terem dito isso, voltaram para casa com uma maravilhosa leveza de consciência e pensaram: "Eu disse algo bom. Acabei de desfazer os argumentos daqueles críticos. Apoiei o velho e bom homem, pois não tenho dúvida de que ele seja um velho e *muito* bom homem, apesar de estar muito enganado". Contudo, o dilúvio também varreu todos eles. Eram muito gentis em seus argumentos e condescendentes em sua aparência, mas o dilúvio arrastou todos eles. Vocês não conhecem esse tipo de pessoas hoje em dia? Ora, há alguns deles aqui nesta noite! Ouçam seu falar cavalheiresco! Como falam generosamente! "Bem, sim, eu gosto de ver esses cristãos tão zelosos; ouso dizer que eles praticam muitas boas ações. Gosto de ver um pregador se pronunciando tão abertamente; gosto de ver esse povo muito dedicado. É revigorante ver pessoas tão zelosas acerca de *qualquer coisa*, nestes dias, pois há tanto liberalismo, diplomacia e assim por diante que gostamos de encontrar pessoas decididas, mesmo que as achemos um tanto dogmáticas e fanáticas demais". Ó senhores, agradecemos sua boa opinião a nosso respeito, porém, a menos que se *arrependam*, vocês perecerão igualmente. Suas excelentes observações não os salvarão, e seus pontos de vista lenientes, corteses e tolerantes à religião não os auxiliarão! Vocês podem ter toda essa perspectiva transigente e excelente, e ficamos *felizes* que vocês a tenham, e, contudo, ainda não ter parte na salvação em Cristo! Vocês são pessoas sensatas por manterem essa opinião, mas, por mais sensatos que sejam, a não ser que venham a Cristo, terão de perecer como os perseguidores mais fanáticos!

Além desses, havia algumas pessoas que gostavam ainda mais de Noé. Elas não apenas o justificavam e defendiam, mas, algumas vezes, ficavam muito calorosas com ele. Diziam: "O pai Noé está certo; vemos a sua vida, observamos suas maneiras e conversa, e ele é um homem melhor do que aqueles que o ridicularizam e desprezam. Estamos convencidos por sua pregação de que seu testemunho é verdadeiro e o ajudaremos e o apoiaremos. Não apreciamos ouvir os escárnios e as afirmações não civilizadas que são feitas acerca dele. Elas nos atingem em nosso cerne". Então, suponho que vocês irão para a arca, certo? "Bem, ainda não sabemos sobre *isso*. Pode ser que em breve iremos. Estamos pensando a respeito, levamos a questão em consideração muito seriamente e achamos que é algo adequado a se fazer, algo muito correto. Porém, ao mesmo tempo, é pouco conveniente no momento. Esperaremos um pouco mais." "Ora", diz alguém, "eu ainda não me casei". E outro afirma: "Há um banquete que acontecerá no dia tal. Preciso participar. Você sabe que os homens precisam comer e beber, portanto ainda não vou entrar na arca". Bem, o que aconteceu a essas pessoas com boas intenções e procrastinadoras, que preferem postergar e adiar? Alguma delas escapou? Infelizmente, não! Quando veio o dilúvio, todos foram levados.

O quê? Nem *um* dentre esses que teriam se corrigido se tivessem um pouco mais de tempo se salvou? Não foram poupados os que tinham boas decisões em sua boca, que quase foram persuadidos a se tornarem cristãos? Não, nem um deles! Todos afundaram naquele naufrágio geral e pereceram na destruição universal porque as boas resoluções não salvam ninguém, exceto quando colocadas em prática. Quase convencido a se tornar um cristão é como ser o homem que estava quase perdoado, mas foi enforcado de qualquer maneira. É como o homem que quase foi resgatado, porém foi queimado em sua casa. Como dizia o velho Henry Smith:[83] "Uma porta que está quase fechada está aberta. Um homem que é quase honesto é um ladrão. Alguém que seja quase salvo está condenado". Acautelem-se disso, vocês que titubeiam entre duas opiniões! Vocês despertaram, mas não se decidiram! Foram acordados, mas não convertidos! Os amigos de Noé pereceram, seus mais queridos amigos que não estavam na arca. Quando o dilúvio chegou, ele os arrastou a todos, e carregará vocês, nossos filhos e filhas, se não entregarem seu coração ao Senhor.

Assim sendo, para encerrar essa recapitulação, foi-lhes dito, com frequência, que os operários que trabalharam para Noé — e a quem, sem dúvida, foi pago o soldo ou eles não teriam trabalhado — também pereceram. Eles ajudaram a serrar a madeira, instalar a quilha, apertar os parafusos, colocar a estopa alcatroada de calafeto, usaram o betume, fortaleceram o madeiramento, porém, depois de tudo o que fizeram, nem um deles escapou. Igualmente o guardião da capela, o primeiro a se assentar no banco da igreja, o ancião, o diácono, o pastor, o bispo, o arcebispo — todos aqueles que tiveram alguma função na igreja, que tiveram algo a ver com a boa e firme embarcação do evangelho de Cristo — a menos que, por si mesmos, estejam *em* Cristo por meio de uma fé viva, perecerão tanto quanto os que a desprezavam e os excluídos!

---

[83] Teólogo e pregador puritano inglês (1560–91?) do tempo de Elizabeth I. Era conhecido como "Henry da língua de prata" por sua eloquência.

Aqui, então, está uma verdade solene de Deus: *todos os que estiverem fora de Cristo estarão perdidos! Todos os que estiverem em Cristo serão salvos! Todos os incrédulos perecerão. Todos os que creem serão preservados nele.* Aqui está uma regra sem exceção!

Agora, brevemente, falaremos de um segundo assunto.

2. Parece que, quando o dilúvio veio, encontrou-os todos comendo e bebendo, casando-se e dando-se em casamento, e, de acordo com o texto, ESSA TAMBÉM É UMA REGRA SEM EXCEÇÃO.

Não é algo muito grave que seja assim hoje, que, sem exceção, a maior parte da humanidade ainda continue negligente quanto à sua alma, ainda se ocupe com seus interesses efêmeros e negligencie as realidades eternas? Não há exceção a essa regra entre os homens naturais! Os homens cheios da graça se preocupam com essas coisas, mas todos os homens *naturais* são como aqueles dos dias de Noé. Enquanto eu meditava nesta tarde, surpreendi-me com este fato. Disse a mim mesmo: "O quê? Nem uma pessoa sequer entre os contemporâneos de Noé estava ansiosa para ser salva dentro da arca — nem uma sequer? Ora, alguns supõem que a população global daquele tempo seria maior do que a de atualmente![84] Devido à enorme quantidade de anos que cada pessoa vivia, eram poucas as mortes, e a população crescia mais rapidamente. Contudo, ainda assim, dentre todos eles não havia sequer *um* que buscasse a Deus *naturalmente* — nem um sequer?". Era extraordinário que não houvesse nem mesmo um só que cresse nas reiteradas profecias de Noé e encontrasse abrigo na arca. Porém, não é ainda mais estranho, é apenas estranhamente verdadeiro, que dentre todos os não regenerados, até que fossem avivados pela graça divina, não houvesse sequer um preocupado em fugir

---

[84] Referindo-se ao século 19, quando este sermão foi pregado.

para Cristo? O que Cristo disse com "...não quereis vir a mim para terdes vida" é uma regra de aplicação universal. Os homens não irão a Cristo, pelo contrário, preferem perecer em seus pecados a colocar nele a sua confiança.

Creio que o motivo está nestas três coisas. Primeiro, há a indiferença universal dos homens quanto à sua alma, uma falta de preocupação com sua parte mais nobre, seu eu verdadeiro. Todavia isso é algo estranho! As pessoas são sempre diligentes com relação à sua vida — "Pele por pele, e tudo quanto o homem tem dará pela sua vida".[85] Se alguém achar que provavelmente morrerá queimado, levantará altos clamores. Quanto empenho empregará para sair do recinto! Caso esteja quase se afogando, como se debaterá! Quando está enfermo, rapidamente chama um médico e fica ansioso por obter a melhor recomendação a seu alcance, a fim de preservar sua própria vida. No entanto, a preservação de sua vida mais superior parece-lhe uma questão sem quaisquer consequências. Toda pessoa pensante deveria sentir que seu verdadeiro eu reside em seu espírito, sua alma; que seu corpo não é ela mesma, mas simplesmente um tipo de veste que usa, uma casa onde vive. Contudo, os homens empreendem seu tempo, desde a manhã até a noite, em buscar roupas e alimento para essa casa exterior! Enquanto isso, o inquilino que habita em seu interior, pobre criatura, está esquecido! Isso é curioso, não é? Não parece provar que o homem é degradado, por meio de seu pecado, em algo menor do que uma criatura racional, de modo que age como um animal? Quando alguém tem de viver pouco tempo neste mundo, ele deseja ser feliz aqui. Se um homem parar por uma hora em uma hospedagem, fará muito barulho se a chaminé fumegar, se a toalha de mesa não estiver limpa, se as costeletas de porco não estiverem bem-preparadas. E, embora ele saiba que o melhor de seu eu viverá para sempre em outro mundo, ele não se preocupa com *aquele* mundo,

---

[85] Jó 2:4

ou se será ou não feliz nele! Estranho! — "É estranho! Mais do que estranho! É comovedor."[86]

É um milagre da *loucura* que os homens possam ser tão indiferentes aos interesses de sua alma, sua alma *imortal*, que possam ir dormir sem saber se acordarão entre os vermes que não morrem, ou se despertarão para usufruir com Jesus dos incomparáveis esplendores da eternidade! Todavia, essa indiferença é universal! Ó, irmãos e irmãs, vocês e eu precisamos orar para que Deus agite esse mar morto; para que Ele fale com Sua voz despertadora e avive os homens para essas coisas espirituais, senão eles putrefarão para sempre nos sepulcros de sua indiferença!

A segunda razão para essa indiferença repousa, sem dúvida, na *incredulidade* universal. Não é algo curioso que nem sequer um deles tenha crido em Noé? Ele era um homem honesto, alguns o conheciam há muitos anos, sim, por *centenas* de anos haviam convivido com ele, pois vivia-se muito naquele tempo. Ele falava como um homem honesto, pregava com veemência e poder, mas ninguém creu nele. Sequer uma alma creu nele para escapar da ira vindoura — nem uma! Isso é estranho, pois, como eu disse anteriormente, nenhuma mentira já contada foi tão incrível senão aquela que teve *uma* ou outra pessoa para crer nela. Muito mais a *verdade* deveria ter encontrado alguns para recebê-la. Então, aqui estava a verdade de Deus, que parecia tão provável, por conta do pecado da humanidade, e, ainda assim, não se encontrou uma pessoa sequer para crer nela; eles a rejeitaram universalmente! O mesmo acontece com o evangelho de Cristo. Nós vamos e dizemos aos homens que o Filho de Deus se tornou carne para remir a todos, que aquele que nele crer será salvo, porém eles não creem nisso, embora nós o tenhamos provado — centenas de nós, milhares — e lhes tenhamos anunciado, tão solene e diligentemente quanto pudemos, que temos provado e tocado essas coisas. Dizemos a eles que essas não são fábulas astutamente fabricadas, mas que são

---

[86] Extrato da peça *Otelo*, por William Shakespeare, Ato 3, cena 1.

verdades, realidades das mais preciosas e provadas! E, mesmo assim, sem a graça de Deus, não há um sequer, em posição elevada ou rebaixada, rico ou pobre, que deseje crer para prová-la por si próprio! Eles meneiam a cabeça, seguem seu caminho e, universalmente, vivem e morrem em incredulidade — *a menos que a graça soberana* entre em cena. Isso é curioso, é espantoso! Jesus "admirou-se da incredulidade deles", e nós bem podemos nos admirar por causa da universalidade desse pecado.

A terceira causa para essa indiferença generalizada foi que eles estavam sempre e conjuntamente entregues ao seu mundanismo. O texto parece indicar que eles não pensaram em se preparar para o dilúvio vindouro porque estavam muito ocupados com a satisfação do mero *alimentar-se*. Alguns eram glutões, outros não comiam tanto assim, mas, quando comiam, faziam-no com perícia e se deliciando. Adoravam aquele deus mencionado por Paulo: o ventre. Infelizmente a boa alimentação arruína muitos, e os homens escavam seu caminho para o inferno com seus dentes! Como brutamontes, eles se importam apenas com o satisfazer-se. Outros eram bêbados, e como eles eram felizes com suas taças! Como avaliavam uma garrafa de vinho dizendo a sua idade com precisão! Inclinavam-se a ingerir barris de saborosos licores, afogavam-se como o Duque de Clarence[87] em seus tonéis de vinho. Sem dúvida eles tinham seus banquetes na casa do prefeito e jantares políticos e empresariais, e não sei o que mais. Estavam todos tão ocupados com essas coisas — essas necessidades gritantes da vida de um suíno — que não pensavam e não conseguiam pensar em nada superior a isso. Casavam-se e davam-se em casamento; essas eram coisas sérias e deveriam ser atendidas. Como poderiam abandonar seus banquetes nupciais e suas noivas recém-casadas? Essas coisas absorviam todo o seu pensamento e, ainda assim, meus amigos, qual foi

---

[87] George Plantagenet, um dos duques de Clarence, foi afogado em um tonel de vinho, em 18 de fevereiro de 1478, como punição por ter traído seu irmão Eduardo VI, rei da Inglaterra.

a utilidade de comer e beber quando eles estavam para se afogar no dia seguinte? E o que importava estar casado, quando estariam se afogando pela manhã? Se eles houvessem observado essas coisas à luz da *fé*, eles as desprezariam. Mas eles usaram os turvos olhos de seus sentidos e assim deram grande importância para essas coisas presentes que lhes traziam alegria. Sim, e acontece o mesmo com os perversos dos dias atuais. Eles enriquecem, porém, qual a utilidade de ser rico se serão condenados? Como são tolos! Se comprarem um caixão de ouro, como ele poderia ajudá-lo? Suponham que sejam sepultados com um saco de ouro em cada mão e uma pilha dele entre suas pernas, como isso os auxiliaria? Outros buscam a instrução, mas qual o bem que esta pode trazer se você afundará ao inferno com ela? Peguem o crânio de um homem instruído e digam qual a diferença entre ele e o de um dos mais pobres que muito mal conhecia as letras? Ambos se desfazem nos mesmos elementos: um pó marrom impalpável. Qual a utilidade de morrer em uma posição respeitável? O que são poucas plumas a mais no carro funerário e uma longa fila de carruagens de luto? Elas diminuirão as misérias do inferno? Ah, amigos, vocês deverão morrer! Por que não se preparar para o inevitável? Ó, se os homens fossem sábios, eles veriam que todas as alegrias desta Terra são apenas como as bolhas de sabão que nossas crianças sopram, as quais cintilam e brilham e, de repente, somem e sequer um destroço é deixado para trás. Ó, que sejamos sábios para entrarmos na arca, para olhar para Cristo, de modo que, quando a inundação subir, possamos ser achados salvos nele!

Aqui, então, vem essa regra geral que não deve ser muito lamentada e que deve fazer o coração de cada cristão se entristecer com o peso de que, de modo universal e por todas as partes, na presença do julgamento porvir e estando entre as mandíbulas da morte e do inferno, toda a raça humana permaneça indiferente, incrédula, mundana e continuará assim até que o dilúvio de fogo venha e varra a todos eles! *Assim, todos se divertirão até perecerem, a menos que o amor eterno o impeça.*

3. A última consideração será tratada bem brevemente, mas é muito reconfortante, e é esta: TODOS QUE ESTAVAM NA ARCA ESTAVAM SALVOS.

Ninguém caiu para fora daquele refúgio divinamente designado. Ninguém foi arrastado para fora, ninguém morreu dentro dele, ninguém foi deixado para perecer em seu interior. Todos os que entraram saíram ilesos, foram todos preservados dentro dela e todos passaram em segurança pela terrível catástrofe. A arca preservou a todos eles. Do mesmo modo, Jesus Cristo preservará todos os que estão nele, todos que forem a Ele estarão seguros! Nenhum deles perecerá, tampouco haverá algo para os arrancar de Sua mão. Pense em como eram estranhas as criaturas que foram preservadas! Animais impuros entraram na arca aos pares! Que Deus conduza a Cristo alguns de vocês que têm sido como animais impuros! Grande suíno do pecado, você tem vagado longe em iniquidade e macula a si próprio. Ainda assim, quando os suínos estavam na arca, estavam seguros — e assim será com vocês! Vocês negros corvos do pecado, se voarem para Cristo, Ele não os lançará fora, mas estarão a salvo! Se o amor da eleição os selecionar e a graça efetiva os atrair para a porta daquela arca, ela se fechará atrás de vocês, e estarão salvos! Dentro daquela arca estava a tímida lebre, mas a timidez dela não a destruiu. Havia o frágil coelho, porém, apesar de sua fraqueza, dentro da arca, ele estava seguro. Também havia aquelas criaturas que se movem muito lentamente, como o caramujo, algumas criaturas amantes da escuridão, como o morcego, mas estavam todos salvos. O rato estava tão salvo quanto o boi; a lesma tão segura quando o cachorro galgo; o esquilo, quanto o elefante; e a tímida lebre tanto quanto o corajoso leão. Não estavam seguros por causa *do que* eram, mas por causa de *onde* estavam, isto é, na arca. Ó, que miscelânea é o povo de Deus! Que seres singulares! Alguns deles são pais, mas não muitos; a grande maioria é de crianças que, ainda que devessem ter crescido, ainda são muito carnais e apenas bebês em Cristo, em vez de adultos; ainda assim salvos! Todos igualmente em segurança, por mais que possam diferir entre si — variando em temperamento, mas não em segurança; variando em experiência, porém na mesma unidade com Cristo, e todos nele. "Justificados, pois, mediante a fé, temos paz com Deus por meio de nosso Senhor Jesus Cristo". E assim temos, quer grandes ou pequenos —

Para nós, permanece segura a aliança,
Embora os antigos pilares da Terra sejam remexidos.
O forte, o frágil e o fraco,
Em Cristo estão eternamente unidos.

Quando a tempestade bateu contra a arca, poderia ter destruído o leão tão facilmente quanto o rato, mas ela não destruiu nenhum deles porque as laterais da arca podiam suportar a tempestade. E, quando chegaram as inundações, a embarcação subia mais e mais, aproximando-se mais do céu, quanto mais profundas eram as águas. O mesmo ocorre conosco. Venham as furiosas tempestades, nossos pecados e nossas tristezas nos assaltem, ainda assim nós, que somos os mais fracos, estaremos tão seguros quanto os mais fortes porque estamos em Cristo, e Ele resistirá às tempestades, levantando-nos para mais e mais perto do Céu de Deus!

Que Deus nos conceda a graça divina para sermos encontrados nele em paz no dia da manifestação do Senhor, quando todos os elementos se desfarão e os céus se enrolarão como pergaminhos! Como eu já disse anteriormente, tudo depende desta pergunta: "Você crê em Cristo?". Se seu coração crê em Cristo, você está salvo, venha o que vier. Contudo, se não repousa nele, você está perdido, venha o que vier. Que Deus os salve, em nome de Jesus. Amém.

Venham para a arca, venham para a arca;
Ainda hoje venham a Jesus!

A peste caminha livre à noite,
As flechas voam de dia;
Venham para a arca: as águas se erguendo vêm,
Nos mares as ondas rugem,
Enquanto as trevas se reúnem no céu,
Contemplem o refúgio que está perto.

Venham para a arca, todos os que choram
Debaixo do senso de pecado!
Fora dela, um abismo chama outro abismo,
porém, em seu interior, tudo é paz.
Venham para a arca, antes que o dilúvio comece
A se opor aos seu passos hesitantes!
Venham, pois a porta que aberta está
logo se fechará.[88]

---

[88] Tradução livre do hino *Come to the ark, come to the ark*, de autoria desconhecida e não disponível em hinários em português.

7

Preparação para a vinda do Senhor[89]

Filhinhos, agora, pois, permanecei nele, para que, quando ele se manifestar, tenhamos confiança e dele não nos afastemos envergonhados na sua vinda. (1 João 2:28)

Nosso primeiro anseio é que nossos ouvintes cheguem a Cristo. Nós nos rebaixamos para exaltá-lo, do mesmo modo como Moisés ergueu a serpente no deserto e ordenou que os homens olhassem para Ele e vivessem. Não há salvação exceto pela fé no Senhor Jesus Cristo. Ele disse: "Olhai para mim e sede salvos, vós, todos os limites da terra; porque eu sou Deus, e não há outro".

Após os homens terem olhado para Jesus, nosso próximo anelo é que eles possam estar *em* Cristo, a Cidade de Refúgio.[90] Desejamos

---

[89] Este sermão foi pregado no *Metropolitan Tabernacle*, em 22 de setembro de 1889.

[90] As cidades de refúgio, estabelecidas pela lei mosaica, tinham a função de abrigar as pessoas que houvessem cometido assassinato sem intenção, a fim de escapar da

poder falar deles como "homens em Cristo". Meus amados ouvintes, vocês devem estar em união viva, amorosa e duradoura com o Filho de Deus, ou não estarão em um estado de salvação. Aquilo que principia com a ida a Cristo, como o ramo enxertado na videira, continua crescendo nele e recebendo de Sua vida. Vocês precisam estar em Cristo como o tijolo está no edifício, como o membro está no corpo.

Quando temos a boa esperança de que nossos ouvintes chegaram a Cristo, e estão "em Cristo", outro anseio brota em nosso coração: que eles possam "permanecer" em Cristo. Nosso desejo profundo é que, apesar das tentações de se afastarem dele, eles possam permanecer a Seus pés. Para que, não obstante a corrupção de sua natureza, eles nunca venham a trair seu Mestre, mas permaneçam firmemente apegados a Ele! Então, nós os apresentaremos, com imensa alegria, a nosso Senhor no dia de Sua manifestação.

Eu gostaria de dar atenção a esse terceiro anelo do ministro de Cristo nesta manhã. João diz: "Filhinhos, agora, pois, permanecei nele". Essas palavras devem ter deslizado com muita doçura dos lábios e da pena desse santo tão venerável! Nisso, penso que ele é um eco do Senhor Jesus, pois, no capítulo 15 do evangelho de João, o Senhor Jesus diz: "Estai em mim, e eu, em vós; como a vara de si mesma não pode dar fruto, se não estiver na videira, assim também vós, se não estiverdes em mim. [...] Se vós estiverdes em mim, e as minhas palavras estiverem em vós, pedireis tudo o que quiserdes, e vos será feito"[91]. Essa palavra "estar" era a preferida de Cristo e se tornou igualmente preciosa para aquele discípulo a quem Jesus amava. Em nossa versão Almeida Revista e Atualizada, os tradutores a interpretaram algumas vezes como "permanecer", mas não é muito sábio da parte deles mudarem assim o sentido. É uma virtude da Almeida

---

vingança da família do morto. Para entender melhor a função dessas cidades, leia Nm 35:6-34. Spurgeon compara Cristo a uma cidade de refúgio porque nele podem se esconder todos os pecadores para escapar da ira divina.

[91] João 15:4,7 ARC

Revista e Corrigida[92] ela normalmente traduzir a palavra grega para a mesma palavra em português. Isso pode não ser um requisito absoluto, pois uma pequena variação pode ser tolerada, mas é eminentemente instrutivo, uma vez que nos permite ver, em nosso idioma, onde o Espírito Santo usou a mesma palavra. E, se a tradução estiver correta em um caso, poderemos naturalmente concluir que não estará errada em outro. "Permanecer" é uma das palavras especiais de João.

Que o Senhor nos ajude a meditar sobre essas benditas palavras! Melhor ainda, que Ele as escreva em nosso coração e que nós possamos cumprir os ensinamentos delas!

Primeiramente, notem que ele os estimula a "permanecerem nele". Em segundo lugar, sob qual identificação ele se dirige a eles — "filhinhos". E, em terceiro, por qual motivo ele os exorta: "para que, quando ele se manifestar, tenhamos confiança e dele não nos afastemos envergonhados na sua vinda".

1.

Primeiramente, então, OBSERVEM A QUE ELE OS ESTIMULA — "permanecei nele". Com isso, ele queria dizer uma coisa, mas ela engloba tantas outras que só poderemos entendê-la vendo-a sob muitas perspectivas.

Ele quis dizer fidelidade à verdade ensinada pelo nosso Senhor. Temos certeza de que era isso que ele queria dizer, porque, um pouco antes, no versículo 24, João havia dito: "Se em vós permanecer o que desde o princípio ouvistes, também permanecereis vós no Filho e no Pai". Amados, vocês creram no Senhor Jesus Cristo para a salvação de sua alma. Creram nele como o Filho de Deus, o Mediador designado e o eficaz sacrifício por seus pecados. Sua esperança, que vem da crença em Cristo como Deus, dá testemunho dele; permaneçam

---

[92] Foi feita uma adaptação desse trecho do original, em que Spurgeon comentava duas versões bíblicas em inglês. As mais próximas às mencionadas por ele foram as versões que colocamos em nosso texto em português, embora a ARC também use "permanecer" no texto bíblico, tema da mensagem de 1 João 2:28.

na verdade que receberam desde o princípio, visto que, em seus primeiros dias, ela operou a salvação em vocês. O alicerce de sua fé não é uma doutrina mutável — vocês repousam em uma palavra de testemunho certeira. A verdade é, em sua própria natureza, fixa e inalterável. Vocês sabem mais dela do que sabiam, mas a verdade, em si, é a mesma e deve permanecer assim. Acautelem-se de permanecer nela. Vocês acharão difícil agir assim porque há um elemento de mutação em vocês mesmos — e precisam superar isso pela graça divina. Encontrarão muitos elementos de sedução no mundo exterior; há pessoas cuja atividade é fazer estremecer a fé dos outros e, portanto, ganham reputação por sua inteligência e profundidade de pensamento. Alguns parecem achar que é uma ambição digna que o cristão seja sempre questionador ou, como disse o apóstolo: "que aprendem sempre e jamais podem chegar ao conhecimento da verdade". O trabalho que estes escolheram é lançar dúvidas nas mentes que são abençoadas pela certeza da graça. Assim sendo, vocês serão, com frequência, levados a testar o seu alicerce e, por vezes, estremecerão à medida que se apegam a ele. Então, ouçam esta palavra proferida pela boca do Espírito Santo: "permanecei nele". Fiquem onde estão com relação à verdade na qual creram; aquela que os justificou os santificará; aquela que, em certa medida, os santificou os aperfeiçoará. Não mudem em relação às verdades eternas sobre as quais vocês firmaram sua esperança. Como uma pedra, vocês foram edificados sobre um alicerce — permaneçam nele. Tudo estará acabado se vocês não o fizerem! Permaneçam naquele molde santo de doutrinas que inicialmente lhes foi entregue! Não permitam que qualquer pessoa os engane com palavras vãs, embora sejam numerosos hoje em dia os que "enganariam, se possível, os próprios eleitos". Permaneçam em Jesus ao permitir que as palavras dele permaneçam em vocês. Creiam naquilo que descobriram ser o meio de seu avivamento; creiam nisso com maior intensidade e praticabilidade. "Não abandoneis, portanto, a vossa confiança; ela tem grande galardão."

A seguir, João menciona "permanecei nele" como sendo a uniformidade de sua confiança. Quando vocês desfrutaram da esperança no começo, apoiaram-se somente em Cristo. Creio poder ouvir o primeiro murmúrio infantil de sua fé quando ele dizia:

Sou um pobre pecador e nada mais
Porém, Cristo é meu tudo em tudo.[93]

Inicialmente não possuíam experiência sobre a qual pudessem se apoiar, tampouco as graças divinas interiores das quais pudessem depender — apoiavam-se unicamente sobre Cristo e Sua obra consumada. De maneira alguma se firmavam sobre as obras da lei ou sobre seus sentimentos, ou seus conhecimentos, ou decisões. Cristo era tudo. Lembram-se de como costumavam dizer aos outros que o preceito do evangelho era "Crê somente"? Vocês clamavam aos outros: "Creiam em Jesus! Saiam de si mesmos! Encontrem todas as suas necessidades providas nele!". Agora, amados, vocês têm experiência — agradeçam a Deus por isso. Agora possuem as graças do Espírito — agradeçam ao Senhor por elas. Agora possuem as coisas de Deus por meio do ensino do Espírito Santo — sejam agradecidos por esse conhecimento, mas não desafiem seu Salvador, colocando sua experiência, suas graças ou seu conhecimento onde Ele, e somente Ele, deve permanecer! Dependam dele hoje da mesma maneira que dependeram no início. Se tiverem algum pensamento de que estão progredindo rapidamente em direção à perfeição, cuidem para que não se entreguem a uma concepção vã de si mesmos. Contudo, ainda que isso seja verdadeiro, não misturem a sua perfeição com a perfeição de Cristo, nem seu progresso na graça divina com o alicerce que Ele estabeleceu para vocês baseado em Seu sangue

---

[93] Tradução livre do hino *So weary am I, but the Lord can give rest* (Tão cansado estou, mas o Senhor pode dar o descanso), de Ada R. Habershon, composto no século 19 e sem versão para o português.

e justiça. "Permanecei nele." Ele é aquela boa embarcação na qual vocês entraram para que Ele pudesse conduzi-los em segurança para o Céu almejado. Permaneçam nessa embarcação — nem mesmo ousem andar sobre as águas, como Pedro — tampouco considerem nadar por suas próprias forças. "Permanecei nele" e superarão cada tempestade. Vocês somente conseguirão ter paz e salvação caso se mantiverem em sua simples confiança inicial na obra perfeita do Senhor Jesus. Como está escrito: "Tu, SENHOR, conservarás em perfeita paz aquele cujo propósito é firme; porque ele confia em ti".

Ademais, permaneçam no Senhor Jesus Cristo ao fazer dele o objetivo constante de sua vida. Do mesmo modo que vocês vivem por meio de Cristo, vivam *para* Cristo. Desde que confiaram nele como tendo morrido por vocês, sentiram que, se Ele morreu por vocês, então vocês morreram nele — e que, de agora em diante, sua vida deve ser consagrada a Cristo. Não pertencem mais a si mesmos, senão a Cristo e somente a Ele. O primeiro objetivo de seu ser é honrá-lo e servir Àquele que os amou e a si mesmo se deu por vocês. Vocês não têm seguido riquezas, honra ou autossatisfação, mas seguem a Jesus. Acautelem-se de permanecer nele ao continuar a lhe servir. "Não ameis o mundo nem as coisas que há no mundo. Se alguém amar o mundo, o amor do Pai não está nele; porque tudo que há no mundo, a concupiscência da carne, a concupiscência dos olhos e a soberba da vida, não procede do Pai, mas procede do mundo. Ora, o mundo passa, bem como a sua concupiscência; aquele, porém, que faz a vontade de Deus permanece eternamente." Vocês podem continuar sabiamente onde estão, pois escolheram a coisa certa a se buscar e entraram no caminho correto. Aquela coroa que reluz a seus olhos, ao final da carreira, faz a sua corrida valer a pena. Não poderiam ter uma motivação mais nobre do que o constrangedor amor de Cristo. Viver para Cristo é o estilo mais elevado de vida — continuem nele mais e mais. Se o Senhor alterar as suas circunstâncias, permaneçam vivendo para Cristo. Se subirem, levem Cristo consigo; se descerem, Cristo os acompanhará. Se estão saudáveis, vivam intensamente para Cristo; se estão presos ao leito de enfermidade, vivam pacientemente por Cristo. Cumpram seu trabalho e cantem para Jesus. Ou, se Ele lhes ordenar que fiquem em casa e tussam por todo o resto de sua vida, então tussam para Jesus. Mas permitam que tudo seja para Ele; para vocês, *Excelsior*[94] significa uma consagração mais elevada, um viver mais celestial.

Certamente, também deveríamos entender "permanecei nele" como nossa perseverança em obediência a nosso Senhor. O versículo seguinte é: "Se sabeis que ele é justo, reconhecei também que todo aquele que pratica a justiça é nascido dele". Continuem a praticar aquilo que seu Senhor lhes ordena fazer. Não chamem a nenhum homem de mestre, mas, em todas as coisas, submetam seus pensamentos, suas palavras e seus atos ao governo do Senhor Jesus. Obedeçam àquele por cuja obediência vocês são justificados; sejam precisos e dispostos em sua execução de Seus mandamentos. Se os outros os consideram tristemente conscienciosos, não se atenham à opinião deles, mas "permanecei nele". O governo do Mestre é sempre obrigatório a todos os Seus discípulos, e, quando eles se afastam dele em seu coração, desviam-se do domínio de Cristo. A reverência pelos preceitos está tão incluída em nosso respeito por Ele quanto a fé na doutrina. Se vocês têm sido justos em suas negociações, sejam justos; sejam precisos nos centavos de cada pagamento. Se têm sido amorosos e generosos, continuem a ser amorosos e generosos, pois o amor é a lei de seu Senhor. Se têm imitado de perto ao Senhor Jesus, continuem a copiá-lo ainda mais minuciosamente. Não busquem novos modelos — orem para que o Espírito Santo opere em vocês essa semelhança. A vocês, como soldados, a ordem de nosso Capitão é:

A vocês não pertence questionar,
Sua parte é fazer e expirar.[95]

---

[94] Termo latino que significa ilustre, grandioso, superior, majestoso ou mais elevado.
[95] Tradução livre do poema *The charge of the Light Brigade* (O mandamento da Brigada da Luz), de Alfred, Lord Tennyson.

"Permanecei nele". Sei que vocês podem ficar ricos ao tomar o ato anticristão de escarnecer a fim de conquistar riquezas dessa forma! Sei que podem se ver envolvidos em perseguição se seguirem fielmente ao Senhor — aceitem essa perseguição alegremente e se regozijem nela por amor ao Seu nome! Sei que muitos diriam que, objetivando a caridade, seria melhor que vocês fizessem concessões e se mantivessem unidos à doutrina diabólica e com as práticas mundanas. Mas vocês sabem que não é assim! Que sua parte seja seguir o Cordeiro aonde quer que Ele for, pois é isso que o Seu apóstolo amado quer dizer quando afirma "permanecei nele".

Contudo, ainda não completei a totalidade da descrição. Temo não ter a capacidade de fazê-lo, tendo em vista meu conhecimento raso e meu esquecimento. Continuem em união espiritual com o seu Senhor. Toda a vida que vocês têm deriva dele — não busquem outra. Não serão cristãos a menos que Jesus seja o Cristo de Deus para vocês. Não estarão vivos para Deus se não estiverem unidos ao Senhor ressurreto. Não são salvos, caso Ele não seja seu Salvador; nem justos, a menos que Ele seja a sua justiça. Não terão sequer uma pulsação de anseio celestial, nem um sopro da vida divina em si, senão aquele que lhes foi concedido *da parte* dele e lhes é dado diariamente *por meio* dele. Permaneçam nessa união vital. Não tentem viver uma vida independente. "Permanecei nele" todos os dias, em completa dependência da vida que está entesourada nele para o benefício de vocês.

Que sua vida permaneça nele no sentido de ser dirigida por Ele. A cabeça dirige todos os membros. A ordem que levanta minha mão, abre as suas palmas, cerra meus pulsos ou abaixa meu braço vem do cérebro, que é o quartel-general da alma. Permaneçam em seu Senhor ao reconhecer implicitamente Sua liderança. Que todas as regulações de sua vida venham daquele que é a cabeça, e que elas sejam obedecidas tão naturalmente como os desejos da mente, que partem do cérebro e são obedecidos por cada parte do coração. Não há guerras entre a mão e o pé, pois eles permanecem ligados à cabeça e assim são governados sem força e guiados sem violência. Se a perna estabelecesse uma autoridade independente sobre si mesma, em vez de obedecer à cabeça, que caminhada estranha nós veríamos! Vocês já se encontraram com pessoas aflitas de quem os nervos perderam o vigor e os músculos parecem ter espasmos aleatórios, agitando suas pernas ou seus braços sem motivo? Esses movimentos são dolorosos de testemunharmos, e reconhecemos que tal pessoa está enferma. Não desejem ficar sem a lei de Cristo; que haja em vocês o mesmo sentimento que houve em Cristo Jesus[96] — nesse quesito "permanecei nele".

"Permanecei nele" como o meio de sua vida; permitam que Ele os envolva do mesmo modo que o ar os cerca por todos os lados. Como um peixe, independentemente de ser uma sardinha ou uma baleia, permanece no mar — que assim vocês permaneçam em Cristo. O peixe não busca o céu ou a costa marítima; ele não conseguiria viver fora do habitat aquático. Semelhantemente, eu suplico para que vocês não busquem viver no mundo e nos pecados dele. Como cristãos, vocês não podem viver lá — Cristo é a sua vida. Há espaço suficiente para vocês no Senhor Jesus Cristo, visto que Ele é o Deus infinito. Não saiam dele por nada! Não procurem prazer ou tesouros fora de Cristo, uma vez que tal prazer ou tesouro seria destrutivo. Jamais tenham desejo, vontade ou anseio para além de seu Senhor. Que Ele desenhe a linha que os cercará, e permaneçam dentro desse círculo.

"Permanecei nele" no sentido de se sentirem em casa quando estão nele. Que mundo de significados com esse "se sentirem em casa quando estão nele"! Entretanto, esse é o sentido de "permanecei nele". Ontem eu conversava com um amigo que comprou uma casa agradável com um grande jardim, e ele me disse: "Agora sinto que tenho um lar. Tenho morado em Londres há anos e mudei de uma casa para outra com tão pouco arrependimento quanto o do homem que troca de diligência. Porém, sempre anelei pelo sentimento de lar que havia

---

[96] Conforme Filipenses 2:5

na casa de meu pai, no interior. Ora, havia cômodos agradáveis e aconchegantes, e as vistas das pequenas janelas, e os armários de canto na cozinha. Quanto ao jardim e ao pátio, eles sempre produziam em nós constantes deleites, pois havia um arbusto onde um pintarroxo havia construído e a árvore onde o melro-preto colocara seu ninho. Sabíamos onde estavam os peixes no laguinho, onde a tartaruga se escondia no inverno e onde se encontrariam as primeiras prímulas na primavera. Há uma grande diferença entre uma casa e um lar". É isso que João quer dizer acerca de Cristo — não somos apenas chamados para Ele, mas para permanecermos nele, *habitarmos* nele. Não dediquem um dia a Jesus e o outro ao mundo. Não sejam inquilinos nele, mas *habitem* nele! Meu amigo falou de mudar de uma diligência para outra, e temo que alguns mudem de Cristo para o mundo quando o dia vira de domingo para segunda-feira. Porém, não deveria ser assim. Digam como Moisés: "Senhor, tu tens sido o nosso refúgio, de geração em geração". Tua cruz é a árvore genealógica do amor, nossa casa está encerrada dentro da sebe de espinhos do Teu amor sofredor. O Teu nome está colocado em nosso lar. Não somos para ti como inquilinos de aluguel, mas temos uma propriedade livre de impostos e taxas em ti. Podemos verdadeiramente cantar

Aqui estabelecerei meu descanso costumeiro
Onde os outros não anseiam habitar —
Não mais um hóspede ou estrangeiro
Mas como um filho em seu lar.[97]

Senhor Jesus, não me sinto em casa em qualquer outro lugar senão em ti. Em ti, eu habito. Em qualquer outro lugar onde eu me hospede, no devido tempo, terei de mudar de alojamento. Seja o que for

---

[97] Tradução livre do hino *My Shepherd will suply my need* (Meu Pastor suprirá minhas necessidades), de Isaac Watts, em 1719.

que eu possua, perco-o ou o abandono. Porém, tu és o mesmo e não mudas. Que consolo é ter em nosso próprio Senhor nosso local seleto de habitação neste tempo e na eternidade!

Agora, creio que me aproximei do sentido completo de nosso texto! "Permanecei nele" significa apegar-se a Ele, viver nele, permitir que todos os seus poderes mais nobres fluam em conexão com Ele. Como um homem em seu lar está lá completamente, sintam-se confortáveis na comunhão com Ele. Digam: "Volta, minha alma, ao teu sossego, pois o Senhor tem sido generoso para contigo".

Por que o apóstolo nos encoraja a permanecer em Cristo? Há alguma probabilidade de nos afastarmos? Sim, pois neste mesmo capítulo ele menciona os apóstatas, que haviam se degenerado de discípulos a anticristos. João fala acerca deles: "Eles saíram de nosso meio; entretanto, não eram dos nossos; porque, se tivessem sido dos nossos, teriam permanecido conosco". "Permanecei nele", portanto, e não se desviem por caminhos tortuosos, como muitos que confessavam a Cristo fizeram. O Salvador disse certa vez a Seus apóstolos: "Porventura, quereis também vós outros retirar-vos?", e eles lhe responderam com outra pergunta: "Senhor, para quem iremos?". Espero que seu coração esteja tão consciente de que Ele tem as palavras de vida eterna de forma que não ousarão sonhar ir para qualquer outro lugar.

"Mas certamente está implícito nesses alertas de que os SANTOS abandonam seu Senhor e *perecem*?" Eu respondo: Não! Observem cuidadosamente a provisão que é feita acerca dessa fatalidade — uma provisão para nos capacitar a cumprir os preceitos do texto. Vocês abririam suas Bíblias para olhar para o versículo imediatamente anterior ao meu texto? O que veem? "...assim nele *permanecereis*. E agora, filhinhos, permanecei nele". Há uma promessa feita àqueles que estão em Cristo de que eles *permanecerão* nele. Mas essa promessa não torna desnecessário o preceito, visto que o Senhor trata conosco como seres racionais, não como trataria com paus e pedras. E Ele assegura o cumprimento de Sua própria promessa de que permaneceremos nele, ao imprimir Seus preceitos sagrados em nosso coração, por isso Ele nos ordena a permanecermos nele. A força que Ele usa para efetuar Seu propósito é a instrução, o conquistar do coração e a persuasão. Permanecemos nele, não por uma lei física, como um monte de ferro permanece na terra, mas por uma lei mental e espiritual pela qual a grandeza do amor e da bondade divinos nos mantém no Senhor Jesus. Vocês têm a garantia de que permanecerão em Cristo nos termos da aliança: "porei o meu temor no seu coração, para que nunca se apartem de mim". Como é bendita essa promessa! Vocês devem cuidar de permanecer em Cristo como se tudo dependesse de vocês. E, ainda assim, podem olhar para a promessa da aliança e ver que o motivo *verdadeiro* para sua permanência em Cristo repousa na operação de Seu amor imutável e da graça divina!

Além disso, irmãos, se vocês estão em Cristo Jesus, vocês têm o Espírito Santo que lhes é concedido para habilitá-los a permanecer nele. Leiam o versículo 27: "Quanto a vós outros, a unção que dele recebestes permanece em vós, e não tendes necessidade de que alguém vos ensine; mas, como a sua unção vos ensina a respeito de todas as coisas, e é verdadeira, e não é falsa, permanecei nele, como também ela vos ensinou".

O Espírito Santo traz a verdade de Deus de volta ao seu coração com sabor e unção, tornando-a cativante para o íntimo de sua alma. A verdade de Deus tem-nos encharcado de tal maneira por meio da unção que não podem desistir. Não foi assim que disse nosso Senhor: "a água que eu lhe der será nele uma fonte a jorrar para a vida eterna"? Assim, vocês veem que aquilo que é ordenado em um texto bíblico é prometido e providenciado em outro. Para o povo de Deus, os Seus mandamentos são capacitadores. Assim como Ele ordena que vocês permaneçam nele, por essa mesma ordem Ele lhes faz permanecer nele para Seu louvor e glória.

2. Em segundo lugar, percebam SOB QUAL IDENTIFICAÇÃO JOÃO SE DIRIGE AOS CRENTES. Ele diz: "filhinhos". Isso indica o amor do apóstolo João por eles. João viveu muitos anos. A tradição diz que costumava-se carregá-lo para a assembleia e, quando ele não conseguia fazer nada mais, levantava a mão e dizia simplesmente: "Filhinhos, amem-se uns aos outros". Aqui, a fim de demonstrar sua terna preocupação por aqueles a quem ele escreveu, João os chamou de "filhinhos". Ele não poderia lhes desejar maior bênção, do profundo das afeições de seu coração, do que eles permanecerem em Cristo.

A seguir, ele sugere, com isso, o relacionamento próximo e precioso que eles tinham com seu Pai no Céu. Vocês são os filhos de Deus. Porém, como ainda são pequeninos, não abandonem a casa do Pai nem fujam do amor de seu irmão mais velho. Pelo fato de serem criancinhas, não atingiram a maturidade para peregrinar; assim sendo, permaneçam em casa e no seu Senhor.

Ele não deixa transparecer a fragilidade deles? Mesmo que fossem crescidos e fortes, ainda não seriam sábios para se reunir e vaguear em terras distantes. Contudo, como vocês ainda são tão jovens, tão dependentes, tão frágeis, é crucial que permaneçam nele. Um bebê abandonaria sua mãe? O que vocês podem fazer sem Deus? Não é Ele a sua vida, seu tudo?

O apóstolo também não dá a entender sobre a inconstância deles? Vocês são muito mutáveis, como pequenos bebês. Conseguem, no espaço de meia hora, ficar quentes e frios. São isso e aquilo, e cinquenta outras coisas no curso das fases da Lua. No entanto, como vocês são filhinhos, sejam fiéis a um ponto: permaneçam em seu Salvador. Não mudem em relação a seu Redentor. Estendam suas mãos, agarrem-no e clamem:

Jesus, sempre te amo porque sei que és meu;
feliz eu te rendo o louvor que é só teu.[98]

Rendam-se completamente a Ele por meio da aliança eterna que jamais pode ser cancelada. Sejam dele para sempre e eternamente.

Isso não os relembra de sua dependência diária do cuidado do Senhor, como criancinhas dependem de seus pais? Ora, amados, o Senhor tem de amamentá-los. Ele os alimenta com o leite não adulterado da Palavra; Ele os acalenta como uma mãe faz com seu filho; Ele os acolhe em Seu peito e os carrega todos os dias. Sua nova vida ainda está fraca e relutante — não a levem para a gélida atmosfera distante de Jesus. Filhinhos, uma vez que todos vocês provêm de Jesus, permaneçam nele. Ir a qualquer outro lugar será para vocês como vagar em um deserto gigantesco. O mundo é vazio — somente Cristo tem a plenitude. Longe de Jesus, vocês seriam como uma criança abandonada por sua mãe — deixada a definhar e morrer de fome. Ou como uma ovelhinha em um penhasco sem um pastor, localizada pelo lobo cujos dentes em breve lhe extirparão todo o sangue. Permaneçam, ó filhos, com sua mãe! Permaneçam, ó ovelhas, com o seu Pastor!

Podemos todos nos encaixar na descrição de João desta vez. O amado João fala conosco como filhinhos, pois nenhum de nós é muito mais do que isso. Não somos pessoas tão maravilhosamente instruídas quanto alguns de nossos semelhantes — não somos cientistas formados e críticos precisos, como eles. Tampouco temos a maravilhosa consciência moral que eles têm, que é ainda superior à própria inspiração. Desse modo, estamos ligados por nossa própria fragilidade a arriscar menos do que eles. Deixem que os homens do mundo escolham o caminho que quiserem — nós nos sentimos obrigados a permanecer em Cristo porque não conhecemos outro lugar de segurança. Eles podem se impulsionar para o mar da especulação. Nossos pequenos botes devem permanecer atracados na praia da certeza. Para nós, no entanto, não é um pequeno consolo o fato de o Senhor ter revelado a bebês as coisas que estão ocultas aos sábios e

---

[98] Hino 62 da Harpa Cristã, *Jesus sempre te amo*. Autoria William Featherston, 1862.

aos prudentes. Aqueles que se tornam como criancinhas entram no reino do Céu.

Agarrem-se ao Senhor Jesus em sua fraqueza, em sua inconstância, em sua nulidade e, de forma permanente, levem o Senhor a ser tudo para vocês. "Os coelhinhos criaturas tão frágeis são, mas nas montanhas suas casas construirão". Sejam como eles, habitem nas fendas da Rocha Eterna e não permitam que nada os instigue a abandonar a sua fortaleza. Vocês não são leões aptos a lutar contra seus inimigos e se libertar por grande força. São apenas um coelhinho, e será mais prudente se esconder do que lutar. "Filhinhos, agora, pois, permanecei nele".

3. Agora chego ao meu último ponto, que é o mais importante, pois nele se encontra o vapor que moverá o motor.[99] Em terceiro lugar, considerararemos POR QUAL MOTIVO JOÃO NOS EXORTA A ESSE DEVER PRAZEROSO E NECESSÁRIO DE PERMANECER EM CRISTO.

Por gentileza, olhem para o texto, pois há uma pequena palavra nele que precisa ser notada. O apóstolo nos exorta por um motivo no qual ele toma parte. Permitam-me lê-la: "Filhinhos, agora, pois, permanecei nele, para que, quando ele se manifestar, vocês possam ter confiança...". Não, não! Olhem para o sujeito na conjugação do verbo, e ele lhes esclarecerá. Está assim: "Filhinhos, agora, pois, permanecei nele, para que, quando ele se manifestar, TENHAMOS confiança...". O amado João precisava ter confiança na manifestação do Senhor, e confiança extraída da mesma fonte para a qual ele dirigiu seus filhinhos! Eles precisam permanecer em *Cristo*, para que possam ter confiança. E o mais querido dos apóstolos deveria praticar

---

[99] Mantivemos a tradução literal para preservar o caráter histórico deste texto. Quando Spurgeon pregou este sermão, a lâmpada elétrica havia sido inventada fazia apenas 10 anos, e a invenção das redes elétricas foi apenas depois disso. Assim sendo, durante alguns anos, os motores das fábricas continuaram funcionando a vapor.

a mesma permanência. De que maneira tão sábia, e ainda assim tão doce, ele se coloca no mesmo nível que nós nessa questão!

Percebam, além disso, que o motivo provém de Jesus. João não conduz os que creem com a coleira da Lei — Ele os conduz com os cordões do amor. Não gosto de ver os filhos de Deus açoitados com vara vindas dos desfiladeiros espinhosos do Sinai. Não chegamos ao monte Sinai, mas ao monte Sião. Quando alguém tenta me forçar a cumprir meu dever pela Lei, recalcitro contra o aguilhão como um boi desacostumado com o jugo. E isso está correto: "pois não estais debaixo da lei, e sim da graça". A razão que move um nascido do Céu, que é liberto, é proveniente da graça divina e não da Lei. Vem de Jesus, e não de Moisés. Cristo é nosso exemplo e nosso motivo. Bendito seja o Seu nome!

O motivo emana da aguardada volta do Senhor. Vejam como João fala disso. Ele usa duas expressões para a mesma coisa: "quando ele se manifestar" e "na sua vinda". O segundo advento pode ser visto sob dois prismas. O primeiro, como a manifestação daquele que já está aqui, mas oculto. E, depois, como a vinda daquele que está ausente. No primeiro sentido, sabemos que nosso Senhor Jesus Cristo permanece em Sua Igreja — de acordo com Suas palavras: "E eis que estou convosco todos os dias até à consumação do século". No entanto, embora presente espiritualmente, Ele não é visto. Nosso Senhor, de repente, será manifesto. A presença espiritual e secreta de Cristo se tornará uma presença visível e manifesta no dia de Sua aparição.

O apóstolo também usa o termo "na sua vinda" ou "Sua presença". Isso é o mesmo, mas de outro ponto de vista. Em certo sentido evidente, nosso Senhor está ausente — "Ele não está aqui, mas ressuscitou". Ele tomou Seu caminho em direção ao Pai. Nesse sentido, Ele voltará uma segunda vez, "sem pecado, aos que o aguardam para a salvação". Aquele que partiu dentre nós voltará de modo semelhante àquele em que Ele foi visto ascendendo ao Céu. Portanto, há uma diferença de aspecto entre o segundo advento quando ele é descrito como "quando ele se manifestar" e "na sua vinda". João alega a gloriosa manifestação de nosso Senhor sob esses dois prismas como uma razão para permanecermos nele.

Quanto à manifestação de nosso Senhor, o apóstolo deseja que permaneçamos em Cristo para que tenhamos confiança quando Ele se manifestar. A confiança no momento de Sua manifestação é a maior recompensa de permanecer constantemente em Cristo. João sustenta a mais proeminente "manifestação" como um argumento. Milhares de coisas acontecerão na manifestação de nosso Senhor. Porém, João não menciona sequer uma delas, ele não as eleva como algo a ser cobiçado para que tenhamos confiança em meio ao esfacelamento da matéria e à ruína dos mundos, quando as estrelas cairão como as folhas no outono, quando o Sol será tornado em trevas e a Lua, em sangue. Não menciona que os sepulcros se abrirão e os mortos ressuscitarão; ou quando os céus se desfarão pelo fogo e os elementos se dissolverão com o calor fervente; quando também a Terra e todas as obras que há nela, se incinerarão. Aqueles serão tempos terríveis, dias de horror e desalento. Porém, não é disso que João fala particularmente, pois ele considera todos esses eventos como englobados no grande fato da gloriosa manifestação de nosso Senhor e Salvador Jesus Cristo!

O desejo de João é que possamos ter confiança caso o Senhor venha a se manifestar de repente. O que ele quer dizer com ter confiança quando Cristo se manifestar? Ora, é isto: que, se vocês permanecerem em Cristo, mesmo quando não o veem, ficarão muito audazes se Ele se revelar repentinamente. Antes de Ele se manifestar, vocês permaneceram nele e Ele em vocês. Que temor poderia lhes causar a Sua manifestação? A fé o tem por tão real que, caso Ele apareça para os sentidos, não lhes seria surpresa. E isso certamente os levaria a se regozijarem, em vez de desanimá-los. Vocês sentiriam como se, finalmente, desfrutassem daquilo que por muito tempo aguardaram e como se vissem mais de perto um amigo a quem conheciam há muito tempo. Creio, amados, que alguns de nós vivem de tal maneira que, se nosso Senhor fosse aparecer inesperadamente, não nos causaria alarme. Cremos que Ele está presente, mesmo que não o vejamos, e não afetará nossa conduta quando Ele vier de trás das cortinas e se mostrar em plena luz! Ó, Senhor Jesus, se tu devesses agora aparecer em nosso meio, nós nos lembraríamos que tivemos Tua presença anteriormente, e vivemos nela, e, nesse momento, ficaríamos apenas mais certos daquilo que conhecíamos antes pela fé. Nós contemplaremos nosso Senhor com confiança, liberdade, segurança e alegria — sentindo-nos completamente à vontade com Ele. O crente em Jesus que permanece em seu Senhor ficará apenas um pouco alarmado com Sua súbita aparição; ele serve a seu Senhor agora e permanecerá servindo-lhe. Ele o ama agora e perseverará em amá-lo. E sentiria uma consagração mais intensa por ter tido uma visão mais clara dele.

A palavra traduzida como "confiança" significa liberdade de discurso. Se nosso divino Senhor aparecesse em um momento, não perderíamos a fala por causa do medo, mas o saudaríamos com alegre aclamação. Porém, o apegarmo-nos a Ele nos assegurará a confiança. Agora falamos com Ele em segredo, e Ele fala novamente conosco. Não cessaremos de falar em tons de amor reverente quando Ele se manifestar. Tenho pregado acerca de meu Senhor, mesmo que Ele não seja visível, aquelas verdades de Deus a respeito das quais não enrubescerei ao admiti-las diante de Sua face. Se meu Senhor e Mestre tivesse que aparecer neste instante em Sua glória, neste Tabernáculo,[100] eu ousaria estender-lhe todos os volumes de meus sermões, com confiança, como prova de que não me apartei de Sua verdade, mas permaneci nele de todo o coração. Preciso melhorar em muitas coisas, porém eu não poderia me aperfeiçoar com relação ao evangelho que tenho pregado entre vocês. Estou preparado para viver por ele, a morrer por ele, ou encontrar meu Senhor sobre ele, se Ele quiser se manifestar neste dia! Ó, meus ouvintes, se vocês estão

---

[100] No Tabernáculo Metropolitano, igreja que Spurgeon pastoreava, em Londres.

em Cristo, acautelem-se de permanecer nele para que, caso Ele se manifeste subitamente, vocês possam contemplá-lo com confiança! Se permanecermos nele, caso Ele desvele Sua majestosa face, podemos ser levados no arrebatamento. Contudo nossa confiança nele se fortaleceria, nossa liberdade com Ele seria ainda mais expandida e nossa alegria nele seria aperfeiçoada. Ele não orou para que pudéssemos estar com Ele e contemplar a Sua glória? E podemos temer a resposta de Sua amorosa súplica? Se vocês permanecem em Cristo, a manifestação de Cristo será a *sua* manifestação e isso será razão de deleite e não de temor.

Amados, se vocês não permanecerem nele, não terão confiança. Se eu transigisse a verdade de Deus e, então, nosso Senhor se manifestasse, poderia eu encontrá-lo com confiança? Se, a fim de preservar a minha reputação ou para ter uma mente liberal, eu agisse irresponsavelmente com o evangelho, como eu poderia ver a face de meu Senhor com confiança? Se qualquer um de vocês falhou em servir ao seu Mestre, se preferiu o lucro à piedade, e o prazer à santidade; se Ele repentinamente reluzisse Sua glória, qual a confiança que teria em se encontrar com Cristo? Perguntaram a um bom homem, certo dia: "Se o Senhor aparecesse agora, como você se sentiria?". Ele respondeu: "Meu irmão, eu não temeria, mas creio que ficaria envergonhado". O que ele quis dizer é que não ficaria temeroso quanto à condenação, mas que coraria ao pensar no quão pouco servira ao seu Senhor. Neste caso, era uma humildade genuína. Oro para que vocês vão não apenas além do temor, mas até que o Senhor os faça permanecer nele de tal modo, que não ficariam envergonhados em Sua manifestação!

O outro ponto é que não deveriam se afastar "envergonhados na sua vinda". Isso significa que, por ter considerado Cristo como ausente, vocês não tenham vivido de forma que, se Ele se manifestar subitamente em pessoa, vocês se envergonhariam de sua vida passada. Como será ser afastado em vergonha de Sua presença para o desprezo eterno? Essa é uma questão que um empregado deve responder quando seu empregador chega. Você foi deixado na casa dele para tomar conta de tudo enquanto ele está em um país distante. E, caso tenha espancado os servos dele e comido e bebido entre os bêbados, você ficará grandemente envergonhado quando ele retornar. A própria vinda dele será um julgamento. "Mas quem poderá suportar o dia da sua vinda? E quem poderá subsistir quando ele aparecer?" Bendito é o homem que, com todas as suas falhas, tem sido santificado de tal modo pela graça divina, que não ficará envergonhado na vinda de seu Senhor! Quem é esse homem? É aquele que aprendeu a permanecer em Cristo. Qual é a forma de se preparar para a vinda de Cristo? Pelo estudo das profecias; sim, se vocês forem suficientemente instruídos a fim de serem capazes de compreendê-las. Alguns entusiastas poderiam perguntar: "Para que eu esteja preparado para a vinda do Senhor, não seria melhor que eu passasse um mês em retiro e me afastasse desse mundo perverso?". Você pode fazer isso se quiser; e, especialmente, você o fará se for preguiçoso. Contudo, a única prescrição das Escrituras para que se prepare para a Sua volta é esta: "permaneça nele". Se permanecer na fé nele, sustentando a Sua verdade, seguindo o Seu exemplo e fazendo dele seu lugar de habitação, seu Senhor poderá vir em qualquer hora, e você o saudará! A nuvem, o grande trono branco, o irromper das trombetas, os assistentes angelicais da assembleia final, o tremor da criação e o enrolar do Universo como uma vestimenta desgastada não lhe trará alarme, pois você não ficará envergonhado na Sua vinda.

A data dessa volta é oculta. Ninguém pode dizer quando Ele virá. Vigiem por Ele e estejam sempre prontos para que não fiquem envergonhados em Seu advento. Deveria um cristão frequentar assembleias e diversões mundanas? Não se envergonharia ele caso seu Senhor voltasse e o encontrasse entre os inimigos da cruz? Não ouso ir aonde eu me sentiria envergonhado de ser encontrado se meu Senhor viesse subitamente. Deveria um cristão estar entregue à ira? Suponham que seu Senhor viesse nessa hora e a esse local; ele não se sentiria envergonhado em Sua vinda? Alguém aqui fala acerca de uma ofensora: "Eu jamais a perdoarei. Ela nunca mais será bem-vinda à minha porta". Você não ficaria envergonhado se o Senhor Jesus viesse e o encontrasse sem ter perdoado? Ó, que possamos permanecer nele e jamais estar em um estado em que a Sua vinda nos seria indesejável! Amados, vivam dia a dia em seus deveres e em devoção, para que a volta do Senhor seja oportuna. Cumpram suas tarefas diárias e permaneçam nele, e, assim, a Sua vinda será um glorioso prazer para vocês. Fui visitar uma de nossas amigas, e ela estava clareando os degraus da frente de sua casa. Ela pediu-me perdão e disse que estava constrangida de ser pega em tal postura. No entanto, eu lhe assegurei de que eu gostaria que meu Senhor voltasse e me encontrasse exatamente como eu a encontrei: fazendo meu trabalho cotidiano com todo o meu coração. Nunca estaremos em melhores condições para contemplar nosso Mestre do que quando estamos fazendo Sua obra fielmente. Não há necessidade de um embelezamento piedoso — aquele que permanece em Cristo sempre veste trajes de glória e beleza. Ele pode ir com seu Senhor às bodas em qualquer momento que o chamado da meia-noite for ouvido. Permaneçam nele e, assim, ninguém poderá envergonhá-los. Quem os acusará de algo?

Ele virá — vejam, Ele está vindo agora mesmo. Vocês não ouvem o som das rodas de Suas carruagens? Ele pode chegar antes que o Sol se ponha. "...à hora em que não cuidais, o Filho do Homem virá". Quando o mundo estiver comendo e bebendo, casando-se e dando-se em casamento, Cristo trará destruição sobre os ímpios! Estejam tremendamente empenhados em não ser pegos de surpresa. Como será maravilhoso ser arrebatado nas nuvens, junto com os santos, para se encontrar com o Senhor nos ares! Como será glorioso vê-lo vindo na glória do Pai e todos os Seus santos anjos com Ele! Como será jubiloso vê-lo reinando sobre a Terra, com os Seus anciãos gloriosamente! Conseguem imaginar o esplendor do milênio, a idade de ouro, os felizes dias de paz? Quanto ao julgamento do mundo, não sabem vocês que os santos julgarão os anjos? Eles surgirão como assessores de Cristo, e o Senhor esmagará Satanás debaixo de seus pés. A glória nos aguarda e nada além dela, se permanecermos em Cristo. Portanto, mantenham suas vestes limpas, seus lombos cingidos, suas lamparinas preparadas e sua luz brilhando. E a vocês mesmos, como homens e mulheres que buscam seu Senhor. Quando Ele vier, vocês poderão ter confiança e não vergonha!

Que o Santo Espírito, sem o qual essas coisas não poderão acontecer, seja-nos concedido gratuitamente neste dia, que possamos permanecer no Senhor! E que vocês que nunca creram em Cristo para a salvação possam se achegar a Ele e então "permanecer nele" a partir dessa boa hora! A Seu nome seja a glória! Amém.

8

O PROVEITO DA PIEDADE NA VIDA QUE HÁ DE SER[101]

...a piedade para tudo é proveitosa, porque tem a promessa da vida que agora é e da que há de ser. (1 Timóteo 4:8)

Na manhã de hoje, esforçamo-nos para evidenciar o proveito que a piedade tem na vida aqui e para distinguir qual é realmente a promessa desta vida. Tentamos provar que "a promessa" da vida aqui consiste, em sua verdadeira e mais elevada beleza e excelência, em paz mental, paz com Deus, contentamento, felicidade de espírito. E, embora tenhamos indicado que a piedade não nos assegure riquezas, saúde ou até boa fama — pois tudo isso pode não ser concedido até mesmo a homens justos —, ainda assim demonstramos que a grande finalidade de nossa existência, o motivo pelo qual vivemos e fomos criados, aquilo que melhor dignificará nossa existência como tendo valido a pena, será certamente se

---

[101] Este sermão foi pregado no *Metropolitan Tabernacle*, em 19 de junho de 1870.

fomos piedosos. Não consideramos uma questão sem importância essa de expor a necessidade de se manter a verdadeira religião neste estado presente, porém creio que não exageramos essa perspectiva a ponto de acalmar aqueles que sonham que este mundo é o principal a ser considerado e que o mais sábio dos homens é aquele que faz deste mundo seu tudo e o propósito de sua existência.

Queridos amigos, há outra vida além desta realidade fugaz. Esse fato foi vagamente suposto pelos pagãos. Por mais estranha que possa ser a mitologia deles, e singulares as suas especulações quanto às regiões de gozo e sofrimento, até as nações bárbaras possuem uma débil luz acerca da região após o rio da morte. Raramente conseguiremos descobrir um povo que não tenha uma ideia de pós-morte. Dificilmente a humanidade é tão enganada para crer que a morte é o fim de toda essa existência. Na verdade, são poucos os que se perdem da luz natural a ponto de esquecer que o homem é algo mais que o cão que o segue ao seu encalço.

Aquilo que foi suposto de modo vago pelos pagãos foi trabalhado mais plenamente pelas mais ousadas e esclarecidas mentes entre os filósofos. Eles exergaram algo sobre o homem que o tornava mais do que um boi ou um cavalo. Perceberam o governo moral de Deus no mundo e, à medida que viam os perversos prosperarem e os justos serem afligidos, eles disseram: "Deve haver um outro estado no qual o GRANDIOSO E JUSTO retificará todos esses males — recompensando os justos e condenando os perversos". Pensavam que isso provava que haveria outra vida. No entanto, não podiam falar com confiança, pois a razão, independentemente de quão corretas estejam as suas inferências, não satisfaz o coração ou oferece "a certeza de coisas que se esperam, a convicção de fatos que se não veem". Isso é reservado à fé.

A melhor luz que possuíam os pagãos não era senão um crepúsculo. Mas, ainda assim, havia luz suficiente na obscuridade deles a ponto de verem além da correnteza da morte e pensar ver sombras como sendo das criaturas que uma vez viveram aqui e não podiam mais morrer. Aquilo que foi presumido e suspeitado pelos grandes pensadores da antiguidade foi trazido à luz no evangelho de Jesus Cristo. Ele declarou para nós que viveremos novamente, que haverá um julgamento e uma ressurreição tanto dos justos quanto dos injustos e que está reservada aos justos uma recompensa que não terá fim; ao passo que os perversos serão levados ao banimento para o qual não haverá encerramento. Não fomos deixados a especular ou nos apoiar somente na razão pura. Foi-nos dito acerca da autoridade de Deus, às vezes pelos lábios dos profetas e outras pelos lábios de Seu próprio Filho amado, ou por Seus apóstolos inspirados, de que há um mundo por vir, um mundo de terrores para os ímpios, porém um mundo de prometidas bênçãos para os justos.

Meu querido ouvinte, se for realmente assim, qual será o mundo que virá a você? Herdará a *promessa*? Você pode facilmente responder a essa pergunta, respondendo a outra: você tem a piedade? Se sim, terá a promessa da vida vindoura. Você é um ímpio? Vive sem Deus? Está sem fé em Deus, sem amor a Ele, sem o reverenciar? Está sem o perdão que Deus apresenta aos que creem em Cristo Jesus? Então, permanece sem esperança, e o mundo por vir não tem nada para você senão um temeroso aguardo pelo julgamento e pela feroz indignação que o devorará.

1. A PIEDADE RELATIVA À VIDA QUE HÁ DE SER POSSUI UMA PROMESSA ÍMPAR E INCOMPARÁVEL.

Digo uma promessa ímpar, pois, observem, *a infidelidade não faz promessas de uma vida vindoura*. É atividade expressa da infidelidade negar que exista tal vida e dissipar todo o consolo que pode ser prometido quanto a ela. O homem é como um prisioneiro encerrado em sua cela, um cárcere sombrio e desprovido de alegria, com exceção de uma janela através da qual ele pode observar uma gloriosa paisagem.

A infidelidade vem como um demônio para dentro dessa cela e, com mãos desesperadas, bloqueia a janela, para que o homem permaneça para sempre nas trevas ou, quando muito, tenha a vangloriosa luz de uma centelha chamada de pensamento livre. Tudo o que a infidelidade pode lhe dizer é que ele morrerá como um cão. Entretanto, há um bom prospecto para o homem que sente a eternidade pulsando em seu espírito! Sei que não morrerei como os animais que perecem, e deixe que proponham a teoria que quiserem. Minha alma se enoja e se volta disso com desgosto. Tampouco seria possível perverter, por meio dos argumentos mais ilusórios, os instintos de minha natureza quanto a me convencer de que morrerei desse modo e que minha alma, como a chama de uma vela consumida, será apagada em aniquilação final.

O íntimo do meu coração se revolta diante dessa degradante calúnia, ele sente uma nobreza inata que não lhe permitirá ser contado com as feras do campo, para morrer, como acontece com aqueles sem esperança. Ó miserável perspectiva! Como os homens podem ser tão fervorosos em proclamar sua própria miséria? Entusiastas da aniquilação! Por que não dizer fanáticos pelo próprio inferno? A piedade tem a promessa da vida que virá, mas a infidelidade não pode fazer mais do que negar a enobrecedora revelação do grande Pai e nos ordenar que nos contentemos com o obscuro prospecto de sermos exterminados e cortados da existência. Vocês, homens que se elevam, que pensam e que são racionais, podem realmente se contentar com os uivantes desertos e sombrios vácuos da infidelidade? Imploro que reneguem a eles pela terra santa do evangelho, onde manam leite e mel, abandonem a extinção e abracem a imortalidade, renunciem ao perecimento e adotem o paraíso.

Novamente, permitam-me observar que essa esperança é ímpar porque *o papismo, em qualquer de suas formas, não pode prometer a vida por vir*. Sei que ele fala tão positivamente quanto o cristianismo sobre o fato de que haverá outra vida, mas não nos fornece promessa quanto a isso, pois qual é a esperança do romanista, até mesmo do melhor deles? Não mencionei anteriormente que temos ouvido, portanto não é calúnia nossa afirmar, sobre missas que são rezadas em favor do repouso da alma dos romanistas mais eminentes? Cardeais distintos por sua instrução, confessores e padres notáveis por seu zelo, até mesmo papas reputados por sua eminente santidade e infalibilidade morreram e foram para algum lugar, não sei onde, mas algum lugar onde necessitaram que os fiéis orassem pelo repouso de sua alma.

Essa é uma perspectiva muito miserável para pessoas comuns como nós. Isso porque, se essas pessoas superlativamente boas ainda estão incertas quanto à sua alma depois de mortas e têm de fato, de acordo com suas próprias declarações, ido para o fogo do purgatório ou para o seu gelo, a fim de serem lançadas — como nos afirmam certos profetas — de icebergs para fornalhas e depois de volta, até que, por algum meio mecânico, espiritual ou qualquer outro, o pecado será consumido pelo fogo ou evaporado deles, eu me inclinaria a me tornar um herege protestante e ir para o Céu de uma vez, como disse certo senhor irlandês, caso o prospecto dos católicos seja tão infeliz.

A piedade tem a promessa da vida que virá, porém é totalmente ímpar por possuir tal promessa. Nenhuma voz do Vaticano soa metade tão doce como aquela de Patmos, a qual aceitamos sem sentir qualquer embaraço: "Então, ouvi uma voz do céu, dizendo: Escreve: Bem-aventurados os mortos que, desde agora, morrem no Senhor. Sim, diz o Espírito, para que descansem das suas fadigas, pois as suas obras os acompanham". Nosso pesar pelos que partiram não é amargurado pela ausência de esperança, visto que cremos que "Deus, mediante Jesus, trará, em sua companhia, os que dormem". Nem a superstição, por um lado, ou a incredulidade, por outro, ousariam oferecer uma promessa de uma vida futura.

Nenhum sistema baseado no mérito humano dará aos seus devotos uma promessa de vida vindoura, à qual eles possam se apegar e ter certeza. Nenhum presunçoso se aventurará a falar da certeza que a fé traz, na verdade, ele a denunciará como presunção. Ele sente que seu próprio alicerce é inseguro, portanto, suspeita da confiança dos outros como sendo tão vazia como a sua própria. Vive entre a esperança e o medo, uma vida sem alegria e insatisfeita. Ao passo que o crente em Jesus, sabendo que não há condenação para ele, aguarda a hora de sua entrada no Céu com feliz expectativa. Aquilo que nunca é prometido à justiça imaginária do homem é assegurado a todos que possuem a justiça de Cristo Jesus. "Vinde, benditos" é sua assegurada saudação, para estar com Jesus, sua porção eterna.

A piedade tem o monopólio da promessa celestial quanto a um futuro bendito. Não há nada debaixo do exaltado Céu para o qual essa promessa tenha sido concedida por Deus alguma vez, ou do qual essa promessa possa ser suposta. Vejam os vícios, por exemplo; o que eles lhes oferecem com seus falsos prazeres? Oferecem prazer na vida atual, mas, quando eles falam, vocês podem detectar a mentira em sua face, visto que, até mesmo nessa vida, os vícios lhes trazem apenas uma rápida intoxicação, seguida por aflição e vermelhidão nos olhos.

É verdade que ele sacia com doçura, porém tudo o que há em sua mesa é vômito; a saciedade é seguida pela glutonaria; a insatisfação vem com o descontentamento, e a ira; o remorso e a tristeza seguem em seu encalço como cães de caça. O vício não declara, jamais teve o descaramento de dizer: "Pratiquem o mal e vivam em pecado e, como consequência, receberão a vida eterna". Não, o teatro e suas portas não proferem sobre vocês a vida eterna; ele os convida para o abismo. A casa de maldosas comunicações, o local dos ébrios, os lugares de ajuntamento dos escarnecedores, a câmara da mulher estrangeira — nada disso jamais ousou propagandear a promessa da vida eterna, como entre os estampidos que podem tentar seus devotos. O máximo que o pecado pode oferecer são bolhas e lançá-las ao ar. Os prazeres desaparecem e o que é deixado é a calamidade. Até mesmo deste lado do túmulo, o vazio da alegria pecaminosa é claro a todos, com exceção dos mais superficiais. E disse verdade aquele que cantou com relação aos deleites mundanos

> *Eles sorriem, mas para o quê? E por quanto tempo?*
> *Sua alegria é em parte ignorância e em parte mentira;*
> *Para enganar o mundo e a si mesmos, eles sorriem.*
> *Ambas as tarefas são árduas! Os mais perdidos creem*
> *Que os outros, se perdidos, ficarão arrasados.*
> *Então, quando sua razão desperta neles mesmos,*
> *Quão penosos são seus júbilos!*
> *Engolem sua efervescente ira com grande esforço,*
> *Com dificuldade reúnem paciência para apoiar sua farsa,*
> *E irrompem em riso triste até que a cortina se feche.*
> *Com dificuldade, disse eu? Alguns não suportam aguardar*
> *E, com suas próprias audazes mãos, a cortina cerram.*
> *Mostrando-nos, em seu desespero, as suas alegrias o que são.*

Se é tal o fracasso do júbilo dos tolos deste lado da eternidade, de quais benefícios ele provará na eternidade?

Do mesmo modo, outras coisas não pecaminosas em si não trazem a promessa da vida que virá anexada a elas. Por exemplo, *a linhagem*. O que não dariam alguns homens em troca de, por algum meio, traçar sua ancestralidade a um nobre cruzado ou a um cavaleiro normando, do qual se reporta ter estado na batalha de Hastings?[102] Ainda assim, não há, em qualquer lugar do mundo, a promessa de vida eterna para laços sanguíneos e de linhagem. "...pois, em morrendo, nada levará consigo, a sua glória não o acompanhará. Ainda que durante a vida ele se tenha lisonjeado, e ainda que o louvem quando faz o bem a si mesmo, irá ter com a geração de seus pais, os quais já não verão a luz".

---

[102] Conflito entre os exércitos do duque Guilherme II, da Normandia, contra o exército do recém-aclamado rei Haroldo II, anteriormente duque de Wessex, em 14 de outubro de 1066. Vencida pelos normandos, essa batalha definiu a sucessão ao trono da Inglaterra.

Genealogias e linhagens são coisas pobres. Se traçarmos a nós mesmo até longe o suficiente, veremos que todos descendemos daquele pecador desnudo que tentou cobrir sua vergonha com folhas de figueira e deveu sua primeira verdadeira vestimenta à caridade do Céu a quem ofendera. Deixem que a linhagem percorra até a descendência dos reis, sim de reis poderosos, e que cada um de nossos ancestrais tenha sido honorável por sua dignidade, mesmo assim nenhum homem alegará que a vida eterna esteja assegurada por causa disso! Ah, não, os reis se deterioram do mesmo modo que os escravos, e o herói é devorado pelos vermes como se tivesse sido apenas um guardador de porcos do seu tempo. E a chama inextinguível queima igualmente um conde, um duque e um milionário, bem como um servo e um camponês.

E é igualmente certo que não é concedida à *riqueza* nenhuma promessa de vida futura. Os homens a acumulam e ajuntam, guardam-na e a selam formando vínculos e acordos, como se pudessem levar algo consigo. Todavia, quando ganharam o máximo que podiam, descobrem que as riquezas não têm a promessa até mesmo para esta vida, pois ela dispensa pouco contentamento àqueles que a possuem. "O seu pensamento íntimo é que as suas casas serão perpétuas e, as suas moradas, para todas as gerações; chegam a dar o seu próprio nome às suas terras. Não obstante, o homem não permanece em sua ostentação...".

Quanto à vida vindoura, há alguma suposta ligação entre os milhões da riqueza de um miserável e a glória que será revelada futuramente? Não, porém quanto mais um homem viver para este mundo, tanto mais ele será amaldiçoado. Ele diz: "destruirei os meus celeiros, reconstrui-los-ei maiores", mas Deus o chama de tolo, e um tolo ele é, pois, quando sua alma lhe for requerida, o que serão essas coisas que ele preparou? Não, vocês podem dominar as Índias se quiserem, podem buscar incluir em suas propriedades todas as terras que conseguirem avistar ao longe, mas não estarão sequer mais perto do

Céu quando alcançarem o ápice de sua avareza. Não há promessa de vida vindoura nas buscas da usura e da cobiça.

Também não há tal promessa nas *realizações pessoais e na beleza*. Quantos vivem em função dessa pobre forma corporal que têm, que logo se desfará em pó! Vestir-se, adornar-se, conquistar o olhar de um admirador, satisfazer o gosto público, seguir a moda! Certamente um objetivo de vida mais frívolo do que esse jamais ocupou uma alma imortal. Parece tão estranho quanto se um anjo devesse recolher margaridas ou assoprar bolhas de sabão. Um espírito imortal vive para vestir o corpo! Maquiar-se, pintar o cabelo, exibir uma fita, expor um broche, é essa a busca de um imortal? Mas milhares de pessoas vivem em função de pouco mais que isso.

Contudo, ah! Não há promessa de vida vindoura que acompanhe a beleza mais nobre que alguma vez fascinou o olhar humano. Muito abaixo da pele há uma beleza que é admirada no Céu. Com relação à formosura terrena, como o tempo, a morte e o verme, todos juntos, a destroem completamente! Peguem aquele crânio ali, que acabou de ser revirado pela pá do descuidado sacristão,[103] "Vai agora aos aposentos da senhora e dize-lhe que, embora se retoque com uma camada de um dedo de espessura, algum dia ficará deste jeito...".[104] Todas as suas vestes terminarão em uma mortalha e todos os seus banhos e seus elegantes ornamentos somente farão dela um pedaço mais doce para os vermes. Não há promessa de vida vindoura que venha para essas frivolidades, assim sendo, por que desperdiçam seu tempo e degradam sua alma com elas?

Tampouco é concedida a promessa da vida que há de ser *às mais elevadas realizações*. Por exemplo, a aquisição da instrução ou daquilo que frequentemente coloca os homens em posição tão boa quanto a erudição, a saber, a inteligência, não traz consigo a promessa de

---

[103] As igrejas antigas no hemisfério norte normalmente tinham um cemitério em seu quintal, por isso a referência a um sacristão remexendo o terreno.

[104] Da peça *Hamlet*, Ato 5, cena 1, de autoria de William Shakespeare.

felicidade futura. Se alguém for inteligente, se puder escrever histórias interessantes, se conseguir esboçar a moda atual, se puder produzir poesia que sobreviverá entre seus companheiros, não importará, se sua caneta nunca tiver escrito uma linha por Cristo e se jamais tiver pronunciado uma frase que poderia levar um pecador à cruz. Embora seu trabalho não tivesse objetivos para além desta vida e não tivesse honrado ao Deus do evangelho, até mesmo cristãos professos cairão aos pés desse homem e, quando ele morrer, o canonizarão como santo, quase adorando-o como um semideus.

Considero que o mais humilde cristão, embora apenas consiga proferir sua confissão de fé de modo tártaro, é muito mais nobre do que aquele que possui a genialidade de um Byron[105] ou a grandeza de um Shakespeare,[106] que usaram seus dez talentos apenas para si mesmos e para outros homens, mas nunca os consagraram ao grande Mestre, a quem pertence todo o crédito por esses talentos.

Não, não há promessa da vida está por vir ao filósofo, ao estadista, ou ao poeta, tampouco ao literário. Eles não têm preferência diante do Senhor, nenhum dom pode salvá-los, somente a graça. De forma humilde, penitente e crendo, eles precisam encontrar a promessa da vida eterna na piedade. E, caso não possuam a piedade, não encontrarão a promessa em qualquer outro lugar. A piedade possui essa promessa, digo, e nada mais. Quando estive na Itália, vi uma grande cruz em um cruzamento de ruas, como você frequentemente vê naquele país. Nela estavam as seguintes palavras, que não vi com regularidade em uma cruz antes disso: *Spes unica* — a única esperança, a esperança ímpar, a única esperança da humanidade. Assim, digo-lhes que na cruz de Cristo está gravado neste dia "*Spes unica*" — a única esperança para o homem. "...a piedade [...] tem a promessa da vida que agora é e da que há de ser". No entanto, a nada mais em qualquer

---

[105] Lord Byron (1788–1824), poeta inglês e ícone do romantismo.
[106] William Shakespeare (1564–1616), poeta e dramaturgo inglês. Considerado uma das figuras mais importantes da literatura inglesa.

lugar — quer a procurem nas montanhas ou nas planícies, sobre a terra ou no mar — a nada mais foi concedida a promessa, senão apenas à piedade.

2. Seguirei para notar, em segundo lugar, que A PROMESSA CONCEDIDA À PIEDADE É TÃO COMPLETA QUANTO ÍMPAR.

Nesta ocasião, não tenho tempo para discorrer sobre todas as promessas concernentes à vida por vir, que pertencem à piedade. Quem fará um inventário quando o tesouro é ilimitado, ou mapeará a terra que não tem fronteiras? Será suficiente se eu apenas lhes fornecer a epígrafe deste grande tema. Essa promessa é assim. O piedoso, a menos que Cristo volte, morrerá como os demais quanto à matéria exterior, mas a sua morte será muito diferente em sua essência e significado. Ele passará suavemente deste para o outro mundo e, depois, começará a perceber a promessa que a piedade lhe concedeu, pois entrará, ou melhor, terá entrado na vida eterna que é muito diferente daquela que pertence aos demais.

A vida do cristão jamais será destruída. "…porque eu vivo, vós também vivereis", diz Cristo. Não há temor de que o cristão possa envelhecer no Céu, ou de que suas forças venham a falhar. A juventude eterna será para aqueles que usam a incorruptível coroa da vida. Aquele Sol ali se tornará negro como o carvão, aquela Lua minguará até que seus pálidos raios não possam mais ser vistos, as estrelas cairão como figos murchos, até mesmo essa Terra, que chamamos de estável usando a terminologia *terra firma*, será enrolada, juntamente com aquele céu, como uma vestimenta desgastada e será colocada de lado entre as coisas que passaram e já não existem mais. Tudo que pode ser visto é como um fruto com um verme em seu pomo, uma flor destinada a fenecer. Porém aquele que crê viverá para sempre, sua vida será coeva com os anos do Altíssimo. Deus vive para sempre e eternamente, e assim será com cada alma piedosa. Tendo Cristo concedido a alguém a vida eterna, ele é um com Jesus e, do mesmo modo como Jesus vive para sempre, ele também viverá.

No momento da morte, o cristão começará a desfrutar dessa vida eterna em forma de maravilhosa felicidade na companhia de Cristo, na presença de Deus, na sociedade dos espíritos desencarnados e dos santos anjos. Digo-lhes em um momento, visto que, no caso do ladrão que morria ao lado de Jesus, aprendemos que não haverá interrupção na estrada da Terra para o Céu —

Um gentil sussurro seus grilhões rompe
Nem bem se consegue dizer: "Ele morreu!",
Antes que o espírito, de boa vontade, tome
Sua mansão junto ao trono de Deus.[107]

Com diz Paulo? "...deixar o corpo", mas mal dá tempo de proferir isso quando ele acrescenta "e habitar com o Senhor". Os olhos são fechados na Terra e abertos no Céu. Eles perdem sua âncora e, imediatamente, chegam ao almejado Céu. Quanto tempo durará esse estado de alegria desencarnada não nos cabe saber, mas em pouco tempo, quando chegar a plenitude dos tempos, o Senhor Jesus consumará todas as coisas pela ressurreição desses corpos. A trombeta soará e, da mesma forma como o corpo de Jesus Cristo ressuscitou dos mortos como o primogênito, também nós ressuscitaremos, cada homem por sua própria vez. Ressuscitados pelo poder divino, nossos corpos serão reunidos à nossa alma para viverem com Cristo. Serão ressuscitados, no entanto, não como para serem colocados na sepultura para dormir, mas em uma imagem mais nobre.

Os corpos são semeados como a murcha semente, porém levantar-se-ão como as belas flores que decoram nossos jardins no verão.

---

[107] Tradução livre do hino *The dead who die in the Lord* (Os mortos que morreram no Senhor), de Isaac Newton.

Plantados com um bulbo amorfo e não atrativo, para se desenvolver em glória semelhante à do amável lírio com seu cálice branco como a neve e pétalas douradas. "…ainda não se manifestou o que haveremos de ser. Sabemos que, quando ele se manifestar, seremos semelhantes a ele, porque haveremos de vê-lo como ele é". Venha, minha alma, que maravilhosa promessa é-lhe concedida quanto a essa vida vindoura na Palavra de Deus! Eu disse uma promessa para minha alma? Uma promessa para meu corpo também. Essas dores e sofrimentos terão retribuição, essa fadiga e essas enfermidades terão recompensa. O corpo se reunirá à alma, da qual se separou com muito pesar, e esse casamento será ainda mais jubiloso porque eles nunca mais se divorciarão. Então, em corpo e alma tornados perfeitos, virá a plenitude de nossa felicidade.

Todavia, não haverá um julgamento? Sim, haverá certamente um julgamento, e, se não for um julgamento em um cenário cerimonial estabelecido para os justos, como pensam alguns, certamente haverá um julgamento em espírito. Porém, há esta promessa a vocês que são piedosos: vocês não terão nada a temer no dia do julgamento, uma vez que comparecerão a ele carregando em seu peito o perdão comprado por meio do sangue para ser exibido diante do trono do Juiz. Irão àquele julgamento para que seja proclamado aos homens, aos anjos e aos demônios que "nenhuma condenação há para os que estão em Cristo Jesus". Ninguém poderá lançar qualquer acusação sobre aqueles por quem Jesus Cristo morreu e a quem o Pai justificou.

Vocês não precisam temer o julgamento, não precisam temer a conflagração do mundo ou qualquer outro terror que ocorrerá por ocasião da volta de Cristo como um ladrão à noite. Vocês possuem a promessa da vida que é e aquela que há de ser. Ouçam-me, vocês têm a promessa de que desfrutarão para sempre da alta dignidade de serem sacerdotes e reis para o Senhor. Vocês, filhos da provação, e vocês, filhas da pobreza, serão companheiros no Céu, serão cortesãos do Príncipe Imperial, sendo vocês mesmos príncipes de sangue real.

Usarão sobre sua cabeça uma coroa, suas mãos carregarão as palmas do triunfo. E, como serão da realeza, terão companhia adequada à sua condição.

O antro dos mundanos, a sinagoga de Satanás,[108] estará longe de vocês. Não mais peregrinarão em Meseque ou habitarão nas tendas de Quedar.[109] Não haverá conversas inúteis para os irritar ou blasfêmias para serem infligidas a seus ouvidos. Ouvirão as canções dos anjos e, do mesmo modo que eles o encantarão, você os encantará ao tornar conhecida a multiforme sabedoria de Deus. Os homens mais santos e excelentes, que foram redimidos pelo precioso sangue de Jesus, terão comunhão com vocês e, melhor de tudo —

Aquele que no trono reina
Eternamente o alimentará;
Guiá-lo-á à fonte de água viva,
E com a árvore da vida o susterá.[110]

Vocês terão comunhão ininterrupta com Deus e com o Seu Cristo. Como será arrebatadora essa alegria, é algo que poderemos experienciar mais do que imaginar. A comunhão com Jesus aqui, neste plano, nos eleva acima do mundo. Todavia ainda não penetrou no coração do homem quais serão seus deleites nos Céus desanuviados de uma comunhão face a face.

Ouçam-me um pouco mais, amados. Vocês terão uma ocupação mais apropriada. Não sei o que terão de fazer no Céu, mas sei que está escrito: "Os seus servos o servirão, contemplarão a sua face, e na sua fronte está o nome dele". Eles o servirão dia e noite em Seu

---

[108] Conforme Apocalipse 3:9

[109] Conforme Salmo 120:5. Crê-se que Meseque fique na atual Turquia, e Quedar, no norte da Arábia Saudita. O significado no contexto do Salmo é estar exilado em terras distantes de Israel, o único lugar em que a presença de Deus estava.

[110] Tradução livre do hino *Who are these arrayed in white?* (Quem são estes trajados de branco?), de Charles Wesley.

Templo. Vocês não ficariam felizes se não tivessem uma ocupação. Mentes criadas como a que vocês têm não encontrariam descanso senão sobre as asas; atividades deleitosas e honrosas lhes serão atribuídas, adequadas à sua capacidade aperfeiçoada.

Contudo, percebam, vocês terão descanso tanto quanto serviço. Nenhuma onda de problemas rolará sobre seu peito cheio de paz. Vocês banharão para sempre sua alma nos oceanos de alegre descanso — sem preocupação, temor, desejo não satisfeito, pois todos os seus desejos serão saciados e todas as suas expectativas cumpridas. Deus será sua porção, o infinito Espírito seu amigo, e o abençoado Cristo seu irmão mais velho. Entrarão no gozo celestial, que não conhece limites, de acordo com as palavras de Jesus: "entra no gozo do teu senhor".

Todas essas coisas e infinitamente mais do que minha boca pode dizer a vocês são suas eternamente, sem que haja o receio de o perder ou o terror de morrer em meio a isso. "Nem olhos viram, nem ouvidos ouviram, nem jamais penetrou em coração humano o que Deus tem preparado para aqueles que o amam." Todo o reino que o Pai preparou e o lugar que o Filho propiciou é de vocês, ó cristãos, por meio da promessa do Senhor, pois "aos que justificou, a esses também glorificou". A promessa vem com a piedade, e, se vocês tiverem piedade, não há nada de alegria celestial, de honra, de descanso e paz que não lhes pertença, visto que a piedade tem a promessa em si, e a promessa de Deus jamais falha.

Vejo os justos imortais
Entrar aos benditos assentos;
A glória abre seus expectantes portais,
E o trem do Salvador os admite em seu alento.

Todos os que são pelo Pai escolhidos
Todos por quem foi morto o Cordeiro,

Todos os santos surgem reunidos,
Com seus pecados lavados por inteiro.

Com o Seu sorriso, todo o lugar ilumina
Mais do que qualquer Sol poderia;
Sua presença a toda parte domina,
Imutável, mas sempre extraordinária.

Bendito estado! Além da imaginação!
Quem poderá de seus vastos júbilos falar?
Que seja essa minha alegre porção,
Lá, com meu Salvador, poder habitar.

Talvez dentro dos próximos dez minutos possamos chegar lá! Quem sabe? Eu tenho dito, em parte: "Que Deus me conceda que assim seja!". Sem dúvida muitos espíritos anelantes ficariam felizes em terminar em tão pouco tempo a cansativa jornada da vida e descansar na casa do Pai.

3. Muito brevemente agora considerarei outro ponto. Já lhes demonstrei que a promessa ligada à piedade é ímpar e completa, agora veremos que ELA É GARANTIDA.

"A piedade tem a promessa" é o mesmo que dizer que *ela tem a promessa de Deus*. E a promessa divina é mais firme do que os montes. Ele é Deus e não pode mentir. Jamais retirará a promessa ou a deixará sem cumprimento. Ele é imensamente sábio para proferir uma promessa precipitada e poderoso demais para não poder cumpri-la. "…tendo falado, não o cumprirá?" Muitos milhares para quem essa promessa foi feita já obtiveram uma medida dessa bênção na glorificação de seus espíritos perfeitos. Estamos a caminho do mesmo estado alegre. Alguns de nós estão à beira do rio. Talvez o Senhor volte repentinamente e seremos transformados e aperfeiçoados sem precisar passar pela morte. Que seja como o Senhor quiser, essa não é uma questão que nos perturba. Nossa fé é forte e firme. Temos certeza de que nós também entraremos no descanso que permanece e, com toda a multidão dos lavados pelo sangue, adoraremos, em êxtase e surpresa, o Deus diante de cujo trono depositaremos nossas coroas!

4. Entretanto, não me demorarei nisso, pois trago um quarto pensamento. Essa é UMA PROMESSA PRESENTE.

Vocês devem ter notado o tempo presente em "tem a promessa". Isso não quer dizer que, após algum tempo, terá a promessa, senão que a piedade tem a promessa agora, neste exato momento. Meu querido ouvinte, se você é piedoso, ou seja, se você se submeteu ao caminho divino para a salvação, se confia em Deus, se o ama, se o serve, se for um convertido de fato, você tem a promessa da vida que há de ser.

Quando recebemos a promessa de um homem em quem confiamos, sentimo-nos bem despreocupados quanto ao tópico em questão. Uma ordem de pagamento proveniente de muitas empresas de Londres seria considerada ouro a qualquer dia. E, certamente, quando Deus concede a promessa, ela é segura e é correto que a aceitemos como se fosse o próprio cumprimento, pois ela é muito assegurada. Temos a promessa, que comecemos a cantar acerca dela. Mais ainda, temos uma parte de seu cumprimento, visto que Cristo diz: "Eu lhes dou a vida eterna". Não deveríamos entoar canções com relação a ela? Creia em Jesus e terá a vida eterna agora mesmo.

Não haverá uma nova vida a lhe conceder depois da morte. Você a tem neste instante, ó cristão, o germe que há dentro de você se desenvolverá até a vida gloriosa do alto. A graça é a glória em botão. Você tem o zelo do Espírito, já possui a porção da promessa que é concedida à piedade. O que precisa fazer é viver *agora* no gozo dessa promessa. Não podem desfrutar do Céu, pois vocês não estão lá, mas podem desfrutar a promessa desse Céu. Muitas amadas criancinhas, se tiverem a promessa de um doce para o prazo de uma semana, ficarão saltitantes entre seus amiguinhos, tão felizes quanto uma cotovia. Elas ainda não possuem o doce, mas o aguardam. Fiquei sabendo que os menininhos e menininhas de nossa Escola Dominical, quando sabem que irão ao campo, ficam, meses antes, tão felizes como se os dias se alongassem, só na expectativa daquele pequeno prazer. Certamente vocês e eu deveríamos ser como crianças o suficiente para começarmos a nos alegrar no Céu, que em breve será nosso. Sei que amanhã alguns de vocês trabalharão arduamente, mas poderão cantar —

Este não é meu lugar de descanso,
Minha é a cidade por vir;
Apresso-me para este remanso —
Até o lar eterno atingir.[111]

Talvez vocês tenham de lutar as batalhas deste mundo e as acharão muito austeras. Ó, mas poderão cantar mesmo agora sobre o ramo de palma e sobre a vitória que os aguardam. E, à medida que fitarem a coroa que Cristo lhes preparou, sentir-se-ão em paz, mesmo em meio ao ardor da luta. Quando um viajante que há muito está longe retorna para casa, pode ser depois de andar muitos quilômetros, ele enfim chega ao topo da colina de onde pode ver a igreja da cidadezinha e vislumbrar a pequena paróquia. Ele fita por um instante e, enquanto olha repetidamente, diz a si mesmo: "Sim, lá está a rua principal, e acolá está a esquina da antiga pousada, e ali, sim, ali está o frontão da velha casa". Embora seus pés possam estar calejados, o caminho tenha sido longo e o suor possa estar pingando de seu rosto, ainda assim ele reúne coragem diante da visão do lar. O último quilômetro colina abaixo logo terminará, pois ele está visualizando sua

---

[111] Tradução livre do hino *This is not my place* (Este não é o meu lugar) de Horatius Bonar.

muito amada casa. Cristãos, vocês podem vê-lo, podem ver a terra santa de cima do Nebo[112] agora mesmo —

Quão próximos,
Aos olhos que contemplam ao longe,
Parecem os áureos portões!

Quando os cruzados avistaram Jerusalém pela primeira vez, embora tivessem diante de si uma árdua batalha, antes que pudessem vencê--la, caíram em êxtase ante a visão da cidade sagrada. E, não dizemos nós: "Soldados da cruz, meus companheiros de cruzada na guerra santa da justiça, vocês não cantarão à vista da glória vindoura? —

Ó, Jerusalém, meu doce lar,
Quisesse Deus eu estivesse em teus portais!
Quisesse o Senhor meu sofrimento findar,
Para contemplar tuas glórias eternais![113]

Quando os bravos soldados, sobre quem nos conta Xenofonte,[114] finalmente avistaram o mar do qual estiveram apartados por muito tempo, clamaram em alta voz: "Thallasse! Thallasse!", "O mar! O mar!". E nós, embora a morte esteja entre nós e a melhor terra, ainda assim podemos ver além dela e contemplar —

Os doces campos além das correntezas agitadas
Arranjados em vívido verdejante.[115]

---

[112] Monte de onde Moisés avistou a Terra Santa e onde morreu, conforme Deuteronômio 34:1-5.

[113] Tradução livre do hino *O mother dear Jerusalem* (Ó, amada mãe Jerusalém) de Alexander R. Reinagle.

[114] Xenofonte (430–355 a.C.) foi um filósofo, historiador e general grego que lutou em um dos conflitos entre Esparta e Atenas. Era discípulo de Sócrates.

[115] Tradução livre do hino *On Jordan's stormy banks* (Às agitadas margens do Jordão) de Samuel Stennett e George Frederick Root.

E, bendito seja Deus, porque uma visão daquilo que ainda será revelado alivia os fardos dessa vida à medida que marchamos em direção à glória. Ó, vivam, vivam no antegozo do Céu. Permitam que o mundo veja que

Só o pensar em tal maravilhosa alegria
Constante júbilo cria.[116]

5. Por último. Essa promessa ligada à piedade é MUITO NECESSÁRIA.

Ela é imprescindível, pois, *se eu não tiver promessa da vida que há de ser, onde estou? Onde estou? E onde estarei? Onde estarei?* Sei que vivo, e sei que devo morrer; e, se tudo isso é tão verdadeiro quanto me diz esse velho Livro, o Livro de minha mãe, de que haverá um porvir, se eu não tiver piedade, então aquele dia será de tormento para mim! Ó, quanto desejo a promessa da vida que há de ser, uma vez que, se eu não a tiver, *terei maldição como vida vindoura*. Não posso morrer, Deus fez minha alma imortal. Até mesmo o próprio Deus não me aniquilará, pois lhe aprouve me criar como um espírito imortal, portanto devo viver para sempre. Há alguns que dizem que — e creio que essa doutrina é repleta de inúmeros perigos para a alma humana — Deus criou o homem naturalmente mortal e a alma pode ser extinta. Eles prosseguem ensinando que os pecadores viverão após a morte com o propósito de serem atormentados por um tempo maior ou menor e, por fim, serão aniquilados. Que Deus é esse que daria a eles uma vida que não necessitam apenas para que Ele possa atormentá-los!

Não conheço tal Deus. No entanto, AQUELE a quem adoro, em Sua infinita bondade, concedeu à humanidade uma bênção

---

[116] Tradução livro do hino *Marching to Zion* (Marchando para Sião) de Isaac Watts e Robert Lowry.

maravilhosa — a imortalidade. E, se você, meu ouvinte, escolher torná-la em uma maldição eterna, a culpa será sua, não do Deus que lhe concedeu a imortalidade a qual, uma vez que você creia no Salvador designado, será para você uma eternidade de alegria. Vocês já passaram por todas as relembranças de que são seres imortais e, se morrerem sem a esperança em Cristo, haverá apenas isto para vocês: prosseguir pecando no outro estado da mesma forma como prosseguem pecando neste. Porém, não extrairão qualquer prazer do pecado, como acham que extraem algumas vezes aqui. Pelo contrário, serão torturados pelo remorso por ele e perturbados com furiosas paixões em pensar que não poderão ter o que desejam, paixões que os levarão a lutar ainda mais contra o seu Deus e que consequentemente ampliarão seu sofrimento.

O verme que nunca morre[117] será seu próprio ódio a Deus. O fogo que jamais será extinto é provavelmente as chamas de sua própria insaciável cobiça pelo mal. Não digo que não haverá dores corporais, mas o resultado natural do pecado é o mais profundo inferno para a alma. O pecado os tornou infelizes nesta vida. Ele amadurecerá, aumentará quando tudo o que o restringe for retirado, seu verdadeiro caráter se desenvolverá e, com esse desenvolvimento, virá o crescimento da perversidade. Separados da companhia dos justos e colocados entre os maldosos, vocês irão de mal a pior, e cada passo no crescimento do pecado pedirá um aumento no tormento.

Não é verdade que Deus os punirá por mero capricho. Ele ordenou, e foi muito justo em ter assim ordenado, que o pecado traria punição sobre si mesmo, que o pecado seria o próprio tormento e a própria angústia. O pecado lhes será a morte que nunca acaba. Assim sendo, vocês morrerão? Morrerão? Por amor ao pecado trarão sobre si uma eternidade de pecado, uma eternidade de sofrimento? Voltem-se para Cristo. Oro para que o Seu Espírito os converta. Venham agora, venham agora mesmo e agarrem a vida eterna!

---

[117] Conforme Marcos 9:44

Enquanto prego a vocês nesta manhã, estou pensando a meu próprio respeito e voltarei minhas considerações a mim e a qualquer um que seja pregador ou mestre e que procura fazer o bem aos outros. Metade da cidade de Hamburgo foi incendiada anos atrás e, entre os incidentes que ocorreram, aconteceu o seguinte: uma casa grande tinha um grande quintal no qual havia um cão preto que começou a latir e uivar furiosamente no meio da noite. Foi apenas pelos seus latidos que a família acordou a tempo de escapar das chamas, e assim suas vidas foram poupadas. Porém, o pobre cão estava acorrentado a seu canil e, embora tenha latido e dessa forma salvado a vida dos outros, ele mesmo foi consumido pelo fogo. Ó, vocês que trabalham por Deus nessa igreja, não pereçam deste modo! Não permitam que seus pecados os agrilhoem de forma que alertarão os outros e vocês mesmos acabarão por perecer. Cuidem de ter a piedade que traz a promessa da vida que há de ser.

Agora, vocês que realmente desejam encontrar a piedade, lembrem-se: ela é recebida em Cristo e somente nele. Três semanas atrás eu estava em Windermere em um dia quente e poeirento e vi uma nascente de água e uma concha presa a uma corrente, para que os passantes pudessem beber. Eu queria beber água e fui até lá, mas a concha estava rachada em toda a sua extensão e bastante enferrujada. Assim, ela não reteria uma gota sequer da água, e nem a água, se pudesse ser retida pela concha, seria adequada para se beber. Há modos de salvação que são escolhidos por alguns que são igualmente enganosos. Eles zombam do viajante. Mas, ó, meu Senhor e Mestre Jesus Cristo é um rio de misericórdia, profundo e largo. Vocês precisam apenas se inclinar e beber e podem sorver tanto quanto desejarem, pois ninguém os impedirá. Vocês não têm esta palavra como garantia: "Aquele que tem sede venha, e quem quiser receba de graça a água da vida"?

Permita Deus que seu coração venha a crer no evangelho de Jesus, por amor a Cristo.

9

A RECOMPENSA DOS JUSTOS[118]

*Quando vier o Filho do Homem na sua majestade e
todos os anjos com ele, então, se assentará
no trono da sua glória; e todas as nações serão reunidas
em sua presença, e ele separará uns dos outros,
como o pastor separa dos cabritos as ovelhas; e porá as
ovelhas à sua direita, mas os cabritos, à esquerda; então,
dirá o Rei aos que estiverem à sua direita:
Vinde, benditos de meu Pai! Entrai na posse do reino
que vos está preparado desde a fundação do mundo.
Porque tive fome, e me destes de comer; tive sede,
e me destes de beber; era forasteiro, e me hospedastes;
estava nu, e me vestistes; enfermo, e me visitastes;
preso, e fostes ver-me.* (Mateus 25:31-36)

É extremamente benéfico para nossa alma que ela se eleve acima deste mundo mau para algo mais nobre e melhor. Os cuidados desta Terra e a fascinação das riquezas conseguem sufocar qualquer bem dentro de nós deixando-nos inquietos, desanimados e, talvez, orgulhosos e carnais. É bom que aparemos esses espinhos, pois a semente celestial lançada entre eles provavelmente não produzirá uma colheita. Não conheço melhor foice para os podar do que pensarmos sobre o reino porvir. Nos vales da Suíça, muitos habitantes apresentam deformações e são de pequena estatura. Todos apresentam uma aparência enferma devido à atmosfera nociva, fechada e estagnada. As pessoas atravessam aquelas localidades o mais rápido possível e ficam gratas por escapar delas. Lá nas montanhas, você encontrará uma raça intrépida que respira o ar puro e fresco que sopra da virgem neve dos picos alpinos. Seria salutar para a sua constituição física se os habitantes do vale pudessem deixar com frequência as suas moradias entre os pântanos e as brumas febris para galgar em direção à pura atmosfera dos picos.

É para uma exploração de escalada como essa que eu os convido nesta manhã. Que o Espírito de Deus nos carregue como sobre as asas da águia, para que possamos deixar para trás essas névoas de pavor e as febres de ansiedade, como também todas as perversidades que se reúnem neste vale terreno para alcançar as montanhas das alegrias e bênçãos vindouras onde será nosso deleite habitar no mundo sem fim! Ó, que Deus nos desembarace por um breve momento, que Ele corte as cordas que nos mantêm aqui embaixo e nos permita galgar aos montes! Alguns de nós estão como águias acorrentadas à rocha, com a diferença de que, ao contrário das águias, começamos a *amar* nossas cadeias e detestaríamos, caso isso fosse colocado à prova, tê-las removidas. Que Deus nos conceda graça divina caso não consigamos rapidamente escapar das cadeias da vida mortal quanto ao nosso corpo, mas que o façamos em nosso espírito. E, deixando nosso corpo como um servo no sopé da montanha, que nossa alma, semelhantemente a Abraão, suba ao pico e que lá tenhamos comunhão com o Altíssimo.

---

[118] Este sermão foi pregado no *Metropolitan Tabernacle*, em 21 de janeiro de 1866.

Enquanto eu estiver expondo meu texto, pedirei a sua atenção nesta manhã para, primeiramente, *as circunstâncias que cercam a recompensa dos justos*; em segundo lugar, *a porção deles*; e em terceiro, *as pessoas em si*.

1. Existe MUITO ENSINAMENTO NAS CIRCUNSTÂNCIAS CIRCUNDANTES.

Lemos: "Quando vier o Filho do Homem na sua majestade". Parece que não devemos esperar receber nossa recompensa até aquele dia. Do mesmo modo que o mercenário, devemos completar nosso dia e depois, à noite, receberemos a paga. Muitos cristãos buscam uma recompensa presente para seus labores e, se forem bem-sucedidos, começam a estimá-la tanto como se houvessem obtido seu galardão. Como os discípulos que retornaram dizendo: "Senhor, os próprios demônios se nos submetem", eles se alegram muito exclusivamente na prosperidade presente, ao passo que o Mestre lhes ordenou que não observassem os sucessos miraculosos como sendo sua recompensa, já que esse nem sempre poderá ser o caso. "Não obstante", disse Ele, "alegrai-vos, não porque os espíritos se vos submetem, e sim porque o vosso nome está arrolado nos céus". O sucesso no ministério não é a verdadeira recompensa do ministro de Cristo — é um prenúncio —, porém o salário ainda está no futuro. Vocês não devem considerar os elogios de seus companheiros como um prêmio para a excelência, visto que muitas vezes se depararão com o contrário ao descobrir que as suas melhores ações foram malvistas e suas motivações mal-interpretadas. Se estão buscando seu galardão aqui, devo alertá-los com as palavras do apóstolo: "Se a nossa esperança em Cristo se limita apenas a esta vida, somos os mais infelizes de todos os homens". Outras pessoas recebem seu prêmio; até mesmo o fariseu obtém o seu: "Em verdade vos digo que eles já receberam a recompensa", nós, porém, não temos nada aqui. Ser desprezado e rejeitado pelos homens é a porção do cristão. Entre seus irmãos cristãos, ele nem sempre estará com boa reputação. Não recebemos bondade absoluta e amor puro sequer dos santos. Digo-lhes, se vocês procurarem sua recompensa vindo da noiva de Cristo em si, vocês a perderão. Se esperarem receber sua coroa das mãos de seus irmãos de ministério, que conhecem seus labores e que deveriam se solidarizar com as suas provações, vocês ficarão confundidos. "Quando vier o Filho do Homem na sua majestade", será então o seu tempo de recompensa — não hoje, ou amanhã, nem em qualquer momento neste mundo. Não considerem qualquer coisa que receberem, qualquer honra que venham a obter como sendo o galardão por seus serviços a seu Mestre. Isso está reservado para o tempo em que "vier o Filho do Homem na sua majestade".

Observem com prazer a magnífica pessoa por cujas mãos a recompensa virá. Está escrito: "Quando vier o Rei". Irmãos e irmãs, nós amamos os cortesãos do Rei; regozijamo-nos em sermos contados com eles. Não é algo sem valor prestar serviço Àquele cuja cabeça "Uma vez coroada com espinhos, está agora coroada de glória".[119] Contudo, saber que a tarefa de nos recompensar não será deixada para os cortesãos é um pensamento deveras agradável. Os anjos estarão lá, e os irmãos do Rei também, porém o Céu não foi preparado por eles, tampouco pode ser por eles concedido. Suas mãos não nos entregarão a coroação. Unir-nos-emos às suas canções, mas elas não serão nosso galardão. Nós nos inclinaremos com eles, e eles conosco, todavia não lhes será possível conceder-nos recompensas ou galardões. Aquela coroa estrelada é por demais pesada para que as mãos dos anjos a carreguem, e a bem-aventurança é muito doce para ser pronunciada até mesmo pelos lábios seráficos. O próprio Rei deve dizer: "Muito bem, servo bom e fiel". O que vocês dizem acerca disso, meus queridos irmãos e irmãs? Vocês sentiram-se tentados a olhar

---

[119] Tradução livre do hino *The Head that once was crowned with thorns* (A cabeça uma vez coroada com espinhos), de Thomas Kelly. Sem versão oficial para o português.

para os servos de Deus, para a aprovação do *pastor*, para o olhar amigável de seus pais, para a palavra de recomendação de seu colega de trabalho. A tudo isso vocês valorizam, e não os culpo. Mas todas essas coisas podem desapontá-los, portanto, jamais as considerem como sendo *a* recompensa. Precisam aguardar até o tempo em que o Rei virá, e então, não serão seus irmãos, seus pastores, seus pais ou cooperados, mas será o próprio Rei que lhes dirá: "Vinde, benditos". Como isso torna o Céu doce! Ele será o presente de Cristo. Como isso torna a bem-aventurança duplamente abençoadora! Ela virá de Seus lábios, que gotejam mirra e destilam mel. Amados, é o Cristo que se fez maldito por nós que nos concederá a bênção. Saboreiem isso como um bocado doce sob sua língua.

O caráter com que nosso Senhor Jesus aparecerá é significativo. Jesus será revelado como verdadeiramente "*o Rei*". "Quando o *Rei* vier". Foi a Ele, o Rei, que o serviço foi prestado, portanto, é dele, como Rei, que a recompensa deve vir. Assim, diante do portão levanta-se uma questão de autoexame: "O Rei não recompensará os servos de outro príncipe. Sou eu Seu servo? É minha alegria aguardar na soleira de Seu portão e assentar-me, como Mordecai na corte de Assuero, diante do acesso à Sua porta? Diga, alma, você serve *o Rei*?". Não me refiro aos reis e rainhas da Terra. Que estes tenham servos leais por seus súditos. Contudo, os santos são servos do Senhor Jesus Cristo, o Rei dos reis; você é um santo? Se não for, quando o Rei vier em Sua majestade, não haverá galardão para você. Anseio, em meu coração, por reconhecer o amável ofício de Cristo mais do que nunca. Tem sido meu deleite pregar a vocês sobre o Cristo morto na cruz e, "longe esteja de mim gloriar-me, senão na cruz". Porém necessito, por mim mesmo, percebê-lo em Seu trono, reinando em meu coração, tendo o direito de fazer conforme quiser comigo, para que eu chegue à condição de Abraão, que, quando Deus falou, embora fosse para lhe pedir que oferecesse Isaque, jamais fez qualquer indagação, mas disse simplesmente: "Eis-me aqui". Amados, busquem conhecer e sentir o poder controlador do Rei, ou, quando Ele voltar, uma vez que vocês não o conhecerem como Rei, Ele não os reconhecerá como servos. É apenas ao servo que o Rei poderá conceder a recompensa mencionada no texto — "Quando o Rei vier".

Agora, prossigamos. "Quando vier o Filho do Homem na sua *majestade*". É impossível conceber a plenitude dessa ideia —

A imaginação, estendendo-se ao máximo,
Desfalece em admiração.[120]

No entanto, disto sabemos — e é a coisa mais doce que podemos saber: se formos participantes com Jesus em Sua vergonha, também compartilharemos com Ele no esplendor que o cercará. Amado, você é um com Cristo Jesus? Participa de Sua carne e ossos? Uma união vital o entretece a Ele? Então, você está com Ele hoje em Sua vergonha, tomou a Sua cruz e o seguiu para fora do acampamento suportando a ignomínia. Sem dúvida estará com Ele quando a cruz for trocada por uma coroa. Porém, julgue a si mesmo nesta manhã. Se você não estiver com Ele na regeneração, tampouco estará com Ele quando Ele vier em Sua majestade. Se você iniciar do lado obscuro da comunhão, jamais entenderá que ela é luminosa, e seu feliz período em que o Rei virá em Sua glória, e todos os Seus santos anjos com Ele. O quê? Há anjos com Ele? E, mesmo assim, Ele não arrogou para si os anjos, arrogou a semente de Abraão. Os santos anjos estão com Ele? Venha, minha alma, e assim não estará distante dele. Se os Seus amigos e vizinhos são chamados para contemplar a Sua glória, o que vocês acham de vocês, que estão desposados com Ele? Poderão ficar distantes? Embora seja um dia de julgamento, vocês não poderão ficar longe daquele coração que, tendo admitido os anjos à Sua intimidade, recebeu vocês em união. Não lhes disse Ele: "desposar-te-ei comigo em

---

[120] Tradução livre do hino *To our Redeemer's glorious name* (Ao glorioso nome de nosso Redentor), de Anne Steele. Não disponível nos hinários consultados.

justiça, e em juízo, e em benignidade, e em misericórdias"? Não lhes disseram Seus lábios: "Casei-me com você e de você me agradarei"? Assim, se os anjos, que são apenas amigos e vizinhos, estarão com Ele, é muito certo que Sua amada Hefzibá,[121] em quem está todo o Seu deleite, estará perto dele e será participante de Seu esplendor.

Quando Ele vier em Sua majestade e quando Sua comunhão com os anjos for reconhecida distintamente, é aí que a Sua unidade com Sua Igreja se tornará aparente. "*...então, se assentará no trono da sua glória*". Aqui está uma repetição da mesma razão por que esse será o seu e o meu tempo de receber a recompensa de Cristo, caso estejamos entre Seus servos fiéis. Quando *Ele* se assentar sobre Seu trono, não seria apropriado que Seus amados ficassem no charco. Quando Ele estava no lugar de opróbrio, Seus amados estavam com Ele, e agora que Cristo está no trono de ouro, eles também precisam estar com Ele. Não haveria unidade — a união com Cristo seria apenas uma questão de discurso — se não fosse garantido que, quando Ele estiver no trono, Seus amados estarão no trono também.

No entanto, gostaria que vocês reparassem numa circunstância em especial com relação ao tempo da recompensa. *Ela acontecerá depois que Ele separar as ovelhas dos cabritos*. Meu galardão, se sou um filho de Deus, não pode vir enquanto eu ainda estiver em união com os perversos. Até mesmo na Terra você terá mais alegria em Cristo quanto mais separado estiver deste mundo. Tenham certeza; embora o caminho separado não pareça ser fácil e provavelmente lhe trará perseguição e a perda de muitos amigos, ainda assim ele é o mais feliz do mundo. Vocês, cristãos conformados, que podem adentrar os prazeres do mundo até certo ponto, não podem, e nunca poderão como agora, entender as alegrias interiores daqueles que vivem em comunhão solitária, mas amável, com Jesus. Quanto mais se aproximam

---

[121] Conforme Isaías 66:4. Spurgeon está fazendo uma paráfrase deste versículo. O nome Hefzibá é encontrado apenas na versão ARC da Bíblia. Seu significado é "meu deleite está nela". Este era o nome da esposa do rei Ezequias, mãe de Manassés.

do mundo, mais distantes devem estar de Cristo. E creio que, quanto mais plenamente uma certidão de divórcio for dada por seu espírito a cada coisa terrenal à qual sua alma pode se apegar, mais próxima será a sua comunhão com seu Senhor. "...esquece o teu povo e a casa de teu pai. Então, o Rei cobiçará a tua formosura; pois ele é o teu senhor; inclina-te perante ele". É significativo que o Rei não diga "Vinde, benditos" até que Ele tenha separado as ovelhas dos cabritos. Embora os justos terão desfrutado uma felicidade como espíritos desencarnados, como ressuscitados do túmulo em seus corpos, a alegria deles não será completa até que o grande Pastor tenha aparecido e os separado, de uma vez por todas, de toda a associação com as nações que se esquecem de Deus por um grande golfo, que não poderá ser transposto. Agora, amados, todas essas circunstâncias reunidas chegam a isto: que a recompensa de seguir a Cristo não é para hoje, não está entre os filhos dos homens, não vem dos homens, nem dentre os excelentes do mundo, tampouco é concedida por Jesus enquanto estivermos aqui. Mas a gloriosa coroa da vida, que a graça divina do Senhor concederá a Seu povo, está reservada para o segundo advento, "quando vier o Filho do Homem na sua majestade e todos os anjos com ele". Esperem com paciência, aguardem em alegre expectativa, pois Ele voltará. Bendito seja o dia de Sua manifestação!

2. Agora devemos ir para o segundo ponto — A PORÇÃO EM SI.

Cada palavra é sugestiva. Não buscarei exaurir a questão, mas meramente ver todas elas rapidamente. A recompensa é anunciada pela amorosa bênção pronunciada a eles pelo Mestre, mas a posição deles a prenuncia. Ele colocou as ovelhas à Sua mão direita. O Céu é a posição da mais elevada dignidade conferida com autoridade e de complacência divina claramente desfrutada. Os santos de Deus sempre estão à Sua mão direita de acordo com o julgamento da fé, mas futuramente isso será manifestado mais claramente. Deus se agrada de estar perto de Seu povo e de colocá-los perto de si em um lugar de proteção. Algumas vezes parece como se eles estivessem à mão esquerda; com certeza alguns deles têm menos conforto do que os mundanos. "Vi um ímpio prepotente a expandir-se qual cedro do Líbano. Os olhos saltam-lhes da gordura; do coração brotam-lhes fantasias",[122] portanto, o Seu povo muitas vezes é levado a beber menos do que um cálice cheio de água. A comida e a bebida deles são amargas como o absinto e o fel. O mundo está de cabeça para baixo agora. O evangelho começou a virá-lo para cima, porém quando o dia da graça terminar e chegar o dia da majestade, então essas coisas serão corrigidas. Então aqueles que vagavam vestidos em pele de cordeiro e de cabrito serão revestidos em vestimentas brilhantes, sendo transfigurados como o seu Salvador sobre o monte Tabor. Naquele dia, aqueles de quem o mundo não era digno chegarão a um mundo digno deles; aqueles que foram levados à estaca e às chamas triunfarão com carruagens e cavalos de fogo e intensificarão o esplendor da pomposa manifestação do Mestre. Sim, amados, vocês serão eternamente objeto da complacência divina, não em comunhão secreta e encoberta, ao contrário, seu estado e glória serão revelados diante dos filhos dos homens. Seus perseguidores rilharão os dentes quando os virem ocupando os lugares de honra à Sua mão direita e, embora eles tenham sido muito mais importantes do que vocês na Terra, serão condenados a assumir os lugares mais inferiores! Como Dives morderá sua língua atormentada pelo fogo em vão enquanto observa Lázaro, o mendigo do monturo, levado a assentar-se à mão direita do Rei eterno e imortal! O Céu é um lugar de dignidade. Alguém disse: "Lá, seremos como os anjos", mas sei que seremos ainda superiores a eles. Não está escrito a respeito daquele que é, em tudo, nosso representante: "E pôs todas as coisas debaixo dos [Seus] pés"? Até mesmo os serafins, tão ricamente benditos, o que são eles

---

[122] Conforme Salmo 37:35 e 73:7

senão "espíritos ministradores, enviados para serviço a favor dos que hão de herdar a salvação"?

No entanto, voltando-nos para a saudação proferida pelo juiz, a primeira palavra é "Vinde". Esse é um símbolo do evangelho. A Lei dizia "Vai", o evangelho diz "Venha". O Espírito o disse como um convite; a Noiva o diz em intercessão. "Aquele que tem ouvidos [para ouvir], ouça" fala esforçando-se constante e laboriosamente para divulgar as boas-novas. Uma vez que Jesus disse "Vinde", aprendemos que a essência do Céu é comunhão. "Vinde!" Vocês se aproximaram o suficiente para dizer "Eu creio! Ajuda-me na minha falta de fé!". Olharam para Ele na cruz e foram iluminados. Tiveram comunhão com Ele em carregar a cruz. Preencheram aquilo que ficou para trás dos sofrimentos de Cristo em prol de Seu Corpo, que é a Igreja. Continuem vindo! Venham sempre! Venham para sempre! Venham de seus sepulcros, vocês, ressuscitados! Venham de entre os ímpios, vocês, consagrados! Venham de onde se sujeitaram em sua humilhação diante do grande trono branco! Venham para usarem a Minha coroa e para se assentar comigo em Meu trono! Ó, essa palavra tem uma sondagem celestial em si. Será para sua alegria eterna ouvir o Salvador lhe dizendo: "Vinde"! Declaro diante de vocês que, quando meu Salvador diz "Vem" para minha alma, ela muitas vezes fica tão repleta de alegria que não consigo conter. Ele me levou para Sua sala do banquete, e Sua bandeira de amor ondula sobre minha cabeça; afastou-me do mundo e seus cuidados, seus temores, suas provações e alegrias e me levou ao "cimo do Amana, do cimo do Senir e do Hermom", onde manifestou-se a mim. Quando este "Venha" chegar aos seus ouvidos, vindo dos lábios do Mestre, não haverá carnalidade para os afastar, nem lentidão de espírito, tampouco peso de coração — vocês virão eternamente —, não levantarão para descer novamente, galgarão continuamente em abençoada alegria para sempre! A primeira palavra indica que o Céu é um lugar de comunhão. "Vinde."

Depois diz "*Vinde, benditos*", que é uma evidente declaração de que este é um estado de felicidade. Eles não podem ser mais benditos do que já são. Eles obtêm o desejo de seu coração, e esse coração foi alargado e seus desejos expandidos ao entrar no infinito. Embora estejam livres das restritivas influências da corrupção e do tempo, mesmo assim, quando seu desejo não conhecer limites, terão toda a alegria que a maior ampliação de sua alma poderá conceber. Disso sabemos: eles são supremamente benditos. A bendição deles, vocês podem perceber, não vem de qualquer prazer secundário, mas da grande fonte primária de todo o bem. "Vinde, benditos de meu Pai!". Eles sorvem o vinho puro do próprio lagar, de onde ele salta dos cachos rompidos; colhem os frutos celestiais dos ramos que nunca murcham da árvore imortal; assentam-se às cabeceiras das fontes e bebem das águas que brotam com incomparável frescor das profundezas do coração da divindade. Não se aquecerão sob os raios solares, mas serão, como Uriel,[123] o anjo do Sol; habitarão com Deus e assim sua alma será saciada com o favor e plenificada, ou mais que plenificada, com a Sua presença e bênção.

Percebam, novamente, que, de acordo com as palavras usadas, esse é um estado em que eles reconhecerão seu direito de lá estar; um estado, portanto, de liberdade perfeita, calma e destemor. É "*Entrai na posse do reino*". Um homem não teme perder aquilo que ganhou por descender de seus pais. Se o Céu fosse questão de merecimento, poderíamos temer que nossos méritos não fossem, de fato, dignos, e, portanto, suspeitar que um recurso por erro[124] fosse emitido e que, assim, seríamos expulsos. Contudo, sabemos de quem somos filhinhos, sabemos de quem é o amor que alegra nosso espírito e, quando

---

[123] Este nome de anjo é fruto da tradição rabínica do período pós-exílio na Babilônia. Não se encontra nos livros canônicos das Escrituras. Encontra-se citado apenas nos livros apócrifos de Enoque e II Esdras. Seu nome quer dizer "Chama de Deus".

[124] Termo jurídico que significa um recurso "interposto junto à Suprema Corte para que seja ratificada, reformada ou anulada decisão definitiva proferida por tribunal superior de um Estado da União". Fonte: https://jb.jusbrasil.com.br/definicoes/100007535/writ-of-error. Acesso em: 15/09/2021.

"entrarmos na posse" no reino, adentraremos a ele não como estrangeiros ou forasteiros, mas como filhos chegando ao seu direito de primogenitura. Contemplando todas as suas ruas de ouro e observando todos os seus muros de pérola, nós nos sentiremos confortáveis em nossa própria casa e teremos um direito efetivo — não por meio de mérito, mas pela graça divina — a tudo que há lá. Será um estado de bem-aventurança celestial. O cristão sentirá que a lei e a justiça estão do seu lado e que os atributos mais severos o levaram para lá tanto quanto a misericórdia e a benignidade. Porém, a expressão "entrai na posse" aqui denota posse completa e desfrute. Eles já o possuíam, de certa forma, anteriormente, mas agora como um herdeiro que quando chega à completa maturidade começa a expender seu próprio dinheiro e a cultivar seus próprios acres, assim eles entram em sua herança. Ainda não estamos completamente amadurecidos e, portanto, não somos admitidos à posse completa. No entanto, aguardem um pouco mais. Esses cabelos grisalhos indicam, meus irmãos, que vocês estão ficando maduros. Essa, esta e aquela mexas juvenis, todavia, demonstram que eu provavelmente terei de me demorar mais um pouco, embora eu não tenha certeza se o Senhor não permitirá que eu, em breve, vá dormir com meus ancestrais. Mas, cedo ou tarde, seja lá qual for a Sua vontade, um dia entraremos na posse da terra sagrada. Se é doce ser um herdeiro em sua juventude, o que será, então, quando chegar à maturidade perfeita? Não foi prazeroso cantar aquele hino há pouco e contemplar a terra de puro deleite, cuja primavera eterna e flores que jamais murcham estão logo na outra margem do ribeiro da morte? Ó, vocês, campos encantadores! E vocês, santos imortais, que neles se estendem! Quando estaremos com vocês e ficaremos satisfeitos? Se o simples pensar no Céu arrebata a alma, como será estar lá e imergir profundamente no regato da bendição, mergulhar e não encontrar o fundo, nadar e não achar a costa? Sorver o vinho do Céu, como fazemos vez ou outra, faz nosso coração tão feliz que não sabemos como expressar nossa alegria. Porém, o que será beber das profundezas e beber novamente, eternamente assentado àquela mesa e sabendo que a celebração jamais acabará, que os cálices nunca se esvaziarão e que não haverá vinho de qualidade ruim que nos seja trazido no encerramento, mas, se possível, ele será cada vez melhor em infinita progressão?

A palavra "*reino*", que vem a seguir, indica a riqueza da herança dos santos. Não é uma propriedade insignificante, nem salas de esmola, tampouco um canto obscuro. Ouvi um bom homem dizer que ele se contentaria em receber um canto atrás da porta. Eu não ficaria contente. O Senhor disse que herdaríamos um *reino*. Não nos satisfaríamos em herdar menos do que isso porque menos não se adequaria ao nosso caráter. "...e nos constituiu reino, sacerdotes para o seu Deus" e reinaremos para sempre, ou seremos tão miseráveis quanto os monarcas depostos. Um rei sem um reino seria um homem infeliz. Se eu fosse um pobre servo, um cômodo de esmolas seria alegria, pois ela se harmonizaria com a minha condição e status. Contudo, se fui feito, pela graça, um rei, eu devo ter um reino ou não terei alcançado uma posição apropriada à minha natureza. Aquele que nos fez reis nos dará um reino para se harmonizar com a natureza que Ele nos concedeu. Amados, esforcem-se mais e mais para que o Espírito de Deus lhes conceda um coração de rei. Não estejam entre aqueles que estão satisfeitos e contentes com a miserável natureza da humanidade trivial. Uma conta de vidro para crianças é tudo o que o mundo é para um espírito de verdadeira realeza. Esses pequenos diademas brilhantes são apenas brinquedos de berçário para os reis de Deus. As verdadeiras joias estão lá em cima; o verdadeiro tesouro de riquezas fita para baixo em direção das estrelas. Não limitem a sua alma, não sejam restringidos! Ajam com a dignidade de reis sobre a Terra com relação a seu Deus e, em nome dele, em relação a todos os homens. Percorram o mundo não como homens mesquinhos em espírito e ações, mas como reis e príncipes de uma raça superior aos avarentos que estão de joelhos, rastejando na lama atrás do pó amarelo. Então, quando a sua alma for da realeza, lembrem-se com alegria que sua herança futura será tudo o que sua régia alma anseia em seus momentos mais majestosos. Esse será um estado de inexprimível valor e riqueza da alma.

De acordo com a palavra "*preparado*", podemos concebê-la como sendo uma condição que ultrapassa a excelência. É um *reino preparado*, e tem sido preparado há tanto tempo, e Aquele que o prepara é tão maravilhosamente rico em recursos, que não podemos conceber verdadeiramente quão excelente esse reino deve ser. Se é possível que eu assim fale, as dádivas mais comuns de Deus, que Ele descarta como se não fossem nada, são inestimáveis. Porém, o que serão aqueles dons sobre os quais a mente infinita de Deus trabalha há muito tempo, a fim de que eles possam atingir o mais alto nível de excelência? Muito antes de os carrilhões de Natal estarem tocando, a mãe estava tão feliz por seu filho estar vindo para casa, depois do primeiro trimestre dele na escola,[125] que ela logo começou a preparar e planejar todo o tipo de agrados para ele. Muito provavelmente as festas serão alegres quando a mãe planeja que elas sejam assim. Agora, de maneira muito mais nobre, o grande Deus tem preparado um reino para Seu povo. Ele pensa assim: "Isso os agradará, e aquilo os abençoará, e esta outra coisa fará com que eles fiquem superlativamente felizes". Ele preparou o reino com perfeição e, então, como se isso não bastasse, o homem glorioso, Cristo Jesus, ascendeu da Terra ao Céu, e vocês sabem o que Ele disse enquanto partia: "...vou preparar-vos lugar". Sabemos que o Deus infinito pode preparar um lugar adequado para uma criatura finita, porém as palavras sorriem tão docemente a nós como se lêssemos que o próprio Jesus, que é Homem e, portanto, conhece o desejo de nosso coração, tem o Seu dedo nessa obra. Ele mesmo a preparou também. É um reino preparado para vocês, sobre o qual os pensamentos de Deus estão fixos para fazê-lo excelente "antes da fundação do mundo".

---

[125] No hemisfério Norte, o ano letivo tem início no mês de setembro.

Não devemos pausar, é um reino "que *vos* está preparado". Percebam isso! Devo confessar que não gosto de certas expressões que ouço às vezes, que insinuam que o Céu está preparado para alguns que nunca o alcançarão, preparado para aqueles que serão afastados para um lugar de tormento. Sei que há uma expressão sagrada que diz: "ninguém tome a tua coroa", mas isso se refere à coroa de sucesso ministerial, em vez de glória eterna. Uma expressão irritou meus ouvidos noite dessas, que veio dos lábios de certo bom homem, e dizia algo mais ou menos assim: "Há um Céu preparado para todos vocês, mas, se não forem fiéis, não o receberão. Há uma coroa no Céu separada para vocês, mas, se não forem fiéis, elas ficarão sem quem as use". Não creio assim. Não posso crer que a coroa da vida, que foi preparada para os benditos do Pai, será dada a qualquer outra pessoa ou deixada sem um possuidor. Não creio nisso! Não ouso conceber que haja coroas no Céu e ninguém para as usar! Vocês acham que no Céu, quando o número dos santos estiver completo, encontrarão muitas coroas sem uso? "Ah, para que são essas? Onde estão as cabeças para elas?" "Eles estão no inferno!" Então, irmão, eu não tenho desejo de estar no Céu, pois, se toda a família de Cristo não estiver lá, a minha alma ficará condoída e desamparada por causa da sua triste perda, pois eu estava em união com todos eles. Se uma alma que cria em Jesus não chegar lá, fará com que eu perca o respeito pela promessa e pelo Mestre também. Ele precisa manter a Sua palavra a cada vida que descansa nele. Se seu Deus foi até o ponto de, verdadeiramente, preparar um lugar para Seu povo e fazer provisão para eles e ficou desapontado, Ele não é Deus para mim, pois eu não poderia adorar um Deus decepcionado. Não creio em tal Deus. Tal ser jamais seria Deus. A noção da decepção em Suas preparações eternas não é consistente com a divindade. Falem assim de Júpiter e Vênus, se quiserem, mas o Jeová infinito fica, tanto quanto o discurso humano pode desonrá-lo, aviltado ao ser mencionado em tal conexão! Ele preparou um lugar para vocês! Aqui está a eleição pessoal. Fez uma ordenança distinta para cada um do Seu povo para que, onde Ele está, eles também estejam.

"...preparado desde a fundação do mundo". Aqui está a eleição eterna aparecendo antes de o homem ser criado, preparando uma coroa antes de que fossem criadas as cabeças para a usar. Desse modo, Deus lançou o decreto da eleição, antes que os céus estrelados existissem, na medida em que, quando Cristo voltar, esse decreto será aperfeiçoado para o louvor da glória de Sua graça divina. "...segundo o propósito daquele que faz todas as coisas conforme o conselho da sua vontade". Nossa porção, assim sendo, é preparada desde a eternidade para nós de acordo com a eleição da graça de Deus, adequada ao mais elevado caráter que podemos alcançar! Uma porção que consistirá na proximidade a Cristo, comunhão com Deus e com a permanência eterna em um lugar de dignidade e felicidade!

3. E agora tenho pouco tempo para falar, como eu esperava ter feito nesta manhã, sobre AQUELES QUE LÁ CHEGARÃO.

Eles são reconhecidos por um caráter secreto e público. O *nome* deles é "benditos de meu Pai" — o Pai os escolheu, deu Seu Filho por eles, justificou-os por meio de Cristo, preservou-os em Cristo Jesus, adotou-os em Sua família e agora os aceita em Sua própria casa. Vocês têm a natureza deles descrita na expressão "entrai na posse". Ninguém pode herdar algo, a não ser o filho. Eles nasceram de novo e receberam a natureza de Deus, tendo escapado da corrupção que está no mundo por meio da cobiça, tornaram-se coparticipantes da natureza divina — são filhos. O *compromisso* deles é mencionado: "Entrai na posse do reino que vos está preparado desde a fundação do mundo". O nome deles é "benditos", sua natureza é a de filho, seu compromisso é com o decreto divino.

É sobre *seus feitos*, seus feitos exteriores, que precisamos conversar brevemente. Parece que eles eram distintos entre os homens por obras de caridade, e essas não eram, de modo algum, associadas com cerimônias de observâncias externas. Não é dito que eles pregaram — alguns deles o fizeram. Não se menciona que oraram — eles devem ter orado ou não estariam espiritualmente vivos. As ações que foram selecionadas como próprias deles são ações de caridade para os indigentes e os desamparados. Por que essas obras? Creio que porque *o público geral reunido ao redor do trono saberia como apreciar essa evidência da natureza nascida de novo deles*. O Rei deve considerar mais as orações deles do que as doações, mas a multidão, não. Ele fala assim para ganhar o veredito de todos os reunidos. Até os inimigos deles não poderiam objetar ao Seu chamado a esses benditos que haviam realizado essas ações, uma vez que, se há uma ação que conquista o consentimento universal para os homens, é uma ação pela qual a humanidade seja servida. Contra isso não há lei. Jamais ouvi sobre um Estado onde houvesse leis contrárias a vestir os nus e alimentar os famintos. Toda a humanidade, mesmo sua consciência estando tão cauterizada que não vê sua própria pecaminosidade, ainda assim detecta a virtude de alimentar os pobres. Sem dúvida, essa é uma razão por que essas ações foram selecionadas. E, novamente, elas podem ter sido escolhidas como evidências da graça divina, porque, *como ações, elas são excelentes meios de separação entre os hipócritas e o verdadeiro cristão*. O Dr. Gill[126] tem uma ideia, e talvez ele esteja correto, de que esse não é um retrato do Julgamento Geral, mas do julgamento da Igreja professante. Se for isso, é ainda mais razoável concluir que essas obras de misericórdia tenham sido escolhidas como apropriadas para discernir entre os hipócritas e os sinceros. Temo que haja alguns de vocês professantes que não resistiriam a esse teste. Chamam-lhes de "Bom povo intercessor", mas o que fazem para entregar ao Senhor? Sua religião não tocou seus bolsos. Isso não se aplica a alguns de vocês, pois há muitos aqui sobre quem eu me aventuraria a falar diante do tribunal divino

---

[126] John Gill (1697–1771) foi um pastor, erudito bíblico e teólogo batista inglês.

que sou conhecedor de que suas riquezas são consagradas ao Senhor e a Seus pobres, e, algumas vezes, chego a pensar que doam acima de suas posses aos pobres e à causa de Deus. Porém, há outros em uma condição bem diferente. Aqui lhes darei um recado bem direto, ao estilo inglês, que ninguém ficará sem entender. Vocês podem falar de sua religião até desgastar a sua língua e podem levar outros a acreditarem em vocês. Podem permanecer na igreja por 20 anos e ninguém detectar qualquer inconsistência em vocês, no entanto, se estiver em sua capacidade e vocês não fizerem nada para aliviar as necessidades dos pobres membros do Corpo de Cristo, serão amaldiçoados tão certamente como se fossem ébrios ou prostitutas! Se não se preocupam com a Igreja de Deus, esse texto se aplica a vocês e certamente afundarão no mais profundo inferno, como se fossem blasfemos! Isso é inglês direto, mas também é o sentido direto de meu texto, e será para prejuízo meu se eu me recusar a falar-lhes sobre isso. "Porque tive fome, e me destes" — o quê? Deram bons conselhos? Sim, mas não comida. "...tive sede, e me destes" — o quê? Ofereceram um folheto? Mas não bebida. "...estava nu, e me" — o quê? Desejaram o bem? Mas não doaram roupas. "...era forasteiro" — e tiveram misericórdia de mim, mas não me hospedaram. Estive enfermo — disseram que poderiam recomendar um médico, mas não me visitaram. Fui preso, eu, um servo de Deus, um perseguido, colocado na prisão por causa de Cristo, e vocês disseram que eu deveria ser mais cauteloso, mas não ficaram ao meu lado, e assumiram parte da culpa, e comigo carregaram a difamação pela verdade de Deus!

Vocês estão vendo como essa é uma terrível pá de eira[127] para alguns de vocês covardes, cujo principal objetivo é conquistar tudo o que puderem e se agarrar a isso, mas é uma pá que frequentemente deve ser usada. Alguns podem enganá-los e poupá-los, porém, pela graça de Deus, eu não farei assim, ao contrário, me esforçarei para ser mais ousado do que nunca em denunciar o pecado. "Bem", diz

---

[127] Aqui Spurgeon está indiretamente referenciando Lucas 3:17.

alguém, "o que devem fazer aqueles que são tão pobres que não têm nada para doar?". Meus queridos irmãos e irmãs, vocês notam quão belamente o texto cuida de vocês? Ele sugere que há alguns que não podem dar pão ao faminto e roupas aos nus, mas o que será deles? Bem, vocês veem que eles são as pessoas de quem se fala "meus pequeninos irmãos",[128] que *recebem* a bondade, de modo que essa passagem consola os pobres e, de forma alguma, os condena. Alguns de nós com certeza doam aos pobres tudo o que conseguem poupar, e, então, naturalmente as pessoas vêm a nós! E quando dizemos: "É sério, não posso doar mais", alguém fala com cinismo: "E você se chama de cristão?". "Sim, eu não me chamaria de cristão se eu doasse o dinheiro de outra pessoa. Não deveria me chamar cristão se eu desse o que eu não possuo; eu me chamaria de ladrão, fingindo ser caridoso quando não consigo pagar meus débitos". Tenho muita compaixão por aqueles que entraram em Tribunal de Insolvência. Não quero dizer os inadimplentes. Raramente simpatizo com eles — mas sinto muita piedade pelos credores que perdem por ter confiado em pessoas desonestas. Se qualquer um disser: "Vou viver além das minhas posses, a fim de ter um bom caráter", meus irmãos e irmãs, vocês estão errados! Esse ato, em si, é errado! O que vocês têm para doar deve pertencer a vocês. "Mas eu terei de me apertar se eu fizer assim!", diz alguém. Bem, aperte-se! Não creio que haja metade do prazer em fazer o bem a menos que você o faça até o ponto de ter de se apertar. Essa afirmação, no entanto, se aplica somente para aqueles de nós que têm bens em moderação, que logo podem distribuir nossas doações e chegar até o ponto de ter de se autorrestringir. Quando vocês começam a sentir: "Bom, vou ter de ficar sem isso; vou ter de abrir mão daquilo, para que eu possa fazer mais bem", não dá para explicar! É exatamente aí que realmente poderá sentir: "Agora dei para Deus não apenas o resto do queijo ou o finalzinho das velas que eu não poderia usar, mas realmente fatiei, para meu Mestre, um

---
[128] Conforme Mateus 25:40

bom pedaço de pão! Não lhe ofereci velhas fatias que estavam ficando emboloradas, mas lhe dei um pedaço de meu próprio pão de cada dia. E estou feliz em fazê-lo, se assim puder demonstrar meu amor por Jesus Cristo ao negar a mim mesmo". Se você estiver fazendo assim, se desse modo, por seu amor a Jesus, estiver alimentando os famintos, vestindo os nus, creio que essas coisas sejam colocadas como teste porque são abençoados detectores entre os hipócritas e as pessoas realmente piedosas. Quando vocês leem "porque" aqui, não devem entendê-lo como sendo a recompensa deles *por causa* disso, mas que eles provam ser servos de Deus por meio disso. Assim, embora eles não o mereçam por causa dessas ações, ainda assim elas demonstram que foram salvos pela graça, que é evidenciada pelo fato de que Jesus Cristo operou tais obras neles. Se Cristo não efetuar tais coisas em vocês, vocês não têm parte nele. Se não produziram tais obras como essas, não creram em Jesus.

Agora, alguém diz: "Eu pretendo doar aos pobres no futuro, para que possa ter essa recompensa". Ah, mas você está muito errado se fizer isso. O duque de Burgundy era aguardado por um homem bastante pobre, um súdito muito leal, que lhe trouxe um grande tubérculo que ele mesmo havia cultivado. Esse homem era, de fato, muito pobre, e cada tubérculo que crescia em seu jardim significava muito para ele. Contudo, ele trouxe para seu príncipe, meramente como uma oferta leal, a maior raiz que seu pequeno jardim produzira. O príncipe ficou tão feliz com as evidentes lealdade e afeição do homem que ele lhe deu uma grande soma em dinheiro. O mordomo pensou: "Bem, vejo que isso vale a pena. Esse homem ganhou 50 libras[129] por seu grande tubérculo, penso que *eu* devo dar um presente para o duque". Assim, ele comprou um cavalo e calculou que obteria, em retorno, dez vezes mais do que o valor do cavalo, e foi com isso

---

[129] £ 50 no século 19 teria o poder de compra de cerca de £ 4.200,00 atuais. Fonte: https://www.in2013dollars.com/1800-GBP-in-2019?amount=50. Acesso em: 16/09/2021.

em vista que ele deu o presente. O duque, sendo um homem sábio, silenciosamente aceitou o cavalo e não ofereceu nada ao mordomo ganancioso. E isso é tudo. Então, você diz: "Bem, aqui está um cristão e ele recebe a recompensa. Ele tem ofertado aos pobres e ajudado a Igreja do Senhor, e, vejam, ele é salvo. Isso traz retorno, acho que eu devo fazer um pequeno investimento". Sim, mas vocês veem que o mordomo não ofertou o cavalo a partir de alguma ideia de lealdade ou bondade ou amor pelo duque. Pelo contrário, foi por seu grande amor por si mesmo e, portanto, não teve retribuição. E, se vocês fizerem obras de caridade baseados na ideia de chegarem ao Céu por meio delas, ora, é a si mesmos que estão alimentando, é a si próprios que estão vestindo. Toda a sua virtude não é virtude, é um denso egoísmo, tem forte cheiro de individualismo, e Cristo jamais a aceitará. Vocês não o ouvirão dizer: "Obrigado!" por isso. Vocês serviram *a si próprios*, e nenhuma recompensa é devida. Devem primeiramente vir ao Senhor Jesus Cristo e olhar para Ele para que sejam salvos. Devem renunciar definitivamente a toda a ideia de fazer algo para se salvarem e, após serem salvos, poderão doar ao pobre e assim por diante, sem o egoísmo misturando-se à sua motivação. Assim, receberão a recompensa da graça divina pela demonstração de amor que deram. É necessário crer em Cristo, para ser capaz de virtude verdadeira da mais alta ordem. É necessário confiar em Jesus e ser, vocês mesmos, completamente salvos, antes que possa haver algum valor em seu ato de alimentar os pobres ou vestir os nus. Que Deus lhes dê graça para ir até meu Mestre ferido e descansar na preciosa expiação que Ele realizou pelo pecado humano. E, quando o tiverem feito, sendo amados a tal ponto, que vocês possam demonstrar amor em retribuição. Sendo tão amorosamente comprados, que vivam para Aquele que os comprou, e, entre as ações pelas quais o provarão, permitam que haja essas joias cintilantes e brilhantes concedidas por Deus — visitar os enfermos, confortar os necessitados, aliviar os angustiados e ajudar os fracos.

Deus aceita essas ofertas à medida que elas vêm de almas graciosas. E a Ele seja o louvor para sempre. Amém.

10

O JULGAMENTO VINDOURO SOBRE OS SEGREDOS DOS HOMENS[130]

...no dia em que Deus, por meio de Cristo Jesus, julgar os segredos dos homens, de conformidade com o meu evangelho. (Romanos 2:16)

É impossível para qualquer um de nós dizer o quanto custou ao apóstolo Paulo escrever o primeiro capítulo da epístola aos Romanos. É desonroso até mencionar as coisas imorais praticadas nos lugares secretos, porém Paulo sentiu que era necessário romper com seu decoro e falar sobre as horrendas depravações dos pagãos. Ele deixou registrado uma exposição de pecados próprios de seu tempo, que fazem corar as faces dos recatados quando os leem e fazem doer os ouvidos que os ouvem. Paulo sabia que esse capítulo seria lido não apenas em sua época, mas em

---

[130] Este sermão foi pregado no *Metropolitan Tabernacle*, em 12 de julho de 1885.

todas as demais, e que chegaria às famílias dos mais puros e piedosos enquanto o mundo existisse. No entanto, ele deliberadamente o escreveu, fazendo-o sob a orientação do Espírito Santo. O apóstolo sabia que deveria ser escrito para envergonhar as abominações de uma época que quase ultrapassara a desonra. Os monstros que celebram nas trevas devem ser arrastados às claras, para que se desvaneçam pela luz.

Depois de Paulo ter escrito angustiado, ele se recorda de seu principal consolo. Enquanto sua pena estava obscurecida pelas palavras que havia registrado no primeiro capítulo, ele foi levado a escrever sobre seu grande deleite. Ele se apega ao evangelho com mais tenacidade do que nunca. Como no verso diante de nós ele precisou mencionar o evangelho, Paulo não falou a seu respeito como "o evangelho", mas *"meu evangelho"*. "...no dia em que Deus, por meio de Cristo Jesus, julgar os segredos dos homens, de conformidade com o *meu evangelho*". Ele sentiu que não poderia viver no meio de um povo tão depravado sem segurar o evangelho com ambas as mãos e agarrá-lo como se fosse seu. *"Meu evangelho"*, diz ele. Não que Paulo fosse o autor do evangelho, nem que ele tivesse um monopólio exclusivo de suas bênçãos, mas ele o havia recebido do próprio Cristo e se considerava responsável por cuidar dele de tal forma que não poderia renegá-lo sequer por um instante. Ele o havia absorvido tão plenamente em seu interior que não poderia fazer menos do que chamá-lo "meu evangelho". Em outro lugar, Paulo fala "nosso evangelho", usando um pronome possessivo, a fim de mostrar como os cristãos se identificam com a verdade que pregam. Ele possuía um evangelho, uma forma definitiva de verdade e cria nele acima de qualquer dúvida, portanto, falava dele como "meu evangelho". Aqui ouvimos a voz da fé, que parece afirmar: "Embora os outros o rejeitem, tenho plena confiança nele e não permito sombra de dúvida para obscurecer minha mente. Para mim, ele é boa-nova de grande alegria. Eu o saúdo como 'meu evangelho'. Se sou chamado de tolo por preservá-lo, fico contente em ser um tolo e em encontrar no meu Senhor toda a minha sabedoria".

Se todos os artifícios que o homem desenvolvesse
Assaltassem minha fé com desleal astúcia,
Eu os chamaria de vaidade e de embustice
E, ao meu coração, o evangelho prenderia.

Essa expressão "meu evangelho" não é a voz do amor? Por essa expressão não abraça ele o evangelho como o único amor de sua alma — sofrendo, por amor, a perda de todas as coisas e considerando-as como estrume — por amor ao evangelho estando disposto a comparecer perante Nero e proclamar, mesmo no palácio de César, a mensagem do Céu? Embora cada palavra lhe custasse a vida, Paulo estava disposto a morrer mil mortes pela causa sagrada. "Meu evangelho", diz ele, com um prazer arrebatador, à medida que pressiona junto a seu peito o santo depósito da verdade.

"Meu evangelho". Isso não demonstra a sua coragem? A mesma de quando ele disse: "não me envergonho do evangelho, porque é o poder de Deus para a salvação de todo aquele que crê". Ele fala "meu evangelho" como um soldado fala "minha bandeira" ou "meu rei". Ele decide sustentar seu estandarte da vitória e servir essa majestosa verdade mesmo que isso lhe custe a vida.

"Meu evangelho". Há um toque de discriminação nessa expressão. Paulo percebe que há outros evangelhos e, de forma rápida e efetiva, trata deles, pois afirma: "Mas, ainda que nós ou mesmo um anjo vindo do céu vos pregue evangelho que vá além do que vos temos pregado, seja anátema". O apóstolo era de espírito gentil, orava de coração pelos judeus que o perseguiam e entregou sua vida pela conversão dos gentios que o maltratavam, mas não tinha tolerância com os falsos evangelistas. Tinha a mente muito aberta e, para que as almas fossem salvas, ele se fez de tudo para com todos, porém, quando contemplava qualquer alteração ou adulteração do evangelho de Cristo, trovejava sem medida. Ao temer que algo mais pudesse surgir entre os filósofos, ou entre os judaizantes, o qual pudesse ocultar um único raio do Sol da Justiça, ele não media palavras, mas exclamava acerca do autor de tal influência obscura: "seja anátema"! Todo o coração que deseja ver os homens abençoados sussurra "amém" a essa maldição proferida pelo apóstolo. Nenhuma maldição maior pode vir sobre a humanidade do que o obscurecimento do evangelho de Jesus Cristo. Paulo diz de si mesmo e de seus irmãos fiéis: "nós não estamos, como tantos outros, mercadejando a palavra de Deus" e exclama para aqueles que se desviaram do único evangelho: "Ó gálatas insensatos! Quem vos fascinou a vós outros?". Ele fala de todas as novas doutrinas como "outro evangelho, o qual não é outro, senão que há alguns que vos perturbam".

Quanto a mim, observando novamente a questão, entre toda a imundície que vejo no mundo atualmente, apego-me à Palavra de Deus, pura e bendita, e a chamo mais avidamente de meu evangelho — meu na vida e meu na morte, meu contra tudo o que vier, meu eternamente, se Deus me ajudar, com ênfase em "meu evangelho".

Agora, notemos o que trouxe à tona essa expressão "meu evangelho". Sobre o que Paulo estava pregando? Certamente não era sobre temas leves e ternos, dos quais se fala, hoje em dia, que devem ocupar todo o nosso tempo. Mas ele está falando dos terrores da Lei e ligado a isso diz "meu evangelho".

Voltemos de uma vez a nosso texto. Ele não necessitará de divisões, uma vez que ele mesmo se divide. Primeiramente, consideremos que *em determinado dia Deus julgará a humanidade*. Depois, *naquele dia, o Senhor julgará os segredos dos homens*. Em terceiro lugar, quando Ele julgar os segredos dos homens, *será por meio de Jesus Cristo*; e, por último, *isso está em acordo com o evangelho*.

1. Começaremos com a solene verdade de que, EM DIA DETERMINADO, DEUS JULGARÁ OS HOMENS. Um julgamento está em andamento diariamente. Deus continuamente conduz a corte e considera as obras dos filhos dos homens.

Cada obra maligna que praticam está gravada no registo do julgamento, e cada boa ação é lembrada e inventariada por Deus. Esse julgamento, em certa medida, reflete-se na consciência do homem. Aqueles que conhecem o evangelho, e igualmente aqueles que não o conhecem, têm certa quantidade de luz pela qual sabem diferenciar o bem do mal, com sua consciência acusando-os ou isentando-os o tempo todo. Essa sessão da corte celestial prossegue dia a dia, como aquela de nossos magistrados locais, mas isso não impede, pelo contrário, torna necessária a realização de um grande juízo final.

À medida que cada pessoa passa para o outro mundo, há um julgamento imediato que lhe é dispensado, contudo é apenas a sombra daquele que ocorrerá no final dos tempos.

Há um juízo que também é pronunciado sobre as nações; visto que as nações não existirão como tais no mundo porvir, elas têm de ser julgadas e punidas neste estado presente. O leitor cauteloso de história não falhará em observar quão severamente essa justiça tem sido aplicada com império após império quando eles se tornam corruptos. Domínios colossais encolheram até o chão quando sentenciados pelo Rei dos reis. Vá e pergunte hoje: "Onde está o Império da Assíria? Onde estão as poderosas cidades da Babilônia? Onde estão as glórias dos medos e persas? O que aconteceu com o poder macedônio? Onde estão os Césares e seus palácios?". Esses impérios foram forças estabelecidas pela crueldade e usados para a opressão, promoviam luxúria e libertinagem e, quando não eram mais toleráveis, a terra os removeu de sua existência poluidora. Ah! Quantos horrores da guerra, do derramamento de sangue e de devastação já vieram sobre os homens como resultado de suas iniquidades! O mundo está repleto de monumentos tanto da misericórdia quanto da justiça de Deus. De fato, os monumentos de Sua justiça, se corretamente interpretados, são prova de Sua bondade, pois é misericórdia da parte de Deus colocar um fim aos sistemas malignos quando, como um pesadelo, eles se tornam muito pesados entre a humanidade. O onipotente Juiz não cessou Seu governo soberano sobre os reinos, e nosso país ainda terá de sentir Suas punições. Muitas vezes rimos entre nós da ideia ridícula de um neozelandês sentado entre os arcos despedaçados da Ponte de Londres, entre as ruínas desta metrópole. Mas isso é tão ridículo quanto parece? É bem possível que isso se concretize se nossas iniquidades continuarem a abundar. O que há em Londres que a faria perdurar mais do que Roma? Por que os palácios de *nossos* monarcas seriam eternos se os palácios de Koyunjik[131] caíram? O poder quase sem limites dos faraós se foi, e o Egito se tornou, dentre as nações, a mais insignificante. Por que a Inglaterra não recairia na mesma condenação? O que nós somos? O que há em nossa orgulhosa raça, quer deste ou do outro lado do Atlântico, que nos daria legalidade para monopolizar o favor divino? Se nos rebelarmos e pecarmos contra Deus, Ele não nos considerará inculpáveis, pelo contrário, dispensará justiça imparcial a uma raça ingrata.

Mesmo assim, embora esses juízos aconteçam a cada dia, haverá um dia, um período de tempo, quando, de modo mais distinto, formal, público e final, Deus julgará os filhos dos homens. Podemos ter suposto isso por meio da luz da natureza e da razão. Mesmo os povos pagãos têm uma turva noção do dia do juízo. Mas nós não fomos deixados apenas a supor, somos solenemente certificados dele nas Escrituras Sagradas. Ao aceitar esse Livro como a revelação de Deus, sabemos, sem sombra de dúvida, que o dia no qual o Senhor julgará os segredos dos homens está marcado.

Por julgamento aqui, entende-se tudo o que diz respeito aos procedimentos do processo e sentença. Deus julgará a raça humana, o que quer dizer que, primeiramente, haverá uma assembleia da majestade

---

[131] Uma das montanhas que cerca a antiga cidade de Nínive, capital da Assíria.

e o aparecimento do grande trono branco cercado com pompa pelos anjos e seres glorificados. Então será emitida uma convocação ordenando que todos os homens compareçam ao julgamento para a prestação de contas final. Os arautos voarão por todos os reinos da Terra e convocarão aqueles que dormem no pó, pois tanto vivos quanto mortos aparecerão diante do trono do julgamento. João diz: "Vi também os mortos, os grandes e os pequenos, postos em pé diante do trono". Depois ele acrescenta: "Deu o mar os mortos que nele estavam. A morte e o além entregaram os mortos que neles havia". Aqueles que, por muito tempo, estavam sepultados, de forma que o pó de seu corpo se misturou com o solo e sofreu inúmeras transmutações, serão, todavia, colocados em uma aparência pessoal diante do trono do julgamento de Cristo.

Que julgamento será aquele! Nós e todas as miríades de nossa raça seremos reunidos diante do trono do Filho de Deus. Assim, após sermos todos reunidos, a acusação será lida e cada um será examinado conforme as coisas que realizou no corpo, de acordo com suas práticas. Os livros serão abertos, e tudo o que neles estiver registrado será lido diante da face do Céu. Cada pecador ouvirá a história de sua vida publicada, para sua vergonha eterna. Os bons não pedirão ocultação e os maus não a encontrarão. Os anjos e os homens verão, então, a verdade das coisas, e os santos julgarão o mundo. O grande Juiz trará a decisão. Ele pronunciará a sentença sobre os maus e executará a punição deles. Não será vista qualquer parcialidade, não haverá reuniões secretas para assegurar a imunidade dos nobres, tampouco questões silenciadas para que os grandes homens possam escapar do desprezo por seus crimes. Todos estarão diante do grande tribunal, as evidências relativas a todos serão fornecidas, e uma justa sentença será pronunciada pela boca daquele que não conhece a lisonja aos grandiosos.

Será assim e assim deve ser; Deus julgará o mundo porque Ele é o governante universal e soberano. Houve um tempo para pecar, precisa haver um tempo para as punições; uma longa Era de rebelião foi suportada e precisa haver um tempo quando a justiça reivindique sua supremacia. Testemunhamos uma Era em que a transformação foi ordenada, na qual a misericórdia foi apresentada, na qual a contestação e a apelação foram usadas, e, por fim, precisa existir um dia no qual Deus julgará tanto os vivos quanto os mortos e há de mensurar para cada um o resultado derradeiro de sua vida. Deve ser assim por causa dos justos. Eles foram caluniados, desprezados e ridicularizados. Pior que isso, foram aprisionados, torturados e condenados à morte inúmeras vezes. Os melhores obtiveram o pior, e precisa haver um julgamento para corrigir tais coisas. Ademais, as asquerosas iniquidades de cada Era clamam para que Deus lide com elas. Tal pecado permanecerá impune? Para qual finalidade há um governo, afinal, e como a sua continuidade pode ser assegurada se não houver galardões e punições e um dia de prestação de contas? Precisa haver e haverá um dia em que Deus julgará o mundo, a fim de revelar a Sua santidade, de destruir Seus adversários e de recompensar aqueles que o serviram fielmente.

Por que esse tempo não chega logo? E quando virá? Não podemos dizer a data com precisão. Nem homens ou anjos sabem o dia, e é inútil e profano tentar supor, uma vez que nem mesmo o Filho do homem, como tal, sabe o tempo. Basta-nos saber que o Dia do Julgamento certamente virá, é suficiente também crer que ele tem sido adiado com o objetivo de dar uma trégua para a misericórdia e espaço para o arrependimento. Por que os ímpios querem saber quando será esse dia? O que é esse dia para vocês? Para vocês será trevas e não luz. Significará o dia em que serão consumidos como um restolho completamente seco, portanto, bendigam o Senhor pelo fato de Ele retardar a Sua vinda e reconheçam que a Sua longanimidade é para a salvação de vocês.

Além disso, o Senhor mantém o andaime montado até que Ele construa a estrutura de Sua Igreja. Ainda não é a hora de todos os eleitos serem chamados dentre os culposos filhos dos homens, ainda não chegou o dia de os remidos pelo sangue serem redimidos com poder e tirados da corrupção desse tempo para a santidade na qual andam com Deus. Por isso, o Senhor aguarda um pouco mais. Porém, não se enganem. O grande dia de Sua ira virá brevemente e seus dias de adiamento estão contados. Um dia é para Deus como mil anos e mil anos como um dia. Provavelmente vocês morrerão antes da manifestação do Filho do homem, contudo verão Seu trono do julgamento por todas essas coisas, pois ressuscitarão tão certamente quanto Ele ressuscitou. Quando o apóstolo falou aos filósofos gregos em Atenas, ele disse: "[Deus] notifica aos homens que todos, em toda parte, se arrependam; porquanto estabeleceu um dia em que há de julgar o mundo com justiça, por meio de um varão que destinou e acreditou diante de todos, ressuscitando-o dentre os mortos". Vocês não percebem, ó impenitentes, que um Salvador ressuscitado é o sinal de sua condenação? Do mesmo modo como Deus levantou Jesus dentre os mortos, Ele levantará os seus corpos, para que assim compareçam ao julgamento. Diante do trono do julgamento, cada homem e mulher aqui neste lugar prestará contas das coisas que praticou em seu corpo, quer boas ou más. Assim diz o Senhor.

2. Agora chamo a sua atenção ao fato de que DEUS JULGARÁ OS SEGREDOS DOS HOMENS. Isso acontecerá com todos os homens, de todas as nações, de cada Era, de todas as classes sociais e de todo o tipo de caráter. Naturalmente, o Juiz julgará seus atos explícitos, mas pode-se dizer que tais atos precederam os homens em seu julgamento. Esses atos secretos são especialmente mencionados porque tornarão o julgamento mais minucioso.

Com a expressão "os segredos dos homens", as Escrituras querem dizer aqueles crimes secretos que se escondem por sua própria infâmia, que são vis demais para serem mencionados, que causam arrepios por toda uma nação se forem trazidos à tona da forma que deveriam. No julgamento, as ofensas secretas serão apresentadas, as obras noturnas e das salas fechadas, os atos que requerem um sinal de silêncio com o dedo sobre a boca e que um pacto de silêncio conspirador seja feito. Pecados revoltantes e desavergonhados que jamais devem ser mencionados, para que aquele que o cometeu não seja excluído de seu meio como um proscrito, desprezado até mesmo por outros pecadores — todos esses serão revelados. Tudo o que vocês fizeram, qualquer um de vocês, ou estão fazendo, se carregam o título de cristãos e, mesmo assim, praticam pecados secretos, tudo será exposto diante do olhar universal. Se você se senta aqui entre o povo de Deus e, contudo, onde os olhos não puderem vê-lo, estiver vivendo desonestamente, infielmente, ou em impureza, tudo será conhecido e a vergonha e a confusão em sua face o cobrirão para sempre. A desonra será a herança para a qual você despertará, quando a hipocrisia não for mais possível. Não se enganem, de Deus não se zomba, mas Ele trará os segredos dos homens a juízo.

Nosso texto se refere, em especial, às motivações ocultas de cada ação, pois um homem pode fazer o que é certo com um motivo errado, assim, a obra será má à vista de Deus, mesmo que pareça correta na percepção humana. Ó, pensem no que será ter suas motivações trazidas todas à luz, em ficar provado que você era piedoso buscando lucro próprio, que era generoso por ostentação, ou zeloso pelo amor ao enaltecimento pessoal, que era cuidadoso em público para manter a reputação religiosa, mas que, todo o tempo, estava fazendo em favor de si próprio, e somente para si! Quão intensa será a luz que Deus trará à nossa vida, quando as câmaras secretas do desejo e da motivação humana serão manifestas como atos públicos! Que revelação será aquela que manifesta todos os pensamentos, imaginações, luxúrias e desejos! Toda a raiva, inveja, orgulho e rebelião do coração — quanta coisa será exposta!

Todos os desejos e imaginações sensuais até mesmo dos mais comedidos, quão obscenos serão! Que dia será aquele em que os segredos dos homens serão desvendados ao fulgor do Sol do meio-dia!

Deus também revelará os segredos que eram secretos aos próprios pecadores, pois há em nós pecados que jamais vimos e iniquidades dentro de nós que sequer descobrimos.

Nós usamos de manobras, por amor a nosso próprio conforto, para nos fazermos de cegos, de alguma forma, e cuidamos em desviar nossos olhos das coisas que são inconvenientes de serem vistas, mas seremos compelidos a ver todos esses males naquele dia quando o Senhor julgará os segredos dos homens. Não me surpreende que certo rabino tenha chorado ao ler no livro de Eclesiastes que Deus trará todas as obras a julgamento, com cada coisa secreta, quer boa ou má. Isso é o suficiente para fazer o melhor dos homens tremer! Se não fosse por ti, ó Jesus, cujo sangue precioso nos purificou de todo o pecado, onde estaríamos? Se não fosse por Tua justiça, que cobrirá aqueles que creem em ti, quem, dentre nós, poderia suportar o pensamento daquele terrível dia? Em ti, ó Jesus, somos declarados justos e, portanto, não tememos a hora de nosso juízo; porém, se não fosse por ti, nosso coração falharia por medo!

Ora, se vocês me perguntarem por que Deus deveria julgar especialmente os segredos dos homens — uma vez que isso não é feito nas cortes humanas, e nem pode ser, pois as coisas secretas não chegam ao nosso conhecimento por causa da visão limitada de nossos tribunais —, eu responderia que é porque não há nada oculto a Deus. Nós diferenciamos pecados públicos e secretos, mas Ele não, uma vez que todas as coisas estão descobertas e abertas aos olhos daquele com quem deveremos tratar. Todas as obras são conhecidas na presença de Deus, que está pessoalmente presente em toda parte. Ele sabe e vê tudo como sob um holofote, e cada pecado secreto é apenas concebido para ser segredo por meio da ilusória fantasia de nossa ignorância. Deus vê mais de um pecado secreto do que o homem pode enxergar daquilo que é praticado diante de seus olhos. "Ocultar-se-ia alguém em esconderijos, de modo que eu não o veja? — diz o Senhor".

Os segredos dos homens serão julgados porque os maiores atos morais são praticados em oculto. As ações mais resplandecentes, nas quais Deus se deleita, são aquelas praticadas por Seus servos quando fecham a porta e ficam a sós com Ele, quando eles não têm outra motivação senão a de agradar ao Senhor, quando cuidadosamente evitam a notoriedade, para que não sejam desviados pelo louvor dos homens, quando a mão direita não sabe o que a esquerda faz, quando o coração amoroso e generoso cria atos de liberalidade e o faz por trás das telas, para que não seja descoberto como essa obra foi praticada. Seria lamentável que tais obras fossem deixadas de fora na grande audiência. Semelhantemente, os vícios secretos são todos de natureza mais obscura, e isentá-los seria deixar o pior dos pecadores permanecer impune. Deveriam esses seres imundos escapar por terem comprado o silêncio com suas riquezas? Digo solenemente: "Que Deus não o permita"! Ele não o permitirá; o que eles fizeram em secreto será proclamado de cima dos telhados.

Ademais, as coisas secretas dos homens entram na própria essência de seus atos. Afinal, uma ação é boa ou má de acordo com a sua motivação. Pode parecer boa, mas a motivação pode maculá-la, e, assim, se Deus não julgasse a parte secreta da ação, Ele não julgaria justamente. Ele pesará nossas ações e detectará os desígnios que levaram a elas, bem como o espírito que as produziu.

Não é de fato verdade que o segredo é a melhor evidência da condição humana? Muitos não farão em público aquilo que lhes envergonhasse, não porque não tenham o coração manchado o suficiente para isso, mas porque são muito covardes. Aquilo que um homem faz quando acha que está completamente sozinho é a melhor revelação de si. Aquilo que vocês não farão por causa do que será dito a seu respeito, caso pratiquem o mal, é um indicativo de seu verdadeiro caráter. As coisas que não farão porque serão elogiados por terem feito bem é igualmente um teste de seu coração. Tal virtude é meramente egoísta ou uma subserviência mesquinha a seus irmãos. No entanto, o que praticam que brota da falta de respeito a qualquer autoridade — a não ser a sua consciência e seu Deus —, aquilo que fazem quando não são observados, sem se importar com o que os homens dirão acerca disso, essas são as coisas que revelam vocês, que manifestam sua alma verdadeira. Por isso, Deus enfatiza de modo especial, aqui, o fato de que Ele julgará "os segredos" dos homens por meio de Jesus Cristo naquele dia.

Ó, amigos, se vocês não tremem ao pensar a respeito dessas coisas, precisam tremer. Sinto a profunda responsabilidade de pregar sobre esses temas a vocês. E oro a Deus para que, por Sua misericórdia, Ele aplique essas verdades a seu coração, para que sejam enérgicas sobre sua vida. Tais verdades deveriam nos alarmar, porém temo que as tenhamos ouvido com poucos efeitos, acostumando-nos com elas, e elas não penetram em nós como deveriam. Teremos que tratar, irmãos, com um Deus onisciente, com Aquele que, uma vez que conheça algo, jamais o esquecerá. Com Aquele para quem todas as coisas são sempre presentes. Com Aquele que não encobrirá qualquer coisa por temor, ou favorecerá qualquer pessoa. Com Aquele que em breve trará o esplendor de Sua onisciência e a imparcialidade de Sua justiça sobre toda vida humana. Que Deus nos ajude, independentemente de por onde vagamos e onde repousamos, a lembrar que cada pensamento, palavra e ação de cada momento está sob luz ardente que irradia sobre todas as coisas e vem do trono de Deus!

3. Outra revelação solene de nosso texto recai neste fato: DEUS JULGARÁ OS SEGREDOS DOS HOMENS POR MEIO DE JESUS CRISTO. Quem assentará no trono como um vice--regente de Deus e como Juiz, agindo por Deus, será Jesus Cristo. Que nome para um Juiz! O Salvador ungido — Jesus Cristo, Ele será o Juiz de toda a humanidade. Nosso Redentor será o julgador de nosso destino.

Isso será, sem dúvida, primeiramente para a demonstração de Sua glória. Que diferença haverá então entre o bebê da manjedoura em Belém, perseguido por Herodes, levado à noite para o Egito para se abrigar, e o Rei dos reis e Senhor dos senhores, diante de quem todo joelho se dobrará! Que diferença entre o homem abatido e cheio de dores e Aquele que estará cingido de glória, assentado no trono cercado por um arco-íris! De escarnecido dos homens até ao trono do juízo universal, que ascensão! Sou incapaz de comunicar a vocês o sentimento de meu coração quanto ao contraste entre o "desprezado e o mais rejeitado entre os homens" e o mundialmente reconhecido Senhor, diante de quem os césares e pontífices se inclinarão até o pó. Aquele que foi julgado no tribunal de Pilatos convocará a todos para o Seu tribunal. Que mudança desde a vergonha e a cusparada, os cravos e as feridas, o escárnio e a sede, e a angustiante morte, para a glória na qual virá Aquele cujos olhos são como chamas de fogo e de cuja boca sai uma espada de dois gumes! Aquele que foi abominado pelas nações as julgará. Ele as quebrará em pedaços como o vaso de um oleiro, a todos os que o expulsaram como um indigno de viver entre eles. Ó, devemos nos inclinar diante dele agora enquanto Ele se revela em Sua terna compaixão e em Sua generosa humilhação! Beijemos o Filho para que Ele não se ire, que nos dobremos à Sua graça, para que não sejamos esmagados por Sua ira. Vocês, pecadores, curvem-se diante daqueles pés traspassados, que, de outra forma, pisará sobre vocês como a uvas no lagar. Olhem para Ele com pranto e confessem seu esquecimento dele e coloquem sua confiança nele, para que Ele não olhe para vocês em indignação. Ó, lembrem-se de que um dia Ele dirá: "Quanto, porém, a esses meus inimigos, que não quiseram que eu reinasse sobre eles, trazei-os aqui e executai-os na minha presença". A realização do julgamento pelo Senhor Jesus realçará grandemente a Sua glória. Finalmente terá fim uma controvérsia que ainda é mantida por certos espíritos errôneos: não haverá dúvida sobre a divindade do Senhor naquele dia, não haverá questionamento se esse mesmo Jesus, que foi crucificado, é, ao mesmo tempo, Senhor e Deus. O próprio Deus julgará, mas o fará na pessoa de Seu Filho Jesus Cristo, verdadeiramente homem, mas, ainda assim, verdadeiramente Deus. Sendo Deus, Ele é divinamente qualificado para julgar o mundo em justiça e as pessoas com Sua verdade.

Se você perguntar novamente: "Por que o Filho de Deus foi escolhido para ser o Juiz final?". Eu poderia lhes fornecer como uma resposta a mais o fato de Ele receber esse alto cargo não apenas como recompensa por todos os Seus sofrimentos e como manifestação de Sua glória, mas, também, porque os homens estão sob Sua balança mediadora, e Ele é o seu governante e Rei. No presente momento, todos estamos sob a balança do Príncipe Emanuel, Deus conosco. Fomos colocados, por um ato de clemência divina, não sob o governo imediato de um Deus ofendido, mas sob o governo reconciliatório do Príncipe da Paz. Toda a autoridade lhe foi dada no Céu e na Terra.[132] "E o Pai a ninguém julga, mas ao Filho confiou todo julgamento". É-nos ordenado pregar às pessoas e "testificar que ele é quem foi constituído por Deus Juiz de vivos e de mortos" (Atos 10:42). Jesus é nosso Senhor e Rei, e é justo que Ele conclua Sua soberania mediadora ao recompensar Seus súditos de acordo com as obras deles.

Mas, por algum meio, devo dizer-lhes algo que alcançará seu coração, mesmo que as considerações anteriores não tenham tido êxito nisso. Penso que Deus escolheu Cristo, o homem Cristo Jesus, para julgar o mundo a fim de que não haja um subterfúgio com relação a esse juízo. Os homens não poderão afirmar: "Fomos julgados por um ser superior que não conhecia nossas fraquezas e tentações, portanto, Ele nos julgou com dureza e sem generosa consideração de nossa condição. Não, Deus julgará os segredos dos homens por meio de Jesus

---

[132] Conforme Mateus 28:18

Cristo, que foi tentado em todas as coisas como nós, mas sem que Ele pecasse. Ele é nosso irmão, sangue de nosso sangue e carne de nossa carne, coparticipante de nossa humanidade e, por isso, entende e sabe o que está dentro dos homens. Ele se provou habilidoso em toda aquela cirurgia da misericórdia por todas as Eras, e, por fim, será encontrado igualmente capaz de dissecar as motivações e revelar o pensamento e as intenções do coração. Ninguém poderá olhar para trás para aquele augusto tribunal e dizer que Aquele que se assentava no trono era muito austero porque Ele não conhecia qualquer coisa da fraqueza humana. Será o amoroso Cristo cujas lágrimas, o suor em sangue e as feridas abertas atestam sua irmandade com a humanidade. E ficará evidente a toda inteligência que, por mais terríveis que sejam Suas sentenças, Ele não pode ser impiedoso. Deus nos julgará por meio de Jesus Cristo, para que o julgamento seja inquestionável.

Entretanto, atentem bem, pois falo com grande peso sobre minha alma — esse julgamento por meio de Cristo Jesus coloca fora de qualquer possibilidade a esperança de qualquer intervenção posterior. Se o Salvador condena, e um Salvador como esse, quem pode apelar em nosso favor? O proprietário da vinha[133] estava para cortar a árvore estéril quando o podador apelou: "Senhor, deixa-a ainda este ano". Mas o que será daquela árvore quando o próprio Podador disser a seu mestre: "Ela deve ser derrubada; eu mesmo a cortarei"? Se seu Salvador se tornar o seu Juiz, você certamente será julgado. Se Ele disser: "Apartai-vos de mim, malditos", quem poderá chamá-los de volta? Se Aquele que sangrou para salvar os homens por fim chegar a essa conclusão de que não há mais o que se fazer senão afastá-los de Sua presença, então, adeus esperança. Aos culpados o julgamento será, sem dúvida, "um grande dia de terror, decisão e desespero"[134].

---

[133] A parábola em Lucas 13:6-9 refere-se a uma figueira estéril plantada no meio de um vinhedo.

[134] Tradução livre de um dos versos do poema *Night Thoughts on Life, Death and Immortality* (Pensamentos noturnos sobre a vida, a morte e a imortalidade) de Edward Young.

Um horror infinito se apossará de seu espírito à medida que as palavras do amoroso Cristo congelarem até sua medula e os prenderem à geleira do desespero eterno. Há, conforme o vejo, um clímax de solenidade no fato de que Deus julgará os segredos dos homens por Jesus Cristo.

Isso também não demonstra quão infalível será a sentença? Pois esse Cristo de Deus está anelante por executá-la aos homens. Se Ele disser: "Vinde, benditos", não falhará em os trazer à sua herança. Se estiver inclinado a dizer: "Apartai-vos, malditos", Ele o cumprirá, e eles deverão ir à punição eterna. Mesmo quando lhe custou a vida, Ele não se eximiu de cumprir a vontade de Seu Pai, tampouco se encolherá naquele dia quando pronunciará a sentença de perdição. Ó, quão perverso deve ser o pecado, para constranger o terno Salvador a pronunciar a sentença de sofrimento eterno! Tenho certeza de que muitos de nós têm sido levados a um ódio crescente contra o pecado ultimamente. Nossa alma tem recuado dentro em nós por causa da maldade em meio à qual habitamos; ela nos levou a sentir como se alegremente pudéssemos tomar emprestado os trovões do Todo-Poderoso com os quais atingir a humanidade. Essa nossa pressa pode não ser adequada, uma vez que implica em uma reclamação contra a longanimidade divina. Todavia, o tratamento de Cristo à perversidade será calmo e não passional, porém ainda assim esmagador. Jesus, com Suas mãos perfuradas, que carregam a atestação de Seu supremo amor aos homens, dispersará os impenitentes, e aqueles lábios, que ordenaram que os cansados descansassem nele solenemente, dirão aos iníquos: "Apartai-vos de mim, malditos, para o fogo eterno, preparado para o diabo e seus anjos". Ser pisado pelos pés que foram pregados à cruz significará ser verdadeiramente esmagado, e será assim de fato: Deus julgará os segredos dos homens por meio de Jesus Cristo.

Parece-me que nisso Deus pretendia exibir a unidade de todas as Suas perfeições. Nesse mesmo homem, Jesus Cristo, o Filho de Deus, vocês contemplam a justiça e o amor, a misericórdia e a retidão, tudo combinado em igual medida. Ele se volta à Sua direita e diz: "Vinde, benditos", com suavidade infinita e, com os mesmos lábios, olha à Sua esquerda, dizendo: "Apartai-vos, malditos". Os homens verão, em uma só mirada, como o amor e a justiça são um e como eles se encontram em igual esplendor na pessoa do Bem-amado, a quem Deus escolheu para ser o Juiz dos vivos e dos mortos.

4. Terminarei se vocês aguentarem mais um ou dois minutos comigo sobre meu próximo ponto, que é este: TUDO ISSO ESTÁ EM CONFORMIDADE COM O EVANGELHO. Ou seja, não há qualquer coisa contrária a esse solene ensinamento no evangelho. Os homens se unem a nós para nos ouvir pregar sobre a misericórdia infinita e falar do amor que obscurece nosso pecado, e nossa tarefa é alegre quando somos chamados para entregar tal mensagem. Contudo, ó, senhores, lembrem-se de que nada em nossa mensagem alivia para o pecado. O evangelho não lhes oferece oportunidade de prosseguir no erro e escapar sem penalidades. Seu próprio clamor é: "A menos que vocês se arrependam, perecerão de igual modo". Jesus não veio ao mundo para tornar o pecado menos terrível. Nada no evangelho releva o pecado; nada nele permite tolerância à cobiça ou à ira, ou à desonestidade, ou à falsidade. O evangelho é tão verdadeiramente uma espada de dois gumes contra o pecado quanto a Lei pode ser. Há graça para o homem que abandona o pecar, mas há tribulação e ira sobre cada homem que pratica o mal. "Se [você] não se converter, afiará Deus a sua espada; já armou o arco, tem-no pronto". O evangelho é todo ternura ao arrependido, mas todo terror ao ofensor obstinado. Ele tem perdão para cada principal dos pecadores e misericórdia ao mais vil dentre os vis, se eles abandonarem seus pecados. Porém, está em conformidade com nosso evangelho que aquele que prossegue em sua iniquidade seja lançado no fogo e que aquele que crê não seja condenado. Com profundo amor pela

alma dos homens, sustento o testemunho da verdade de que aquele que não se voltar a Cristo em arrependimento e fé receberá uma punição tão eterna quanto a vida dos justos. Isso está de conformidade com nosso evangelho. Na verdade, não temos necessidade de um evangelho se não há tal julgamento. O pano de fundo da cruz é o trono do julgamento de Cristo. Não teríamos necessidade de tão grande expiação, de sacrifício tão vasto, se não houvesse uma excessiva malignidade no pecado, uma excessiva justiça no julgamento e um terror excessivo na recompensa certa à transgressão.

Paulo diz "…de conformidade com o meu evangelho" e queria dizer que o julgamento é uma parte essencial do credo do evangelho. Se eu tivesse que resumir o evangelho, eu teria de lhes dizer certos fatos: Jesus, o Filho de Deus, tornou-se homem, nasceu da virgem Maria, teve uma vida perfeita, foi falsamente acusado pelos homens e se assenta à mão direita de Deus, de onde virá para julgar os vivos e os mortos. Esta é uma das verdades elementares de nosso evangelho: cremos na ressurreição dos mortos, no julgamento final e na vida eterna.

O julgamento está em conformidade com nosso evangelho. E, em tempos de justa indignação, seu terrível significado parece um evangelho muito evangélico para os puros de coração. É isso mesmo que quero dizer. Li a respeito disso e, com relação à opressão, à escravidão, à humilhação do pobre, ao derramamento de sangue, regozijo-me de que haja um justo Juiz. Tenho lido sobre a perversidade oculta entre os ricos desta cidade e digo dentro em mim: "Obrigado, Deus, porque haverá um dia de julgamento". Milhares de homens foram enforcados por menos crimes do que os daqueles que agora trazem desgraça a cavalheiros cujos nomes estão nos lábios daquela classe e beleza. Ai, quão pesaroso fica nosso coração ao pensar sobre isso! Chegou a nós como um evangelho que o Senhor será revelado em fogo flamejante, vingando-se daqueles que não conhecem Deus e que não obedecem ao evangelho de nosso Senhor Jesus Cristo (2Ts 1:8). A perversidade secreta de Londres não pode permanecer para sempre.

Mesmo aqueles que mais amam a humanidade, e mais desejam a salvação para eles, não podem evitar de clamar a Deus: "Até quando? Tanto tempo! Grande Deus, suportarás isso para sempre?". Deus designou um dia no qual Ele julgará o mundo, e suspiramos e clamamos até que finde o reinado da iniquidade e os oprimidos recebam descanso. Irmãos, precisamos pregar sobre a volta do Senhor e pregar mais do que o temos feito porque esse é o poder mobilizador do evangelho. Muitos têm retido essas verdades, e, assim, os ossos foram removidos do braço do evangelho. Quebraram a sua ponta e cegaram sua lâmina. A doutrina do julgamento vindouro é o poder pelo qual os homens serão despertados. Há outra vida, o Senhor virá uma segunda vez, o julgamento chegará, a ira divina será revelada. Onde isso não for pregado, ouso dizer que o evangelho não é compartilhado. É absolutamente necessário à pregação do evangelho de Cristo que os homens sejam avisados quanto ao que acontecerá se permanecerem em seus pecados. Espere um pouco, senhor Spurgeon, é necessário ser muito delicado para dizer ao homem que ele está enfermo! Vocês esperam curar os doentes sem que eles saibam disso. Portanto, vocês os lisonjeiam, e o que acontece? Eles riem de vocês, dançam sobre as próprias tumbas deles. E por fim morrem! A sua delicadeza é crueldade, suas lisonjas são venenosas — vocês são assassinos. Vamos mantê-los em seu paraíso de tolo? Vamos embalá-los em seu sono do qual acordarão no inferno? Devemos nos tornar auxiliares na condenação por nosso discurso suave? Em nome de Deus, não o faremos. Cada verdadeiro ministro de Cristo deve erguer a voz e não ceder, pois o Senhor marcou um dia no qual Ele "por meio de Cristo Jesus, julgará os segredos dos homens, de conformidade com o meu evangelho". Tão certo quanto era verdadeiro o evangelho de Paulo, o julgamento virá. Portanto, corram para Jesus hoje mesmo, ó pecadores. Ó vocês, santos, escondam-se debaixo da cobertura carmesim do sacrifício expiatório, para que possam se preparar para saudar nosso Senhor que descerá e para conduzi-lo ao Seu trono do julgamento. Ó, meus ouvintes, que Deus possa abençoá-los, em nome de Jesus. Amém.

11

A SEPARAÇÃO FINAL[135]

...e todas as nações serão reunidas em sua presença, e ele separará uns dos outros, como o pastor separa dos cabritos as ovelhas... (Mateus 25:32)

Jesus Cristo, o homem de Nazaré, que também é o Filho de Deus, foi crucificado, morto, sepultado e, ao terceiro dia, ressuscitou dos mortos. Depois de Ele se mostrar aos Seus discípulos por 40 dias — às vezes, apenas a um deles, a dois ou três, e, em uma ocasião, a mais de 500 irmãos de uma vez —, Ele ascendeu ao Céu. Do cume do monte das Oliveiras, Ele foi elevado nos ares, dentre os Seus discípulos, e pouco a pouco foi recebido entre as nuvens fora da vista deles. Esse mesmo Jesus, que partiu para o Céu, voltará de modo semelhante ao que subiu. Isto é, em pessoa, em Seu corpo ressuscitado. O mesmo Cristo que ascendeu aos céus descerá certamente de novo no último dia. O tempo de Sua vinda não nos é revelado — "a

---

[135] Este sermão foi pregado no *Metropolitan Tabernacle*, em data desconhecida.

respeito daquele dia e hora ninguém sabe, nem os anjos dos céus", contudo, esse tempo se aproxima a cada dia, e não somos capazes de dizer quando será a hora. Foi-nos dito que Ele em breve voltará. Parece que já passou um longo tempo desde que isso foi falado, 1.800[136] anos atrás, mas lembramo-nos de que as coisas que são lentas para nós podem ser rápidas para Deus, pois um dia para o Senhor é como mil anos, e mil anos como um dia.[137] Não nos compete saber os tempos ou as épocas.[138] Eles permanecem ocultos segundo o propósito divino.

Esses tempos e épocas permanecem não revelados por excelentes razões: para que possamos sempre estar na torre de vigia, sem saber a que hora o Senhor Jesus se manifestará. Para o mundo ímpio, Ele virá como um ladrão à noite e os surpreenderá não vigiando. Mas nós, irmãos, não estamos nas trevas para que aquele dia nos surpreenda como um ladrão. Sendo filhos do dia, somos ensinados a permanecer despertos e, de pé em plena luz, com nossos lombos cingidos, devemos estar sempre buscando pela manifestação de nosso Mestre. Devemos sempre estar vigiando, nunca dormindo.

Nosso texto nos diz que, como consequência de Sua vinda, haverá um julgamento geral. Esta noite, não tentarei ordenar os outros eventos que sucederão no tempo da vinda do Senhor. É provável que, em Sua vinda, haverá primeiramente a ressurreição e a recompensa de Seus santos, uma divisão das 10 cidades e de 5 cidades,[139] de acordo com a fidelidade daqueles a quem foram confiados os talentos. E, ao final daquele período, virá aquele último dia tremendo do qual os profetas e os apóstolos falaram:

O dia que muitos pensaram que jamais deveria vir;
Que todos os ímpios desejaram jamais vir;

---

[136] Esse período se refere ao tempo em que Charles Spurgeon viveu, no século 19.
[137] Conforme 2 Pedro 3:8
[138] Conforme Atos 1:7
[139] Conforme Lucas 19:12-27. Nesta parábola, no entanto, Jesus fala das minas, e não dos talentos (que se encontra em Mateus 25:14-30).

O dia que os justos há muito aguardam;
O dia muito temível, e, mesmo assim, pouco temido
Por aqueles que mais o temem.[140]

Um dia de temor e ira; um dia de destruição dos ímpios; um dia de provação para toda a humanidade; um dia que arderá como fornalha. Podemos dizer dele, em tremor: "quem poderá suportar o dia da sua vinda? E quem poderá subsistir quando ele aparecer? Porque ele é como o fogo do ourives e como a potassa dos lavandeiros".

Naquele dia, quando Cristo voltar, Ele julgará as nações. Diante dele estarão reunidos não apenas os judeus, a quem foi dada a Lei, mas também os gentios. Não meramente aquelas nações que por muito tempo têm ouvido o evangelho, mas aquelas a quem ele terá sido anunciado apenas recentemente naquele dia, pois o reino de Deus deve ser anunciado a todas as nações como testemunho contra elas. Cristo terá sido pregado em toda parte e, portanto, os homens serão convocados de todas as regiões para se apresentarem perante Ele. Lembrem-se: não apenas todas as nações existentes, mas todas as nacionalidades que já se foram. Ressuscitarão dos mortos aquelas multidões que pereceram antes do dilúvio e aquelas que foram submersas entre suas terríveis ondas. Lá também aparecerão as miríades que seguiram o chamado de Nimrode, as multidões dos filhos de Jafé, que dividiam as ilhas dos gentios e as hordas que marcharam para a batalha ao comando dos reis da Assíria e da Babilônia. Os mortos do Egito se levantarão de seus leitos de especiarias, ou da terra com a qual o pó de seu corpo se misturou. Estarão lá os dez milhares sobre os quais Xerxes pranteou quando se recordou do quão rapidamente todos eles morreriam. Os gregos e os persas se levantarão, e os romanos igualmente, bem como os hunos e godos que pareciam enxames de abelhas das colmeias nórdicas. Todos eles passarão para a

---

[140] Tradução livre de um extrato do poema *Course of time* (Curso do tempo), de Robert Pollock.

terra desconhecida, porém não foram perdidos — todos responderão aos tambores de convocação no grande dia do Senhor. A Terra, que agora está se tornando cada vez mais um cemitério, levantará seus mortos, e o próprio mar, transformado em solo firme, trará consigo os solitários que hoje dormem em suas sombrias cavernas. Todos os nascidos de mulher virão do prolífico ventre do sepulcro — miríades e incontáveis miríades como as gotas de orvalho da manhã, ou como as areias da praia. Multidões, multidões serão reunidas no vale da decisão. Seus ossos se unirão e o fôlego entrará novamente em seus corpos, e viverão mais uma vez. Por mais tempo que tenham dormido nos sepulcros, eles se levantarão num impulso e, unanimemente, começarão *a comparecer diante de seu Juiz*.

O grande trono branco será estabelecido nas alturas, todo puro e brilhante, claro e límpido como uma pedra de safira, como um grande espelho no qual todo homem verá a si mesmo e os seus pecados refletidos. E sobre aquele trono se assentará o Filho do Homem. Esse mesmo Jesus, que foi pregado ao madeiro e ascendeu ao Céu, assentar-se-á no trono do julgamento, nomeado para determinar os casos de toda a humanidade de todas as Eras. Que assembleia! Nenhuma imaginação pode abrangê-la. Tão longe quanto podem ver os olhos, sim, tão longe quanto a pena da asa de uma águia pode voar, a Terra ficará coberta de homens como um campo de grama durante a primavera. E lá todos estarão com o Juiz sobre Seu grande trono branco como o centro de observação, pois todo olho o verá, e também aqueles que o crucificaram. E todas as famílias da Terra se lamentarão por Sua causa. Será uma multidão heterogênea, como vocês devem imaginar, mas o Pastor, o Grande Pastor, o próprio Juiz, os separará. Essa separação será o único trabalho daquele dia do julgamento. Ele os dividirá tão prontamente e de modo inerrante, como um pastor separa suas ovelhas dos cabritos.

Meu assunto, esta noite, será atrair a atenção de cada um de vocês a essa separação, para que cada um possa questionar qual será o resultado disso sobre sua vida. Já pensei muitas vezes sobre isso por conta própria, e, ainda assim, desejo meditar sobre essa questão. Eu daria ordem à minha mente para que voasse em direção ao futuro e visse, por um momento "A pompa daquele dia tremendo em que Cristo, entre as nuvens, voltará".[141] Eu anteciparia o veredito daquela hora e pensaria na terrível alternativa entre Céu e inferno. Oro para que todos possamos pensar nisso e especialmente vocês, que não estão preparados para esse dia, para que, de uma vez, corram para Aquele cujo sangue e justiça são os únicos que podem lhes permitir manter a cabeça erguida naquela tremenda hora.

Falarei acerca de três coisas: a primeira é *a separação*; a segunda é *Aquele que separa*; e a terceira é *a regra para a separação*.

1. Assim sendo, a primeira é A SEPARAÇÃO. "...e todas as nações serão reunidas em sua presença, e ele separará uns dos outros, como o pastor separa dos cabritos as ovelhas...".

Isso quer dizer que, inicialmente, *eles serão separados em duas partes* — Suas ovelhas e os cabritos. Haverá duas posições: Ele colocará Suas ovelhas à Sua mão direita, porém os cabritos, à esquerda. Não há lugar para uma *terceira* posição? Não, pela simples razão de que, naquele dia, não haverá uma terceira classe. E, portanto, ela não existirá por este motivo: jamais *houve* uma terceira classe. Sei que há alguns aqui, esta noite, que não ousam dizer que creem em Jesus, mas não gostariam de ser colocados entre os ímpios. No entanto, suplico a vocês que se lembrem de que há somente dois livros, e, em um ou outro, seu nome deve estar registrado pela mão de Deus, uma vez que não há um terceiro livro. Há o Livro da Vida do Cordeiro, e, se seu nome estiver lá, bem-aventurado é você. Se não estiver, seus pecados ainda estão registrados no livro que contém a evidência condenatória que

---

[141] Tradução livre de um verso do hino *O God, my inmost soul convert* (Ó Deus, converte o profundo de minha alma), de Charles Wesley.

selará a sentença de morte dos incrédulos. Ouçam-me! Não há neste mundo qualquer outro tipo de pessoas exceto aquelas que estão mortas em pecados e as que estão vivas em Deus. Não há um estado intermediário. Um homem está ou vivo ou morto. Não podem encontrar uma condição de neutralidade. Uma pessoa pode estar desfalecida ou adormecida, mas está viva. Não há um estado que não esteja dentro dos limites da vida ou da morte. Isso não está suficientemente claro? Não há um estado intermediário entre ser convertido e não convertido, entre ser vivificado ou morto no pecado. Não há uma condição entre estar perdoado ou ter nossos pecados sobre nós. Não há um estado entre habitar nas trevas e ser trazido para a maravilhosa luz. Uma ou outra será a nossa condição — e esta é a maior tolice humana de todos os tempos: eles sonharão em um estado intermediário e tentarão permanecer nele. Foi por esse motivo que o antigo profeta, estando no cume do Carmelo, disse: "Até quando coxeareis entre dois pensamentos? Se o SENHOR é Deus, segui-o; se é Baal, segui-o". E é por esse motivo que temos que, constantemente, chamar a atenção da humanidade para a grande declaração do evangelho: "Quem crer e for batizado será salvo; quem, porém, não crer será condenado".

Deus deu ao pregador duas mãos para que ele colocasse o povo em cada um desses lados e distribuísse a verdade com esses dois caráteres e nenhum mais. Não se enganem a este respeito: vocês estão ou no caminho para o Céu, ou na estrada para o inferno. Não há "purgatório" ou condição intermediária no mundo porvir. O "purgatório" é uma invenção do papa para encher a própria adega e a despensa — e jamais foi colocada uma especulação mais lucrativa do que as oratórias das missas e o roubar aos ingênuos sob o pretexto de alterar o estado daquilo que foi estabelecido como eterno. A ladroagem do purgatório[142] foi o nome que os primeiros reformadores deram a isso. No entanto, vocês irão ao Céu ou ao inferno — e permanecerão em um desses dois lugares —, pois, ou têm um caráter adequado ao Céu,

---

[142] Termo cunhado pelo reformador inglês Hugh Latimer (1487–1555).

ou um caráter que se ajusta ao inferno. Não há caráter do qual se possa supor, se entendemos corretamente as Escrituras, que seja adequado para um lugar entre eles. E tampouco há um lugar intermediário preparado para tal caráter. "...e ele separará uns dos outros, como o pastor separa dos cabritos as ovelhas; e porá as ovelhas à sua direita, mas os cabritos, à esquerda". O rebanho humano será separado em duas companhias.

A seguir, observem que *eles serão prontamente separados*. Não é qualquer um que poderia separar as ovelhas dos cabritos. Suponho, de acordo com nosso conhecimento corriqueiro dos cabritos, que vocês rapidamente os diferenciariam das ovelhas. Porém, alguém que tenha viajado para o Oriente, e até mesmo para a Itália, sabe que são necessários olhos treinados para diferenciar certo tipo de cabrito de um certo tipo de ovelha. Eles são extremamente parecidos — a lã de algumas ovelhas se torna tão parecida com pelos, em clima quente, e o pelo de certo tipo de cabrito é tão semelhante à lã que um viajante dificilmente saberia qual é qual. Entretanto, um pastor que tenha vivido entre eles sabe bem a diferença. Assim, neste mundo, é fácil distinguir um pecador de um santo, em alguns casos. Não é necessária grande inteligência para discernir o caráter daqueles abertamente desonestos, dos bêbados, dos depravados, dos não cumpridores do *Shabat*, do profano. Vocês sabem que eles não têm parte entre o povo de Deus, pois carregam as insígnias dos filhos do maligno — os imorais são facilmente separados dos puros de coração. Porém, dentro da igreja há muitas pessoas que têm muito sobre si que parece bom e, no entanto, muito que é terrivelmente inconsistente, de modo que somos bem incapazes de descobrir qual é a sua verdadeira natureza. Graças a Deus, não fomos chamados a julgá-los, nem mesmo foi-nos autorizado fazê-lo. O pastor mais experiente dificilmente deverá tentar fazer isso. Certamente, se ele se sentir muito perturbado com essa questão, a ponto de apresentá-la ao Senhor e pedir direção sobre como tratar esse joio, ser-lhe-á dito que os deixe crescer até o tempo da colheita, para que, ao desarraigar o joio, ele não acabe também arrancando juntamente o trigo. Hoje conversei com certo bom homem que trabalha com afinco entre os pobres do Leste da cidade. Ele disse: "Temos muitos que professam ser convertidos, contudo, não acredito que mais do que um a cada cinco acabe realmente sendo. No entanto", ele continuou, "não tenho muitos problemas com eles na igreja — nenhum tipo de problema como seria provável que você tivesse com o seu povo porque, entre a classe de pessoas que vai ao Tabernáculo [Metropolitano] há um sentimento de que é correto que se vá à Casa de Deus pelo menos uma vez no *Shabat*, se não duas. E, se alguns se unirem à igreja, lá continuarão frequentando, por mero hábito. Ao passo que", declarou ele, "quando um dentre as classes mais pobres cessar de ser cristão em seu coração, ele cessará, ao mesmo tempo, de frequentar os cultos públicos, porque não há costume que o mantenha indo. Assim, ele seguirá seus próprios gostos, irá para casa, e desperdiçará tempo fazendo nada e, muito provavelmente, ficará bêbado ou cairá em qualquer vício comum aos de sua classe. Assim, ele é peneirado de uma vez". Em casos como esse, os tipos de pessoas são facilmente distinguidos. Porém, entre as mais respeitáveis classes de indivíduos, que não bebem e observam o *Shabat*, você encontrará muitos que permanecem na igreja, embora não possuam piedade interior, ou amor por Cristo, não oram secretamente e, assim, isso representa muito mais perigo. Agora, caros amigos, aquilo que *nós* não podemos fazer, e não devemos tentar fazer, Jesus Cristo o fará com grande facilidade. Quando o Pastor vier, Ele logo separará Suas ovelhas dos cabritos. Seus olhos de fogo lerão cada coração. Os hipócritas na igreja num momento tremerão, interpretando instintivamente o significado daquele olhar, uma vez que Cristo lhes dirá por meio dessa mirada: "O que vocês estão fazendo aqui entre o Meu povo?".

Lembrem-se: do mesmo modo como a separação será prontamente realizada, *ela também será feita infalivelmente*. Ou seja, não será encontrada entre os cabritos uma pobre ovelha sequer para ser afastada do rebanho impuro. Quando Cristo disser: "Apartai-vos de mim, malditos", Ele não o dirá a sequer uma alma sincera, mas débil. Ah, não! Vocês podem se autocondenar, porém, se tiverem uma fé viva, o Senhor não os condenará. Vocês podem ficar repetidamente temerosos de que Ele lhes ordenará que se afastem, mas Ele não o fará. Nenhuma ovelha de Seu rebanho ficará entre os cabritos. Toda a companhia de Seus remidos será reunida em segurança às suas eternas mansões —

Senhor, os que suportarão aquele dia tão esplêndido e terrível
Cujos pecados, por Teus méritos, cobertos foram,
Que, quando a Tua mão de misericórdia se estendeu,
Creram, obedeceram e de Teu poder gracioso se apossaram,
Estes, poderoso Deus, sem qualquer medo verão
O dia em que a Terra e o Céu diante deles passarão.

O gume da espada também corta do outro lado e, portanto, estejam certos de que não haverá cabritos que entrarão nas pastagens dos benditos entre as ovelhas. Nenhuma pessoa não convertida e desprovida de graça seguirá o Grande Pastor àquelas fontes celestiais de água viva, que proporcionam eternos goles de alegria ao rebanho adquirido. Embora o pecador possa ter vivido um tipo de vida exterior consistente por 40 ou 50 anos, embora ele possa ter pregado o evangelho e feito muitas maravilhas, mesmo assim Cristo lhe dirá: "Nunca o conheci". Ele não conseguirá se manter em sua pele de ovelha, ou balir como uma — Cristo o reconhecerá sob qualquer disfarce que possa vestir. Ele o encontrará e o dirigirá ao seu local adequado, de forma que nenhum dos malditos entrará na cidade com os benditos. Será um julgamento infalível. Portanto, há bons motivos para que nos preparemos para ele. Não há como subornar ou enganar o Juiz, tampouco haverá com evitar o Seu tribunal. Ó, preparem-se para encarar aquele olhar que os lerá de cima a baixo!

Essa separação, quando ocorrer, permitam-me insistir para que vocês se lembrem, *será muito precisa e penetrante*. Reflitam sobre isso; pensem sobre isso porque alguns de vocês podem ter de sofrê-la. Dois homens estarão no campo, um será levado e o outro, deixado. Haverá dois trabalhadores que labutavam juntos. Guiavam o mesmo arado e os mesmos bois, mas um estará à mão direita e o outro, à esquerda. Dois marceneiros haviam manipulado o mesmo martelo e a mesma plaina trabalhando no mesmo banco, entretanto, um será levado e o outro, deixado. Duas pessoas trabalharam na mesma loja, no mesmo balcão e com os mesmos produtos, e uma será levada e a outra não. Eles eram amigos e colegas de trabalho na loja, porém um se alegrará ao ouvir a saudação "Vinde", ao passo que o outro receberá a terrível sentença "Apartai-vos". Infelizmente, a separação virá para ainda mais perto do lar. Duas mulheres estarão em uma casa — uma será levada e a outra, deixada. Duas mulheres estarão moendo no moinho, isto é, envolvidas com suas tarefas domésticas, moendo o milho do café da manhã, uma será levada e a outra, deixada. Assim, pode haver duas empregadas na mesma casa: uma cozinheira e a outra arrumadeira, uma salva e outra perdida. Duas irmãs vivendo sob o mesmo teto, uma delas trazida para a glória e a outra lançada à vergonha. Dois de vocês podem habitar entre as mesmas quatro paredes, comendo pão à mesma mesa, bebendo do mesmo cálice e, ainda assim, um de vocês celebrará no banquete eterno, e o outro clamará por uma gota de água para refrescar sua língua abrasada. Vocês podem não gostar de serem separados, no entanto, precisarão sê-lo. Lamentavelmente, haverá ainda uma separação mais dolorosa. Dois estarão na mesma cama, e um será tomado enquanto o outro será deixado — o marido separado da esposa, e a esposa de seu marido. Ó, haverá afastamentos, haverá separações e, como consequência, haverá pranto, haverá pranto diante do trono do julgamento de Cristo. Não para os piedosos, pois nestes a glória de seu Senhor tragará todos os demais pensamentos, mas sim para aqueles sem Cristo, os que não oravam e não tinham a graça. Ó, o pranto dos filhos, o choro das mulheres e dos maridos, e o choro dos pais ao virem seus filhos salvos, ou seus pais salvos, ou seu marido ou esposa salvos — e eles mesmos estiverem eternamente banidos.

Ó, pranto haverá
Perante o trono do julgamento
Quando este mundo se consumirá
Sob os pés de Jeová, o calcamento.
Amigos e parentes se separarão,
Apartados para nunca mais se encontrar;
A ira consumindo o rebelde coração,
Enquanto os santos no alto estarão a adorar.

A separação será, sem dúvida, agonia para os perdidos. Eu dificilmente teria coragem de me despedir de um homem se soubesse que jamais o veria novamente. O pior desejo que tenho contra o pior inimigo que já tive — conquanto eu não saiba se tenho um neste mundo — não chegaria ao ponto de dizer que nunca mais gostaria de vê-lo. Uma vez que espero estar onde Jesus está, eu gostaria de ver essa pessoa, seja ela quem for, e de vê-la entre os benditos. Mas pode ser que isso não aconteça. Pode ser que não ocorra se os pecadores não se arrependerem dos seus pecados, se persistirem em rejeitar Jesus Cristo. A menos que creiam nele, a separação será precisa e contundente, dividindo juntas e medulas, rompendo laços matrimoniais e vínculos de afeição filial ou paternal — eliminando para sempre todas as vãs esperanças. Ó almas impenitentes, eu poderia clamar por vocês! Se estão vinculados por relacionamento de sangue com os santos, isso não lhes será de ajuda caso morram não regenerados! Embora vocês sejam osso dos ossos e carne da carne um do outro, ainda assim se separarão se não forem um com Cristo. Suplico a vocês, não regenerados, a levarem isso a sério e a não serem frívolos por mais tempo!

Essa separação, lembrem-se, caros amigos, *será tão ampla* quanto precisa, visto que ela será representada em tal distância como entre Céu e inferno — e como eles são distantes! A distância entre Deus e Satanás! Entre felicidade e miséria! Entre a glória e a desgraça eterna! Entre a alegria infinita e o pesar sem limites! Entre os cânticos e os lamentos! Entre os triunfos e os gemidos; a celebração e o ranger de dentes! Se a única separação fosse aquela que pode advir da diferença nos níveis de glória (se houver alguma), alguém poderia ainda almejar ter a companhia de nossos queridos. No entanto, a diferença é entre Céu e inferno — e Cristo disse, a respeito disso, que "está posto um grande abismo", de modo que não se pode passar de nosso lado para o seu e nem do lado deles poderia vir alguém para o nosso. O distanciamento será tão amplo quanto a eternidade. O abismo que nos separa será tão profundo quanto o abismo e tão intransponível quanto o inferno.

E recordem que *a separação será definitiva*. Não há como lançar uma ponte cruzando aquele vasto abismo. Os espíritos amaldiçoados podem olhar para esse terrível abismo, à inexprimível escuridão de suas trevas, mas jamais verão esperança de atravessá-lo para a terra dos benditos. A chave está perdida — eles jamais poderão vir do cárcere do desespero. "Eternamente, eternamente, eternamente" está escrito sobre as cadeias que prendem os espíritos perdidos. Nenhuma esperança de restauração jamais foi desfrutada por um homem no inferno, e é inútil sonhar a esse respeito agora. De todas as imaginações da mente, ela é a que tem menos apoio nas Escrituras. O pecador perdido estará separado para sempre de Jesus e dos Seus discípulos, independentemente de quão próximo tenha sido o parentesco, no corpo, com esses discípulos. A separação é indescritível e eterna.

Amados, essas são as coisas pesarosas que, à medida que medito sobre elas, sinto-me mais propenso a sentar-me e chorar do que pôr-me de pé e falar a vocês. O tema me leva a sentir a fraqueza de meras palavras e, em certa medida, faz-me perder o poder de expressão, pois, e se algum de vocês estiver eternamente perdido? Algo que me tocou ontem foi quando vi uma irmã em Cristo, que há muitos anos tem sido minha ouvinte. Ela me disse que havia se decidido por Cristo por causa de um sermão meu por ocasião de minha última viagem, porque eu talvez poderia nunca mais me dirigir a vocês e encontraria meu sepulcro em terras estrangeiras.[143] Também pensei que assim seria na época em que disse aquelas palavras, embora eu esteja feliz por elas não terem se cumprido. Aquela irmã pensou: "Bem, ele tem pregado para mim todos esses anos, e, se eu morrer não convertida, nunca mais o verei". Então um pensamento lhe cruzou a mente: "Quanto pior seria sentir que jamais veria o Rei em Sua beleza. Eu nunca verei o Salvador". E, desse modo, ela foi levada pelo Espírito Santo a entregar seu coração a Jesus. Talvez o Senhor possa usar o pensamento sobre essa separação para mover alguns de vocês a dizer: "Virei a Jesus e descansarei nele". Ó, Senhor, meu Deus, permitas que assim seja, em nome de Jesus.

2. Temos falado sobre *a separação*. Agora, teremos algumas palavras sobre AQUELE QUE SEPARA. "...e ele separará uns dos outros".

Cristo Jesus será Aquele que faz a separação da raça humana em duas partes, e regozijo-me em sabê-lo porque, antes de tudo, *essa será uma ocasião de alegria duradoura, sim, eterna, para todos os santos*. Nenhum filho de Deus jamais terá dúvidas no Céu, porém, é necessário que eles comecem a sua alegria com uma garantia muito forte do amor divino, ou pelo menos penso que eles deveriam. A menos que Deus tenha ordenado o método o qual o texto sugere, eu bem poderia me imaginar no Céu dizendo a mim mesmo: "É verdade, é

---

[143] Spurgeon tinha sérios problemas de saúde que exigiam que ele, vez ou outra, se afastasse do clima úmido e frio de Londres. Na maioria das vezes, ele ia ao sul da França para fazer seu tratamento médico e repousar. É a isso que se refere esta parte do sermão.

verdade que estou aqui? Lembro-me do pecado no dia tal e da falha naquela hora, e das minhas murmurações e incredulidades, e de todas as vezes que me afastei de Deus. E estou aqui, no fim das contas?". Eu poderia imaginar que, se não fosse pelos meios usados para colocar um fim a tal possibilidade, eu diria: "Certamente, provarei disso somente por um momento para que afinal eu seja levado aos meus merecidos desertos, a fim de que o meu inferno se torne ainda mais terrível depois de eu ter visto o que é o Céu e para que a minha inanição seja ainda mais intolerável por eu ter provado o pão dos anjos". Se tal temor fosse possível, contemplem a resposta a ele. "Ele, o Juiz, o Juiz em pessoa, disse: 'Vinde, benditos de meu Pai'". Esse Juiz não pode estar enganado, visto que Ele é Jesus, o infalível Filho de Deus. O próprio Deus bendisse Seu escolhido, e Jesus lhes diz essas coisas da forma mais direta: "Vinde, benditos de meu Pai! Entrai na posse do reino que vos está preparado". Uma vez que Jesus decretou essa felicidade eterna, os filhos de Deus não poderão duvidar por toda a eternidade. Essa voz ressoará eternamente em seus ouvidos, mais doce do que a música produzida pela flauta, pela harpa ou pelo saltério. "Vinde, benditos de meu Pai!" Ora, o fundamento da alegria celestial será pensar: "Jesus ordenou que eu viesse. Quem me arguirá: 'Como você chegou aqui?' Não foi Ele que me admitiu? Quem questionará meu direito de estar aqui? Não foi Ele que disse: 'Vinde, benditos de meu Pai!'?". Vocês não percebem que é um fato precioso e confortante saber que não seremos nós que faremos a nossa separação no último dia, tampouco será um anjo, que poderia se enganar ao fazê-lo. Contudo, quem fará a separação será o próprio Jesus, o Filho de Deus. Assim sendo, a glória que Ele nos concedeu será muito certamente nossa, e nós a desfrutaremos sem temor.

Entretanto, percebam que, por outro lado, o fato de que Cristo os separará aumentará o terror dos perdidos. Cristo, pleno de amor infinito, não destruiria um pecador a menos que tivesse de ser assim! Aquele que salvaria Jerusalém chorou porque ela teria de ser destruída!

A cidade culpada estava determinada a perecer, porém, quando o seu Senhor pronunciou a sentença, Ele chorou. Quando ouço sobre um juiz vestindo-se da toga preta para condenar um homem, gosto de ler nos jornais: "A voz do juiz falhou, e ele era claramente incapaz de reprimir sua emoção ao pronunciar a sentença de morte". Qual homem sensato poderia estar senão comovido quando compelido a entregar uma criatura semelhante a ele à forca? Entretanto, nenhum juiz na Terra tem tal compaixão por seus pares como a que Jesus tem pelos pecadores. E quando se trata disso, Ele diz: "Eu tenho de fazê-lo, devo condenar você", e assim, o pecador é verdadeiramente condenado. Quando o amor encarnado diz: "Apartai-vos, malditos", você será enfaticamente amaldiçoado. Deve ser um indivíduo infame de fato quando Ele, cujos lábios gotejam bênçãos como os lírios espalham a doce fragrância da mirra, assim o chamar. Deve haver algo muito horrível a seu respeito para que Ele lhe ordene que se aparte. E, verdadeiramente, há algo abominável em você, pois *a incredulidade em Deus* é a coisa mais horrível, até mesmo no inferno. Não crer que Deus é amor merece a condenação máxima. Se vocês se perderem, deverão dizer: "Fui condenado pelo Juiz mais amoroso que já se assentou sobre o trono do julgamento. O Cristo que morreu ergueu Suas mãos perfuradas no exato momento em que disse: 'Apartai-vos de mim, malditos!'".

No entanto, há algo mais, embora isso possa ser suficiente. Se vocês se perderem, que Deus não o permita, ao saber que foram condenados por Alguém que é infinitamente justo, o seu terror aumentará infinitamente. Sentirão que o Cristo que os condenou era o mais santo dentre os homens, em quem não havia pecado e, além disso, Ele é o puro e perfeito Deus, de modo que não poderão protestar sobre a sentença. Tampouco haverá qualquer questionamento sobre um novo julgamento — a sua consciência lhes fará sentir que a decisão é final, pois é justa, e vocês estarão certos de sua realidade e certeza, visto que Aquele que pronunciou a sentença é o Deus da verdade. Ele disse "Eu sou o Caminho e a Verdade". Vocês não o aceitaram como o Caminho, mas descobrirão que Ele é "a Verdade". E, quando Ele pronuncia que são amaldiçoados, serão amaldiçoados além de qualquer dúvida.

Mais uma vez, se Aquele que os condenar for o Cristo de Deus, vocês saberão que Ele tem o poder de concretizar a sentença, uma vez que todo o poder lhe é dado no Céu e na Terra, e todo governo está sobre Seus ombros. Se Ele disser: "Apartai-vos para o fogo eterno", é exatamente para lá que vocês irão. Se Ele declarar que o fogo jamais se extinguirá, creiam nisto: arderá eternamente. Caso Jesus decrete que seu verme jamais morrerá,[144] o verme não morrerá e corroerá por toda a eternidade, pois Ele, que pronunciou a sentença, é capaz de fazê-la cumprir. Lembram-se de como Ele disse: "Em verdade vos digo […] Passará o céu e a terra, porém as minhas palavras não passarão"? O decreto irrevogável permanecerá mais firme do que as rochas: "E irão estes para o castigo eterno, porém os justos, para a vida eterna". Minha alma treme enquanto assim proclamo Jesus como o Juiz, cuja pavorosa voz separa os pecadores dos santos.

3. Emprestem-me seus ouvidos por mais um ou dois minutos, enquanto percebo, em terceiro lugar qual é a REGRA PARA A SEPARAÇÃO. Vocês não perceberam onde é realizada a separação? Isso é muito maravilhoso para ser notado — verdadeiramente, muito maravilhoso. *A grande separação entre os filhos do homem é Cristo.* Aqui estão as ovelhas, ali, os cabritos. O que os separa? Cristo! Ele está ao centro. Não há maior barreira estabelecida, por assim dizer, naquele tremendo último dia, senão Ele, Ele mesmo é a divisão. Cristo colocará as ovelhas à Sua mão direita e os cabritos à esquerda. Ora, aquilo que nos separa em duas porções nesta noite é nosso relacionamento com Jesus Cristo. De que lado de Jesus você está nesta noite? Eu gostaria

---

[144] Conforme Marcos 9:46

que vocês se questionassem a si mesmos sobre isso. Se estiverem à Sua mão direita, estão entre Seu povo. Se não estiverem com Ele, estão contra Ele e, assim, estarão à Sua mão esquerda. O que separa o santo do pecador é Cristo. No momento em que um pecador vem a Cristo, passa para o outro lado e é contado entre os santos. Esse é um ponto real de separação. Cristo está entre os crentes e os incrédulos e marca os limites para cada uma dessas classes. Quando Arão ficou entre os vivos e os mortos, balançando o incensário cheio de incenso, o que separava os vivos dos mortos?[145] Lembrem-se da cena antes de responderem. Lá estavam eles deitados! Estavam deitados, digo, atingidos pela pestilência! O vingador invisível os havia ceifado aos montes. Não obstante, ali estavam os vivos, alegrando-se e salvos. O que os separava? O sacerdote postado com seu incensário. Da mesma forma, nosso grande Sumo Sacerdote se posta, neste momento, entre os vivos e os mortos, enquanto o incenso de Seus méritos ascende diante de Deus e torna ainda mais real o muro divisório entre os pecadores mortos e aqueles que estão vivos para Deus por meio de Jesus Cristo. Ele é o divisor. Cristo é, Ele mesmo, a separação.

Porém, e qual é a regra pela qual Ele separa as pessoas? *Primeiramente, essa regra são as ações.* Ações! Vocês notaram isso? Ele não diz qualquer coisa sobre palavras. Apoia-se nas obras de misericórdia: "tive fome, e me destes de comer; tive sede, e me destes de beber [...]; estava nu, e me vestistes". Essas são todas ações. Talvez vocês gostariam que o Juiz tivesse dito: "Você tinha o hábito de cantar hinos de '*Nosso próprio hinário*'[146]. Era conhecido por falar com muita doçura a meu respeito e por me chamar de Mestre e Senhor. Estava acostumado a participar da mesa da comunhão". Porém sequer uma palavra, em relação a essas coisas, é dita. Não, nem mesmo é mencionado

---

[145] Conforme Números 16:41-50

[146] Em inglês, *Our Own Hymn Book*, título do hinário que era usado no *Metropolitan Tabernacle*, em Londres. Ele é resultado de uma compilação de hinos e salmos feita pelo próprio Charles Spurgeon e publicado pela primeira vez em 1883.

algo sobre as ações cerimoniais. Ele não diz: "Você costumava se inclinar diante do crucifixo. Levantava-se em uma parte do culto e ajoelhava em outra. Caminhava ao redor da igreja cantando o hino processual". Nada é dito acerca de tais atos, somente ações comuns são citadas: "Tive fome, e me destes de comer. Tive sede e me destes de beber". Esses são todos assuntos comuns. As ações serão a maior regra no julgamento final. Não estou pregando, agora, de modo contrário ao evangelho, somente repetindo, em outras palavras, o que o próprio Senhor disse. "...para que cada um receba segundo o bem ou o mal que tiver feito por meio do corpo" é uma afirmação não da Lei, mas do Novo Testamento de nosso Senhor e Salvador Jesus Cristo. Aqueles que *praticaram* o mal irão para a punição eterna.

Então, somos salvos pelas obras? De forma alguma! No entanto, nossas obras são evidências de que somos salvos, e a graça manifestará essas evidências em nossa vida, caso as possuamos. É verdade que Ele deverá respeitar, e respeitará, o motivo que gerou a ação, mas, antes de tudo, as ações em si deverão estar diante dele como evidência. E, assim, aqui o Rei menciona as ações que foram praticadas.

Percebamos que as ações que funcionaram como a regra do julgamento *eram, todas elas, ações relacionadas a Cristo*. O Senhor diz: "tive fome, e *me* destes de comer; tive sede, e *me* destes de beber; [...]; enfermo, e *me* visitastes". Esse resumo é composto de ações sobre Cristo. Portanto, colocarei, zelosamente, esta questão diante de cada um de vocês: Quais ações vocês já praticam em referência a Jesus? "Sou membro da igreja", diz alguém. Não vou me atentar a isso neste momento porque o Juiz não fará menção a nada disso. Fico feliz por você ser um discípulo confesso, caso o seja honestamente, mas as suas ações provam que você de fato seja? Essa é a questão. Você já *fez* algo para Cristo? Já doou alguma coisa para Cristo? Jesus poderia lhe dizer: "tive fome, e você me deu de comer. Tive sede, e você me deu de beber"? Ora, conheço alguns cristãos professos sobre quem temo que Jesus Cristo não poderia falar isso, uma vez que Ele não pode dizer o que não é verdade. Os bolsos deles são hermeticamente selados, como as latas de carne australiana — nem mesmo o cheiro do dinheiro deles chega aos pobres de Cristo. Dar carne a um faminto? Eles não o fazem! Que esse faminto vá à paróquia. Ofertar roupas a um nu? Isso não! Para que eles pagam impostos? A ideia de doar qualquer coisa ou fazer algo para outra pessoa, sem que sejam pagos ou louvados por isso, parece-lhes estar em desarmonia com o seu caráter. Ora, o egoísmo é tão oposto ao espírito do evangelho quanto a região norte é do calor do Sol[147]. Se o sol do amor de Cristo já brilhou em seu coração, você amará o próximo e demonstrará seu amor a ele ao desejar fazer-lhe o bem de todas as maneiras. E o fará por amor a Cristo — por amor a Cristo —, para que, quando Ele vier, Jesus possa dizer: "tive fome, e me destes de comer; tive sede, e me destes de beber; era forasteiro, e me hospedastes; estava nu, e me vestistes; enfermo, e me visitastes; preso e fostes ver-me". Como têm sido suas ações em relação a Cristo? Suplico a vocês, irmãos e irmãs, que estão unidos comigo na confissão da aliança com Cristo, julguem-se a si mesmo por suas ações em relação a Ele, do mesmo modo que eu julgarei a mim mesmo.

Agora percebam que Cristo nos diz, por inferência, que as ações serão mencionadas no dia do julgamento como a prova de sermos os benditos do Senhor, fruto da graça de Deus, pois Ele diz: "Vinde, benditos de meu Pai! Entrai na posse do reino que vos está preparado desde a fundação do mundo". Eles alimentaram os famintos, mas a graça soberana *os* havia alimentado. Vestiram o nu, porém o amor infinito primeiramente *os* vestiu. Eles foram até a prisão, porém a graça livre havia primeiramente *os* libertado da pior prisão. Visitaram o enfermo, mas o bom Médico, em Sua infinita misericórdia, veio em primeiro lugar e os visitou. Eles evidentemente não tinham ideia

---

[147] O leitor deve considerar que Spurgeon pregou este sermão na Inglaterra, portanto, no hemisfério Norte. Assim sendo, a região norte, no ponto de vista dele, fica mais próxima ao Polo Norte.

de que havia qualquer coisa meritória no que fizeram. Jamais haviam sonhado em serem recompensados por isso. Quando se colocaram de pé diante do trono do julgamento, a mera ideia de haver alguma excelência no que haviam praticado será novidade para os santos, uma vez que estimam muito pouco aquilo que fazem — e aquilo que fazem parece-lhes muito imperfeito para ser elogiado. Os santos alimentaram os famintos e vestiram os nus porque fazer assim lhes trazia imenso prazer. Fizeram-no porque não conseguiam evitar fazê-lo — a nova natureza deles os impelia a agir assim. Praticaram-no porque fazer o bem era um deleite para eles e era seu ambiente natural, como a água é para o peixe ou o ar para um pássaro. Agiam desse modo por amor a Cristo, pois a coisa mais doce do mundo é fazer algo por Jesus. Por que uma esposa é tão bondosa com seu marido? Porque é dever dela ser assim, diz você. Muito bem, mas o motivo real é porque ela o ama imensamente. Por que uma mãe é tão cuidadosa com seu bebê? Há alguma regra ou lei do parlamento ordenando que as mães amem seus filhinhos? Não, não há qualquer lei parlamentar sobre isso. Há um agir de Deus em algum lugar em seu peito, nas recâmaras do coração, e a mão não consegue evitar de ser bondosa. Agora, quando o Senhor coloca uma nova natureza em nós e nos faz um com Jesus Cristo, não podemos evitar amar Seu povo e buscar o bem de nossos semelhantes. E, no último dia, o Senhor Jesus Cristo considerará isso como uma evidência de que havia amor no coração porque esse amor foi demonstrado nos atos das mãos. Que Deus permita que, quando o Juiz de tudo voltar, possamos ser encontrados renovados no coração e cheios de amor por meio do poder de Seu Santo Espírito.

"Ó", diz alguém, "eu gostaria de ter esse coração renovado que produziria tais ações". Jesus pode dá-lo a você. Até que seja salvo, você viverá sempre para si mesmo, em certo sentido — até mesmo os mais filantrópicos que mais amaram seus companheiros, mas sem a religião, buscam a estima dos outros. E é verdadeiro o verso que fala sobre o louvor de nossos pares —

Os orgulhosos, para o receberem, muitas labutas suportam;
Os modestos o evitam, para garantir que ele bata à sua porta.[148]

Porém, ao receberem um novo coração, não viverão em função da aprovação de seus companheiros. Então, suas esmolas serão feitas em segredo, e vocês não permitirão que sua mão esquerda saiba o que a direita faz. Então, quando praticarem sua bondade, não será para que outros possam divulgar amplamente que vocês visitaram o enfermo e vestiram o despido, mas suas obras serão praticadas por trás das portas e em um canto, onde ninguém saberá delas, senão seu Deus e os gratos recebedores de sua doação. Em silêncio colocarão as moedinhas que perfazem um centavo[149] e acharão que ninguém os observou, não obstante Aquele que assenta sobre o tesouro, que conhece seu coração, notará seu ato. Seu Senhor aceitará o que vocês fazem porque o fazem em função de seu amor a Ele. E no dia final, quando vocês corarão ao ouvir sobre isso, Ele o anunciará aos anjos e a todas as multidões dos exércitos da Terra e do Céu e escancarará os portões da felicidade imortal, conduzindo-os para dentro, de acordo com a promessa de Sua graça. Que Deus os abençoe, amados, em nome de Jesus. Amém.

---

[148] Versos do poema *The love of praise* (O amor ao louvor — ou ao elogio), de Edward Young (1683–1765).

[149] No original, Spurgeon menciona a moeda chamada *farthing*. Essa é uma antiga moeda inglesa que circulou do século 18 até 1961. O seu valor é de 1/960 da libra esterlina. Ou seja, um valor diminuto. A referência feita aqui é claramente a Lucas 21:1-4, a passagem da viúva pobre que deu tudo o que possuía.

12

VIGILANTES PELA VOLTA DE CRISTO[150]

*Bem-aventurados aqueles servos a quem o senhor,
quando vier, os encontre vigilantes;
em verdade vos afirmo que ele há de cingir-se,
dar-lhes lugar à mesa e, aproximando-se, os servirá.
Quer ele venha na segunda vigília,
quer na terceira, bem-aventurados serão eles,
se assim os achar.* (Lucas 12:37-38)

Estou prestes a falar da segunda vinda de Cristo e sinto-me agradecido pelo fato de que a oração de meu querido irmão tenha sido tão adequada ao assunto acerca do qual falarei, embora não tenhamos conversado previamente sobre esse assunto. Ele nos guiou em oração para refletirmos sobre a vinda do Senhor, então, creio que estão cientes do assunto agora, e que

---

[150] Este sermão foi pregado no *Metropolitan Tabernacle*, em 7 de abril de 1889.

não terão de fazer nenhum grande esforço mental para mergulhar em meio a essa correnteza e serem levados pela corrente de pensamento a respeito do segundo advento do Salvador.

Esse é um tópico bastante apropriado para quando vamos à mesa do Senhor, pois, como nos lembrou aquela oração, a Ceia do Senhor olha para trás e é um memorial de Sua agonia. No entanto, ela também olha para frente e é uma antecipação de Sua glória. Paulo escreveu à igreja em Corinto: "Porque, todas as vezes que comerdes este pão e beberdes o cálice, anunciais a morte do Senhor, até que ele venha". Ao olharem para frente, tendo o coração no lugar certo, para essa segunda vinda de Cristo, que é a alegria da Sua Igreja, vocês também estarão com seu coração no lugar certo para se achegarem à mesa de comunhão. Que o Espírito Santo permita que seja assim!

Como vocês sabem, a postura à mesa da comunhão, de acordo com o exemplo do Senhor, não era se ajoelhar, mas reclinar-se. A posição mais fácil que vocês podem assumir é a mais adequada para a Ceia do Senhor, e, mesmo assim, lembrem-se de que, tão logo a ceia acabou, eles cantaram um hino[151] e, tendo-o concluído, foram para o monte das Oliveiras para as agonias do Getsêmani.

Frequentemente me parece como se agora, após encontrar descanso à mesa alimentando-nos de Cristo, uma vez que temos Sua presença real — não em forma física, mas de modo espiritual — cantamos um hino depois disso, como se fôssemos encontrar nosso Senhor em Sua segunda vinda, não indo ao monte das Oliveiras para vê-lo em Seu suor de sangue, mas para ouvir aquela palavra do anjo: "Esse Jesus que dentre vós foi assunto ao céu virá do modo como o vistes subir".

Não penso que deveríamos ficar surpresos se saíssemos da mesa da comunhão nesta noite sempre na expectativa de vê-lo e encontrássemos o nosso Senhor imediatamente. Não, devemos sempre estar na expectativa por Sua manifestação, sempre esperando por Ele, sem saber a hora que o Mestre da casa virá. O mundo não o aguarda

---

[151] Conforme Mateus 26:30

— segue comendo e bebendo, casando e dando-se em casamento, mas a família de Jesus deveria aguardá-lo. Quando Ele voltar das bodas, espero que não encontre a porta cerrada para si, mas que estejamos prontos para abri-la a nosso Senhor assim que Ele bater.

Esse é o objetivo das poucas palavras que tenho para lhes dizer nesta noite, a fim de despertá-los, e a meu coração, para que estejam sempre vigilantes, aguardando a segunda vinda de Cristo.

1. Primeiramente, O Senhor VIRÁ. Aquele que veio uma vez virá novamente. Ele virá uma segunda vez. O Senhor virá.

Cristo voltará porque *Ele prometeu que voltaria*. Temos a Sua própria palavra quanto a isso. Essa é a nossa primeira razão para aguardá-lo. Entre as últimas palavras que Ele falou a Seu servo João estão estas: "eis que venho sem demora". E você pode ler da seguinte maneira: "Venho sem demora. Estou agora mesmo na estrada, viajando tão rapidamente quanto a sabedoria permite. Estou sempre voltando, e voltando sem demora".

Nosso Senhor prometeu voltar, e voltar pessoalmente. Alguns tentam explicar a segunda vinda de Cristo como se significasse o momento da morte do cristão. Vocês podem, se quiserem, considerar que Cristo vem aos Seus santos na morte deles. Em certo sentido, Ele vem mesmo, porém esse sentido jamais terá a ideia completa do ensinamento da segunda vinda que enche as páginas das Escrituras. Não, "Porquanto o Senhor mesmo, dada a sua palavra de ordem, ouvida a voz do arcanjo, e ressoada a trombeta de Deus, descerá dos céus".

No último dia, Aquele que ascendeu ao Céu descerá do Céu e colocar-se-á sobre a Terra. A alma de cada redimido dirá com Jó: "revestido este meu corpo da minha pele, em minha carne verei a Deus. Vê-lo-ei por mim mesmo, os meus olhos o verão, e não outros". Certamente Cristo estará aqui de novo em glória, do mesmo modo como anteriormente esteve em opróbrio, pois Ele prometeu voltar.

Ademais, *o grande plano da redenção requer o retorno de Cristo*. É parte desse projeto que, da mesma forma como Ele veio uma vez com uma oferta pelo pecado, Ele deverá vir uma segunda vez, sem a oferta pelo pecado, para que, assim como veio primeiro para redimir, Ele venha uma segunda vez para reivindicar a herança que Ele comprou por preço tão alto. Jesus veio uma vez para que Seu calcanhar fosse ferido. Ele voltará para pisar a cabeça da serpente e, com vara de ferro, despedaçar Seus inimigos, como os vasos do oleiro.

Cristo veio uma vez para usar uma coroa de espinhos. Ele deve voltar para que possa usar o diadema de domínio universal. Ele vem para o banquete das bodas. Vem para reunir Seus santos. Vem para glorificá-los consigo mesmo na mesma Terra onde antes Ele e Seu povo foram desprezados e rejeitados pelos homens. Entendam isto: que todo o drama da redenção não pode ser aperfeiçoado sem esse último ato da volta do Rei.

A história completa do "Paraíso recuperado"[152] requer que a Nova Jerusalém desça da parte de Deus do Céu, preparada como uma noiva adornada para seu marido — e requer que o Noivo celestial venha cavalgando em Seu cavalo branco, vencendo e para vencer, Rei dos reis e Senhor dos senhores, entre os eternos aleluias dos santos e dos anjos. Isso deve ser assim.

O homem de Nazaré voltará. Naquele dia, ninguém lhe cuspirá na face, mas todo joelho se dobrará diante dele. O Crucificado virá novamente, e, embora as marcas dos cravos serão visíveis, nenhum prego prenderá Suas amadas mãos ao madeiro. Em vez disso, Ele segurará o cetro da soberania universal e reinará para sempre e eternamente. Aleluia!

Quando Ele voltará? Ah, essa é a grande questão, a pergunta das perguntas. *Ele voltará em Seu próprio tempo*. Voltará no tempo certo.

Um colega de ministério questionou-me, enquanto nos sentávamos na companhia um do outro: "Eu gostaria de lhe fazer muitas

---

[152] Referência ao poema *Paradise Regained*, escrito por John Milton, em 1671.

perguntas sobre o futuro". "Bem", respondi, "não posso lhe responder porque eu ouso dizer que não sei mais sobre ele do que você".

"Porém", disse ele, "e em relação à segunda vinda de Cristo? O milênio não acontecerá primeiro?". Respondi-lhe: "Não sei dizer se primeiro haverá o milênio, mas disto eu sei: do modo como eu vejo, as Escrituras deixaram muitos assuntos com uma indistinção intencional, para que possamos estar sempre esperando Cristo voltar e para que possamos estar vigilantes quanto à Sua vinda a qualquer dia e hora. Penso que o milênio começará após a Sua vinda e não antes dela. Não consigo imaginar o reino com o Rei ausente. Parece-me uma parte essencial da glória milenar que o Rei se revele naquele tempo. Ao mesmo tempo, não vou estabelecer nada definitivo sobre essa questão. Talvez Ele não volte em mil anos. Ou Ele pode voltar esta noite. O ensinamento das Escrituras é, antes de tudo: 'à hora em que não cuidais, o Filho do Homem virá'. É claro que, se fosse revelado que mil anos deveriam transcorrer antes da Sua vinda, poderíamos muito bem adormecer por esse tempo[153], pois não teríamos qualquer razão para esperar que Ele voltasse se as Escrituras nos dissessem que Ele não voltaria".

"Bom", respondeu meu amigo, "mas, quando Cristo vier, será o julgamento geral, não será?". Eu, então, citei estes textos: "'os mortos em Cristo ressuscitarão primeiro'[154]. 'Os restantes dos mortos não reviveram até que se completassem os mil anos. Esta é a primeira ressurreição'"[155]. Eu disse mais: "Há uma ressurreição dos mortos a qual o apóstolo Paulo se esforçou para alcançar. Todos nós ressuscitaremos, contudo os justos ressuscitarão mil anos antes dos ímpios. Precisa haver esse intervalo de tempo entre um e outro. Quer essa seja, ou não, a glória milenar, este declarante não diz, embora ele

---

[153] No sentido de não vigiar. Numa clara referência à parábola das dez virgens (Mateus 25:1-13).
[154] 1 Tessalonicenses 4:16
[155] Apocalipse 20:5

pense que seja. No entanto, este é o ponto principal: o Senhor voltará. Não sabemos para quando devemos aguardar a Sua volta. Não devemos estabelecer qualquer previsão ou circunstância definitivas, como absolutamente fixas, que poderiam nos permitir adormecer até que essa previsão esteja cumprida, ou que aquela circunstância seja perceptível".

"Os judeus não se converterão a Cristo e serão restaurados à terra deles?", inquiriu meu amigo. Repliquei: "Sim, penso que sim. Eles certamente olharão para Aquele que traspassaram e lamentarão por Ele, como alguém lamenta por seu filho único. E Deus lhes dará o reino e a glória, pois eles são Seu povo, a quem Ele não lançou fora eternamente. Os judeus, que são os ramos naturais da oliveira, ainda serão inseridos em sua árvore novamente e, então, haverá a plenitude dos gentios".[156] "Isso acontecerá antes ou depois da vinda de Cristo?", meu amigo questionou. Respondi-lhe: "Penso que será depois que Ele vier, mas, quer seja ou não, não me comprometerei com qualquer opinião definitiva sobre esse assunto".

A vocês, caros amigos, digo: leiam e pesquisem por si mesmos, pois isto ainda é primordial e será a única coisa sobre a qual insistirei nesta noite — o Senhor virá. Ele pode vir agora mesmo. Pode vir amanhã. Pode vir na primeira vigília da noite, ou na segunda, ou talvez Ele espere até a vigília da manhã, mas a única palavra que Ele dá a todos vocês é: "Vigiem! Vigiem! Vigiem!", de modo que, a qualquer momento que Ele vier, vocês estejam prontos a abrir-lhe a porta e dizer, como faz o hino que acabamos de cantar:

Aleluia!
Bem-vindo, bem-vindo, divino Juiz![157]

---

[156] Conforme Romanos 11

[157] Tradução livre do hino *Lo He cometh countless trumpets* (Eis que Ele vem com incontáveis trombetas), atribuído a John Cennick (1718–55), embora isso não seja consensual entre os especialistas em hinologia.

Até o momento, sei que estamos nos baseando nas Escrituras e, portanto, estamos perfeitamente seguros em nossas afirmações com relação ao segundo advento de Cristo.

Irmãos, serei diligente neste ponto, *pois a noção da demora da volta de Cristo é sempre danosa*, independentemente de como vocês possam chegar a ela, quer seja ao estudar as profecias ou de qualquer outro modo. Se chegaram à mesma opinião do servo mencionado no versículo 45, estão errados: "Mas, se aquele servo disser consigo mesmo: Meu senhor tarda em vir, e passar a espancar os criados e as criadas, a comer, a beber e a embriagar-se, virá o senhor daquele servo, em dia em que não o espera e em hora que não sabe, e castigá-lo-á, lançando-lhe a sorte com os infiéis". Não pensem, portanto, que o Senhor retarda a Sua vinda e que Ele não virá ou que ainda não pode vir. Muito melhor seria se vocês ansiosamente estivessem na expectativa e ficassem um tanto decepcionados ao pensar que Ele não vem.

Não desejo que fiquem abalados a ponto de agir com fanatismo ou tolice, como fizeram certas pessoas na América, quando foram para as florestas com vestes de ascensão, para que de repente subissem direto. Não caiam em nenhuma dessas ideias absurdas que levaram pessoas a deixar uma cadeira vazia à mesa e colocarem um prato a mais, porque o Senhor poderia precisar dessas coisas. E tentem evitar todas as demais incoerências supersticiosas.

Distrair-se com as profecias, boquiabertos em admiração, não é o certo a se fazer. Melhor seria que fossem trabalhar para seu Senhor, preparando tanto a si mesmos quanto o seu serviço para a Sua manifestação, e alegrando-se, durante todo o tempo, com este pensamento: "Enquanto estou no trabalho, meu Mestre pode vir. Antes que eu fique exausto, Ele pode retornar. Enquanto os outros zombam de mim, meu Mestre pode aparecer. E, quer escarneçam ou aplaudam, não me importo. Vivo sob o olhar do Vigia, realizo meu trabalho sabendo que Ele me vê e esperando que, pouco a pouco, Ele se revelará a mim. E que naquele dia Ele revelará a mim e a minha correta intenção aos homens que me deturpavam".

Este é o primeiro ponto, irmãos: o Senhor voltará. Firmem isso em sua mente. Ele virá em Seu próprio tempo, e nós devemos estar sempre esperando a Sua volta.

2.

Agora, em segundo lugar O SENHOR NOS ORDENA QUE VIGIEMOS POR ELE. Esse é o cerne do texto — "Bem-aventurados aqueles servos a quem o senhor, quando vier, os encontre vigilantes...".

O que é essa vigilância? Sem querer usar as minhas próprias palavras, pensei em poder chamar sua atenção ao contexto. A primeira parte essencial dessa vigilância é que *não devemos nos ocupar com as coisas presentes*. Vocês se lembram que o versículo 22 é sobre não se preocupar quanto ao que comer ou o que beber — vocês não devem ser absorvidos por essas coisas. Vocês que são cristãos não devem viver carnal e egoisticamente, perguntando: "O que comerei e beberei? Como posso armazenar meus bens? Como posso adquirir alimentos e vestimentas aqui?". Vocês são mais do que o gado tolo e conduzido que precisa pensar em feno e água. Vocês têm espírito imortal. Elevem-se à dignidade de sua imortalidade.

Comecem a pensar sobre o reino, o reino que em breve virá, o reino que seu Pai lhes concedeu e que, portanto, vocês deverão herdar. Pensem no reino que Cristo preparou para vocês, e pelo qual Ele os está fazendo reis e sacerdotes para Deus, para que possam reinar para sempre com Ele.

Não sejam apegados à Terra! Não lancem suas âncoras aqui nessas turbulentas águas. Não construam seu ninho em qualquer dessas árvores — todas elas estão separadas para o machado e cairão, e seu ninho também cairá se você construir aqui. Coloque suas afeições nas coisas do alto, lá em cima:

Lá no alto, onde as Eras eternamente acontecem,
Onde os prazeres sólidos jamais fenecem,
E frutos eternos a alma alimentam.[158]

Projetem para lá seus pensamentos e suas ansiedades e preocupem-se com o mundo vindouro. Não fiquem ansiosos quanto às coisas que pertencem a esta vida. "Buscai, antes de tudo, o seu reino, e estas coisas vos serão acrescentadas."

Lendo mais abaixo, no versículo 35, vocês perceberão que a vigilância implica em *nos preservar em uma condição servil* — "Cingido esteja o vosso corpo". Vocês sabem como os orientais vestem batas soltas, que sempre estão se interpondo no caminho deles. Não conseguem andar sem tropeçar, de forma que, se um homem tem um trabalho à mão, prende sua bata sob o cinto, aperta-o firmemente e se prepara para a tarefa — como diríamos em inglês, transformando o oriental numa figura ocidental — arregaçando as mangas e se preparando para o trabalho. Esse é o modo de esperar pelo Senhor, pronto para o serviço, para que, quando Ele voltar, jamais os encontre ociosos.

Certa manhã, fui ver uma irmã e ao chegar, ela estava limpando os degraus da frente de sua casa com algum alvejante e disse: "Ó, meu querido pastor, sinto muito que o senhor tenha vindo agora! De forma alguma eu gostaria que o senhor me visse deste modo!". Ao que lhe respondi: "É assim que gosto de vê-la, ocupada com seu trabalho. Eu não gostaria de ter vindo e a encontrado conversando com sua vizinha por cima da cerca do quintal. Isso não me alegraria, de modo algum. Que o Senhor, quando Ele voltar, a encontre assim, cumprindo suas tarefas!".

Vocês veem exatamente o que isso significa: devem estar fazendo suas tarefas, devem estar envolvidos com a vocação para a qual Deus os chamou. Devem fazê-lo por amor a Cristo e como um serviço

---

[158] Tradução livre do hino *Descend from heaven, immortal Dove* (Desce do Céu, pomba imortal), de Isaac Watts (1674–1748).

a Ele. Ó, que possamos vigiar assim, com nossos corpos cingidos! Trabalhem, e esperem, e vigiem! Conseguem colocar essas três coisas juntas? Trabalhem, e esperem, e vigiem! É isso que seu Mestre pede de vocês.

A seguir, Ele gostaria de nos ter, *aguardando com nossas lâmpadas acesas*. Se o Mestre chegar tarde em casa, que o aguardemos acordados. Não devemos ir para a cama até que Ele chegue. Tenham suas lamparinas polidas. Tenham Seu cômodo bem iluminado — tenham o hall de entrada preparado para Sua aproximação. Quando o Rei vier, tenham suas tochas incandescentes, para que possam se encontrar com o Noivo e o escoltar ao Seu lar. Se precisamos vigiar para o Senhor como devemos, que seja com nossas lamparinas acesas.

Vocês estão fazendo sua luz brilhar diante dos homens? Acham que toda a sua conduta e caráter são exemplo que farão bem a seu próximo e tentam ensinar a outros o caminho da salvação? Alguns cristãos professos são como lamparinas escuras ou como a candeia sob o alqueire. Que jamais sejamos um desses! Que tenhamos nossas lamparinas polidas, nossa chama incandescente e sejamos nós mesmos como pessoas que aguardam por seu Senhor, não caminhando nas trevas, não escondendo nossa luz, mas permitindo que ela brilhe intensamente! Esta é a maneira de vigiar por Cristo: seu cinto apertado em sua cintura porque vocês estão prontos para o trabalho, sua lâmpada brilhando com clareza porque estão ansiosos por iluminar o mundo em trevas no qual vocês vivem.

Falando claramente: penso que vigiar pela vinda do Senhor significa *agir como vocês gostariam de agir se Ele estivesse para chegar*. Vi na sala de aula do orfanato aquele pequeno dizer: "O que Jesus faria?". Esse é um lema esplêndido para toda a nossa vida: "O que Jesus faria em tal e tal caso?". Façam exatamente assim!

Outro bom lema é: "O que Jesus pensaria a respeito de mim se Ele estivesse chegando?". Há alguns lugares aos quais um cristão não poderia ir, uma vez que ele não gostaria que seu Mestre o encontrasse lá. Há alguns tipos de divertimento nos quais o crente jamais deveria entrar, pois se envergonharia se seu Mestre viesse e o encontrasse ali. Há algumas condições de temperamento raivoso, de orgulho, petulância ou de preguiça nos quais não gostariam de ser encontrados se sentissem que o Mestre estivesse prestes a chegar. Suponham que a asa de um anjo lhes tocasse a face no momento em que falaram alguma palavra ruim, e uma voz lhes dissesse: "Seu Mestre está chegando!" — vocês tremeriam, tenho certeza, ao encontrá-lo em tal condição.

Ó amados, que tentemos, a cada manhã, nos levantar como se aquela fosse a manhã na qual Cristo voltaria. E que, quando formos para a cama à noite, deitemo-nos com este pensamento: "Talvez eu acorde ao soar das trombetas de prata anunciando a Sua chegada. Antes de o Sol nascer, posso ser despertado repentinamente de meus sonhos pelo maior dos clamores: 'O Senhor chegou! O Senhor chegou!'". Que garantia, que incentivo, que advertência e encorajamento tais pensamentos nos seriam! Adote-os como um guia para toda a sua vida — aja como se Jesus fosse chegar durante o ato com o qual está envolvido — e se você não desejar ser pego nesse ato pela vinda do Senhor, que esse não seja um ato seu.

O segundo versículo de nosso texto fala sobre a vinda do mestre na segunda vigília, ou na terceira. *Devemos agir como aqueles que guardam a vigília das Eras para Cristo.* Entre os romanos, era como é hoje em um navio embarcado: havia certas vigílias. Talvez um soldado romano ficasse de guarda por três horas, e, passado esse tempo, vinha uma sentinela que ficaria no seu lugar, e o primeiro se recolheria e voltaria para o quartel. A nova sentinela tomaria seu lugar durante seu tempo predeterminado.

Irmãos, somos os sucessores de muitos vigias. Desde os dias de nosso Senhor, como foram e vieram esses vigias após Ele enviar os Doze escolhidos para se postarem na cidadela e anunciarem como a noite aumentava ou diminuía! Ó, nosso Senhor trocou os vigilantes, mas manteve a vigília. Ele ainda estabelece vigias sobre as muralhas de Sião, que não podem ficar em paz dia e noite, mas devem vigiar pela vinda de seu Mestre, vigiar contra os tempos maus, vigiar contra o erro e vigiar em favor da alma dos homens.

Neste tempo, alguns de nós são chamados a ficar especialmente de vigias e ousarão dormir? Depois desses vigias com olhos de lince, que não reputavam sua vida como preciosa para si mesmos para que pudessem manter seus postos e vigiar contra o inimigo, ficaremos acovardados e temerosos, ou seremos preguiçosos e iremos para nossa cama? Em nome daquele que estava morto e agora vive, e está vivo eternamente, oramos para que jamais sejamos culpados de traição ao Seu nome e verdade sagrados. Mas que vigiemos até o último minuto, quando o clarim tocará: "Eis o noivo! Saí ao seu encontro!".

Povo do Tabernáculo,[159] vocês foram colocados como vigias nesta noite da mesma forma como foi feito nos corajosos dias passados! Os homens de Whitefield e Wesley eram vigias, como também aqueles antes deles, nos dias de Lutero e Calvino, e de volta até os dias do nosso Senhor. Eles guardaram as vigílias da noite, e vocês devem fazer o mesmo, até

O irromper do clamor da meia-noite, afinal:
Eis que se aproxima o Noivo celestial![160]

E vocês saírem para saudar seu Senhor em Seu retorno.

Devemos esperar com um objetivo em vista, isto é: *abrir-lhe a porta e saudá-lo* — "quando vier e bater à porta, logo lha abram". Quiçá vocês saibam o que é voltar para casa para uma esposa e filhos amorosos e carinhosos que o estão aguardando. Você saiu de viagem e ficou ausente por algum tempo. Escreveu-lhes cartas, as quais eles valorizaram imensamente. Você soube sobre eles, mas nada disso é

---

[159] Spurgeon se refere àqueles que ouviam seu sermão no *Metropolitan Tabernacle* naquela noite.

[160] Tradução livre do hino *Ye virgins souls, arise* (Levantai-vos, almas virgens), com letra de Charles Wesley (1707–88) e música de John Goss (1800–80).

como sua presença pessoal. Eles o estavam aguardando e, se, por um acaso, o seu navio não veio ou o trem se atrasou — caso você tivesse chegado às onze da noite ou à meia-noite, não esperaria ter a casa toda trancada e ninguém o aguardando.

Não, você havia lhes dito que voltaria e estava certo de que eles o aguardariam. Repreendo-me às vezes por não vigiar pelo meu Mestre, quando sei que, neste exato momento, meus cachorros estão sentados de frente para a porta me esperando, e, muito antes de eu chegar à casa, estarão lá, e, ao primeiro som das rodas da carruagem, erguerão latidos de alegria porque o senhor deles chegou à casa. Ó, se amássemos o Senhor como os cães amam seus donos, perceberíamos o primeiro som de Sua volta, aguardaríamos, sempre aguardaríamos, e jamais nos sentiríamos felizes até que, finalmente, pudéssemos vê-lo.

Perdoem-me por usar um cão como uma imagem daquilo que vocês devem ser, mas, quando vocês chegarem a um estado acima disso, encontrarei outra ilustração para explicar o que quero dizer.

3. Por fim, HÁ UMA RECOMPENSA PARA OS VIGILANTES. A recompensa é esta: "Bem-aventurados aqueles servos a quem o senhor, quando vier, os encontre vigilantes".

Eles têm uma bem-aventurança presente. É algo muito abençoador estar em vigia por Cristo, é uma bênção para nós agora mesmo. Como isso os separa deste mundo! Podem ser pobres, sem murmuração. Podem ser ricos, sem serem mundanos. Podem estar enfermos, sem se lamentar. Podem ser saudáveis, sem presunção. Se estiverem sempre aguardando pela volta de Cristo, bênçãos inexprimíveis estão embrulhadas na gloriosa esperança. "E a si mesmo se purifica todo o que nele tem esta esperança, assim como ele é puro". As bênçãos são sempre amontoadas, umas sobre as outras, naquela disposição do coração em que a pessoa está sempre aguardando seu Senhor.

Contudo, qual será a bem-aventurança quando Jesus chegar? Bem, uma parte dela estará *no serviço futuro*. Vocês não devem pensar que, quando encerrarem seu trabalho aqui, professores de Escola Bíblica Dominical e aqueles de nós que pregam e ensinam, que o Mestre lhes dirá: "Estou dispensando-os de Meu serviço. Vão e se assentem sobre uma montanha celestial e cantem eternamente".

Não será nada assim. Estou apenas aprendendo a pregar agora — serei capaz de pregar em breve. Vocês estão apenas aprendendo a ensinar agora — estarão capacitados a ensinar em breve. Sim, aos anjos e principados e poderes, vocês farão conhecida a multiforme sabedoria de Deus. Algumas vezes eu me elevo ao pensamento de uma congregação de anjos e arcanjos que se sentarão em estupefação enquanto eu lhes digo o que Deus fez por mim e serei para eles um monumento eterno da graça de Deus a um miserável indigno para quem Ele olhou com compaixão infinita e a quem salvou com uma maravilhosa salvação.

Todas aquelas estrelas, aqueles mundos de luz — quem sabe quantos deles são habitados? Creio que há regiões além de nossa imaginação para as quais cada filho de Deus se tornará brilho eterno, um exemplo vivo do amor de Deus em Cristo Jesus. As pessoas nestas longínquas terras não puderam ver o Calvário, como este mundo testemunhou, mas ouvirão os redimidos falando acerca dele.

Lembram-se do que o Senhor dirá: "Muito bem, servo bom e fiel; foste fiel no pouco, sobre o muito te colocarei"? Como vocês veem, esse servo deve continuar fazendo algo. Em vez de ter uma parte de uma vila para governar, ele será colocado como governante de uma grande província. É assim nesta passagem bíblica. Leiam o versículo 44 [de Lucas 12]: "Verdadeiramente, vos digo que lhe confiará todos os seus bens". Ou seja, aquele que foi um mordomo fiel e sábio de Deus aqui será chamado por Deus para um serviço ainda mais eminente no porvir. Se ele serviu bem a seu Mestre, quando Ele voltar, Ele o promoverá a um serviço ainda mais elevado.

Vocês não sabem como era no exército espartano? Aqui está um homem que lutava bem e fora um esplêndido soldado. Ele está coberto de ferimentos em seu tórax. A próxima vez que houver guerra, eles dirão: "Pobre rapaz, nós o recompensaremos! Ele liderará o caminho na primeira batalha. Lutou tão bem antes quando encontrou uma centena de adversários tendo apenas uma pequena tropa consigo. Agora ele encontrará dez mil com uma tropa maior".

"Ó", dizem vocês, "isso é dar a ele ainda mais trabalho". Esse método é a maneira de Deus recompensar Seu povo e algo bendito para o servo trabalhador. O descanso dele é em serviço a Deus com toda a sua força. Esse será nosso lar celestial, não iremos para um dormitório, mas para estar para sempre sobre as asas, sempre voando e para sempre descansando ao mesmo tempo. Eles executam as Suas ordens e lhe obedecem à palavra.[161] "…contemplarão a sua face, e na sua fronte está o nome dele". Essas duas coisas combinadas são uma nobre ambição para cada cristão.

Que o Senhor os preserve aguardando, trabalhando e vigiando, para que, quando Ele voltar, vocês possam ter a bênção de entrar em um serviço maior, mais elevado e mais nobre do que o que poderiam realizar agora. Vocês estão se preparando para esse serviço por meio do serviço mais humilde e árduo deste mundo. Que Deus os abençoe, amados! E, se algum de vocês não conhece o meu Senhor e, portanto, não aguarda a Sua manifestação, lembre-se de que Ele voltará, quer você o aguarde ou não.

E, quando Ele vier, vocês comparecerão ao Seu tribunal. Um dos eventos que sucederá Sua chegada será vocês serem convocados para diante do trono do julgamento — e como vocês lhe responderão então? Como lhe responderão se tiverem recusado o Seu amor e feito ouvidos surdos aos convites de Sua misericórdia? Se vocês têm postergado, e postergado, e postergado, e postergado, como lhe

---

[161] Conforme Salmo 103:20

responderão? Como lhe responderão naquele dia? Se ficarem sem palavras, seu silêncio os condenará, e o Rei dirá: "Amarrai-o de pés e mãos e lançai-o para fora".

Queira Deus que possamos crer no Senhor Jesus para a vida eterna e esperar por Sua manifestação do Céu, por amor ao Seu nome! Amém.

EXPOSIÇÃO POR C. H. SPURGEON
LUCAS 12:12-48

Nesse ponto, um homem que estava no meio da multidão lhe falou: Mestre, ordena a meu irmão que reparta comigo a herança. Mas Jesus lhe respondeu: Homem, quem me constituiu juiz ou partidor entre vós? (vv.13-14)

Nosso Senhor se ateve à Sua função, que era pregar o evangelho e curar os enfermos. Hoje em dia, sabemos que o ministro do evangelho é chamado para fazer quase qualquer coisa. Ele precisa ser político; precisa ser um reformador social; precisa ser nem sei mais o quê. De minha parte, frequentemente sinto como se pudesse responder: "Quem me constituiu para fazer algo desse tipo? Se eu puder pregar o evangelho, fá-lo-ei bem, para a glória de Deus e a salvação dos homens. Certamente há pessoas suficientes para serem juízes e partidores, há políticos suficientes para atender à política e muitos que se sentem qualificados para direcionar as reformas sociais. Alguns de nós podem ser poupados para cuidar dos assuntos espirituais".

Então, lhes recomendou: Tende cuidado e guardai-vos de toda e qualquer avareza; porque a vida de um homem não consiste na abundância dos bens que ele possui. (v.15)

Jesus deu a Seus ouvintes uma boa lição moral e espiritual a partir dessa ocorrência que eles testemunharam, e então passou a lhes falar sobre a questão que sempre ocupava Seus pensamentos.

E lhes proferiu ainda uma parábola, dizendo: O campo de um homem rico produziu com abundância. E arrazoava consigo mesmo, dizendo: Que farei, pois não tenho onde recolher os meus frutos? (vv.16-17)

Ele não perguntou: "Onde posso encontrar um caso de necessidade em que eu possa usar minha abundância para caridade?". Ó, não! "Como posso entesourá-lo? Como posso guardá-lo para mim mesmo?". Esse é um homem egoísta e mundano.

E disse: Farei isto: destruirei os meus celeiros, reconstruí-los-ei maiores e aí recolherei todo o meu produto e todos os meus bens. Então, direi à minha alma: tens em depósito muitos bens para muitos anos; descansa, come, bebe e regala-te. Mas Deus lhe disse: Louco... (vv.18-20)

Outros homens falaram a seu respeito: "Esse é um homem sábio. Ele se ocupa com a principal oportunidade. É uma pessoa abundantemente imbuída de bom senso e prudência". Mas Deus falou para ele: "Louco!".

...esta noite te pedirão a tua alma... (v.20)

Eu gostaria que vocês emoldurassem essa frase sobre seu balcão juntamente com aquela que pregamos nesta manhã: "Em verdade te digo que hoje estarás comigo no paraíso".[162] Essa frase foi dita por Cristo ao ladrão penitente; mas a esse homem rico, Deus diz: "esta noite te pedirão a tua alma".

...e o que tens preparado, para quem será? Assim é o que entesoura para si mesmo e não é rico para com Deus. (vv.20-21)

"...é o que entesoura para si mesmo". Esse era o ponto principal do erro deste homem — seu egoísmo. Sua caridade começava e terminava em casa. Ele vivia apenas para si mesmo.

---

[162] O título do sermão a que Spurgeon se refere é *The believing thief* (O ladrão que creu), que ele havia pregado na manhã do mesmo dia.

A seguir, dirigiu-se Jesus a seus discípulos, dizendo: Por isso, eu vos advirto: não andeis ansiosos pela vossa vida, quanto ao que haveis de comer, nem pelo vosso corpo, quanto ao que haveis de vestir. Porque a vida é mais do que o alimento, e o corpo, mais do que as vestes. (vv.22-23)

Não permitam a ansiedade e as preocupações dominem sua vida. Não olhem para as coisas inferiores e negligenciem sua alma. Cuidem dela — seu corpo cuidará de si próprio melhor do que sua alma pode fazer por si mesma. As vestes para o corpo virão no tempo certo, mas as vestimentas da alma são um assunto muito importante. Portanto, ponderem sobre ela.

Observai os corvos, os quais não semeiam, nem ceifam, não têm despensa nem celeiros; todavia, Deus os sustenta. Quanto mais valeis do que as aves! Qual de vós, por ansioso que esteja, pode acrescentar um côvado ao curso da sua vida? Se, portanto, nada podeis fazer quanto às coisas mínimas, por que andais ansiosos pelas outras? Observai os lírios; eles não fiam, nem tecem. Eu, contudo, vos afirmo que nem Salomão, em toda a sua glória, se vestiu como qualquer deles. (vv.24-27)

Os lírios simplesmente permanecem sob o Sol e em silêncio nos dizem: "Vocês veem como são belos os pensamentos de Deus?". Se pudéssemos sorver do amor divino e, depois, quase sem palavras, mostrar em nossa vida como deveríamos glorificar Seu nome!

Ora, se Deus veste assim a erva que hoje está no campo e amanhã é lançada no forno, quanto mais tratando-se de vós, homens de pequena fé! (v.28)

Contudo, vocês têm *alguma* fé, do contrário o Salvador não lhes diria "homens de pequena fé". O homem que não possui fé pode bem continuar se preocupando, labutando, andando em círculos, mas aquele que tem fé vai adiante para seu trabalho diário, olha para além dele em direção ao Deus da providência, e assim o Senhor o mantém sem preocupações e lhe provê.

Não andeis, pois, a indagar o que haveis de comer ou beber e não vos entregueis a inquietações. Porque os gentios de todo o mundo é que procuram estas coisas; mas vosso Pai sabe que necessitais delas. (vv.29-30)

Ele sabe que você precisa ir trabalhar para obter essas coisas, mas não quer que você se preocupe ou se exaspere por elas. "...vosso Pai sabe...". Ele proverá. Basta a Ele saber sobre as necessidades de Seus filhos e se certificará de lhes prover.

Buscai, antes de tudo, o seu reino, e estas coisas vos serão acrescentadas. (v.31)

Colocado como um tipo de contrapeso. Você obtém o espiritual, e as bênçãos comuns da vida lhe são acrescentadas.

Não temais, ó pequenino rebanho; porque vosso Pai se agradou em dar-vos o seu reino. (v.32)

Essa é a sua porção. Os outros podem ter alegrias inferiores, mas vocês obterão o Reino. O Senhor não poderia lhes conceder mais do que isso e Ele não lhes dará menos.

Vendei os vossos bens e dai esmola... (v.33)

Não doem meramente o que vocês têm de sobra, mas apertem-se, vez ou outra, e vendam o que puderem para que possam ter mais para doar.

...fazei para vós outros bolsas que não desgastem, tesouro inextinguível nos céus, onde não chega o ladrão, nem a traça consome... (v.33)

Coloquem um pouco de suas propriedades onde elas não podem ser perdidas. Cuidem de investir algo dela em favor dos pobres de Deus e da Sua obra, onde o lucro será certo e o investimento estará a salvo.

...porque, onde está o vosso tesouro, aí estará também o vosso coração. (v.34)

Certifiquem-se disso. Seu coração seguirá o seu tesouro e, se nenhum de seus tesouros tiver ido para o Céu, nada de seu coração irá para lá.

Cingido esteja o vosso corpo, e acesas, as vossas candeias. Sede vós semelhantes a homens que esperam pelo seu senhor, ao voltar ele das festas de casamento; para que, quando vier e bater à porta, logo lha abram. (vv.35-36)

Nosso Senhor constantemente lembrava a Seus discípulos que chegaria a hora em que Ele deveria deixá-los por um tempo. Porém Jesus sempre manteve diante deles o pensamento de Seu retorno e lhes ordenou que vigiassem por Ele como aqueles que aguardam por seu senhor.

Bem-aventurados aqueles servos a quem o senhor, quando vier, os encontre vigilantes; em verdade vos afirmo que ele há de cingir-se, dar-lhes lugar à mesa e, aproximando-se, os servirá. Quer ele venha na segunda vigília, quer na terceira, bem-aventurados serão eles, se assim os achar. Sabei, porém, isto: se o pai de família soubesse a que hora havia de vir o ladrão, [vigiaria e] não deixaria arrombar a sua casa. (vv.37-39)

Como eles não sabem quando virá o ladrão, estão sempre vigiando.

Ficai também vós apercebidos, porque, à hora em que não cuidais, o Filho do Homem virá. Então, Pedro perguntou: Senhor, proferes esta parábola para nós ou também para todos? (vv.40-41)

E o Senhor lhes respondeu que, embora tenha sido dita a todos, a parábola tinha um peso muito especial para os apóstolos, para os pregadores e para os ministros de Cristo.

Disse o Senhor: Quem é, pois, o mordomo fiel e prudente, a quem o senhor confiará os seus conservos para dar-lhes o sustento a seu tempo? Bem-aventurado aquele servo a quem seu senhor, quando vier, achar fazendo assim. Verdadeiramente, vos digo que lhe confiará todos os seus bens. (vv.42-44)

Assim como Faraó tornou José o governador sobre todo o Egito, quando os homens tiverem cumprido bem o ministério de Cristo, Ele os promoverá, e eles farão mais por Jesus.

Mas, se aquele servo disser consigo mesmo: Meu senhor tarda em vir, e passar a espancar os criados e as criadas, a comer, a beber e a embriagar--se, virá o senhor daquele servo, em dia em que não o espera e em hora que não sabe, e castigá-lo-á... (vv.45-46)

Esta é uma expressão verdadeiramente terrível. Às vezes somos acusados de usar expressões muito fortes com relação à ira por vir. É impossível que o façamos, mesmo que tentássemos, visto que as expressões do Senhor Jesus são mais profundamente terríveis do que qualquer autor medieval possa ser conhecido por inventar.

...lançando-lhe a sorte com os infiéis. (v.46)

A pior sorte que qualquer pessoa pode obter é entre os infiéis. Não há alguns aqui que podem ver, neste versículo, qual será a sua condenação se estiverem entre aqueles que foram descritos como sendo castigados e tendo sua sorte entre os infiéis?

Aquele servo, porém, que conheceu a vontade de seu senhor e não se aprontou, nem fez segundo a sua vontade será punido com muitos açoites. (v.47)

De forma que há diferentes medidas de responsabilidade: há níveis em culpa e níveis em punição.

Aquele, porém, que não soube a vontade do seu senhor e fez coisas dignas de reprovação levará poucos açoites. Mas àquele a quem muito foi dado, muito lhe será exigido; e àquele a quem muito se confia, muito mais lhe pedirão. (v.48)

Ó meus irmãos, que aqueles de nós que são privilegiados com a posse do evangelho e privilegiados com alguma habilidade de disseminá-lo se questionem se poderíamos dar um bom relatório caso esta noite o Senhor viesse e nos convocasse, como mordomos, a prestar contas de nossa mordomia.

Deus nos abençoe a todos na leitura da Sua Palavra! Amém.

13

"Eis que vem com as nuvens"[163]

*Eis que vem com as nuvens,
e todo olho o verá, até quantos o traspassaram.
E todas as tribos da terra se lamentarão sobre ele.
Certamente. Amém!* (Apocalipse 1:7)

Ao ler este capítulo [de Apocalipse], observamos como o amado João saudou as sete igrejas da Ásia com "graça e paz a vós outros". Homens abençoados dissemina bênçãos. Quando a bendição divina está sobre nós, derramamos bendições sobre os outros.

O compassivo coração de João elevou-se dessa bendição à *adoração* ao grandioso Rei dos santos. Como diz nosso hino: "O santo ao mais santo conduz".[164] Aqueles que são bons para abençoar os homens apressar-se-ão para bendizer a Deus.

---
[163] Sermão pregado no *Metropolitan Tabernacle*, em data desconhecida.
[164] Tradução livre do hino *Walking in the ways of Christ* (Percorrendo os caminhos de Cristo), de Charles Wesley (1707–88).

A doxologia que João nos entrega é maravilhosa: "Àquele que nos ama, e, pelo seu sangue, nos libertou dos nossos pecados, e nos constituiu reino, sacerdotes para o seu Deus e Pai, a ele a glória e o domínio pelos séculos dos séculos. Amém!". Verdadeiramente o nosso Redentor nos libertou dos nossos pecados, mas a menção de Seu sangue sugere lavagem em vez de libertação. Podemos manter a aliteração e, ainda assim, manter o sentido de lavagem se lermos a passagem: "Àquele que nos ama, e em seu sangue nos lavou"[165]. *Amou-nos* e *lavou-nos*, levem essas duas palavras consigo para casa. Permitam que elas repousem sobre sua língua a fim de adoçar seu fôlego para a oração e o louvor. "Àquele que nos ama, e em seu sangue nos lavou dos nossos pecados, [...] a ele, glória e poder para todo o sempre. Amém!".

Em seguida, João fala da dignidade que o Senhor colocou sobre nós ao nos fazer reis e sacerdotes e, a partir disso, ele atribui majestade e domínio ao próprio Senhor. João estava exaltando o Grande Rei a quem ele chamara de "Soberano dos reis da terra". E de fato Ele era, e é, e será. Após João ter tratado dessa realeza, que é natural ao nosso divino Senhor e daquele domínio, que lhe veio por conquista e pela dádiva do Pai como recompensa por todo o Seu penoso trabalho, o apóstolo prosseguiu para notar que Ele "nos constituiu reino". Nosso Senhor difunde a Sua realeza entre os Seus redimidos. Nós o louvamos porque Ele é, em si mesmo, Rei, e, a seguir, porque Ele é um criador de reis, a fonte de honra e majestade. Ele não tem glória suficiente apenas para si próprio, mas distribui uma medida de Sua dignidade entre Seu povo. Ele faz reis a partir de coisas simples que encontra em nós, pobres pecadores. Nós não o adoraremos por isso? Não lançaremos nossas coroas a Seus pés? Ele nos concedeu as nossas coroas, não deveremos nós entregá-las a Ele. "...a ele a glória

---

[165] Neste trecho do sermão, Charles Spurgeon estava comparando duas versões bíblicas em inglês. Fizemos uma adaptação do trecho incluindo a Almeida Revista e Corrigida (ARC) para trazer uma aproximação do contexto ao nosso leitor.

e o domínio pelos séculos dos séculos. Amém!" Rei por Tua divina natureza! Rei por Teu direito filial! Criador de rei, elevando do monturo o mendicante, para colocá-lo entre príncipes! Rei dos reis por amor unânime de Teus coroados! Tu és Aquele a quem Teus irmãos louvarão! Reina para sempre e eternamente! A ti sejam as hosanas de saudação e as aleluias de louvor. Senhor da Terra e Céu, que tudo o que há e haverá de ser renda toda glória a ti no mais alto grau.

Irmãos, sua alma não incendeia à medida que refletem sobre os louvores a Emanuel? Jubiloso, eu encheria o Universo com Seu louvor. Ó, que milhares de línguas cantem as glórias do Senhor Jesus! Se o Espírito que ditou as palavras de João se apossar de nosso espírito, descobriremos que a adoração é nosso maior deleite. Jamais estamos mais próximos do Céu do que quando somos absorvidos na adoração a Jesus, nosso Senhor e Deus. Ó, que eu agora possa adorá-lo como farei quando, liberta deste corpo limitado, a minha alma o contemplar na plenitude de Sua glória!

Parece que, neste capítulo, a adoração de João aumentou por sua expectativa da segunda vinda do Senhor, pois ele clama: "Eis que vem com as nuvens". A adoração de João despertou a sua expectativa, que todo o tempo estava em sua alma como um elemento daquele calor veemente do amor reverente derramado por ele em sua doxologia: "Eis que vem", disse ele, e assim o apóstolo revelou a única fonte de sua reverência. "Eis que vem", afirmou, e essa exclamação era resultado de sua reverência. João adorou até que sua fé materializasse seu Senhor e se tornasse em uma segunda visão ainda mais nobre.

Também penso que a reverência de João se aprofundou, e sua adoração foi ainda mais fervorosa por sua convicção da proximidade da volta de seu Senhor. "Eis que vem", ou está vindo. Ele queria asseverar que o Senhor está, agora mesmo, a caminho. Do mesmo modo que os trabalhadores são levados a serem mais diligentes no serviço ao ouvirem os passos de seu mestre, assim, indubitavelmente, os santos serão despertos em sua devoção quando estiverem conscientes de que

Aquele a quem adoram se aproxima. Cristo foi para o Pai por um tempo e assim nos deixou neste mundo, mas Ele havia dito: "voltarei e vos receberei para mim mesmo", e confiamos que Ele cumprirá a Sua palavra. É doce a lembrança de Sua amorosa promessa. Essa segurança está espalhando seu sabor no coração de João enquanto ele adora, e é inevitável, assim como adequado, que essa doxologia deva, em seu encerramento, apresentar ao apóstolo o próprio Senhor e levá-lo a clamar: "Eis que vem". Por haver adorado entre os puros de coração, ele vê o Senhor; por ter adorado ao Rei, ele o vê assumindo o trono do julgamento e aparecendo entre as nuvens do Céu. Uma vez que tomamos posse das coisas celestiais, sabemos quão longe podemos ir e quão elevado podemos subir. João, que começou por abençoar as igrejas, agora contempla seu Senhor.

Que o Santo Espírito possa nos ajudar a meditar reverentemente na maravilhosa volta de nosso bendito Senhor, quando Ele aparecerá para a alegria de Seu povo e consternação dos ímpios!

Há três coisas neste texto. Elas parecerão comuns para alguns de vocês e, de fato, são comuns à nossa fé divina, e, no entanto, nada pode ser de maior importância. A primeira é que *nosso Senhor Jesus virá*: "Eis que vem com as nuvens". A segunda é que *a volta de nosso Senhor Jesus Cristo será vista por todos*: "todo olho o verá, até quantos o traspassaram". E, em terceiro lugar, *essa vinda causará grande pesar*: "E todas as tribos da terra se lamentarão sobre ele".

1. Que o Espírito Santo nos auxilie enquanto, primeiramente, lembramos que NOSSO S{\sc enhor} JESUS CRISTO VEM!

Esse anúncio é considerado digno de uma nota de admiração. Como diriam os latinos, há um *Ecce* colocado aqui — "*Eis* que vem". Da mesma forma como, nos livros antigos, os impressores colocavam marcas nas margens apontando para páginas especiais, é esse "eis"! É uma *Nota Bene* chamando-nos para observar bem o que estamos lendo. Aqui nos é apresentado algo ao qual devemos nos *agarrar* e *contemplar*. Agora ouvimos uma voz clamando: "Venham e vejam"! O Espírito Santo jamais usa palavras supérfluas, ou notas de exclamações redundantes. Quando Ele clama "Eis" é porque há uma razão para uma atenção profunda e duradoura. Vocês se afastarão quando Ele lhes pedir que parem e ponderem, que se atenham e vejam? Ó, vocês que andam contemplando vaidades, venham e contemplem o fato de que Jesus virá. E vocês que se atentam a isso e àquilo e que não refletem acerca de qualquer coisa digna de seus pensamentos, esqueçam essas visões e espetáculos passageiros e, de uma vez, contemplem a cena que não tem comparação.

Não é um monarca em seu jubileu, mas o Rei dos reis em Sua glória. Esse mesmo Jesus, que ascendeu do monte das Oliveiras para o Céu, está retornando à Terra de modo semelhante ao qual os Seus discípulos o viram subir. Venham e contemplem essa grandiosa visão. Se já houve no mundo algo digno de ser admirado, é isso. Atentem e vejam se já houve glória como a dele! Ouçam o clamor da meia-noite: "Eis o noivo!". Na prática, está relacionado a vocês. "Saí ao seu encontro!" Essa voz é para vocês, filhos dos homens. Não se desviem descuidadamente, pois o próprio Senhor Deus exige sua atenção. Ele lhes ordena contemplar. Ficarão cegos quando Deus lhes ordenar contemplar? Fecharão seus olhos quando Ele disser "vejam"? Quando o dedo da inspiração apontar o caminho, seus olhos não seguirão para onde ele lhes direciona? "Eis que vem". Ó meus ouvintes, olhem para cá, suplico-lhes.

Se lermos as palavras de nosso texto cuidadosamente, esse "Eis" nos mostra, primeiramente, que *essa vinda será vividamente cumprida*. Creio que vejo João. Ele está no espírito, mas, de repente, parece chocado com uma atenção mais vivaz e solene. Sua mente está mais desperta que o normal, embora ele sempre seja um homem de olhos mais vigilantes e que enxergava longe. Sempre o assemelhamos à águia pela altura de seus voos e pela clareza de sua visão e, repentinamente, até mesmo ele parece assombrado com uma visão ainda mais espantosa! Ele clama "eis", contemplem-no. Tem uma visão de seu Senhor. João não diz: "Ele virá um dia", mas, sim: "Posso vê-lo. Ele está vindo agora". Ele, evidentemente, visualizou o Segundo Advento. Concebeu a vinda do Senhor de tal forma, que ela se tornou um fato para -si; uma questão sobre a qual falar e escrever. "Eis que vem!" Vocês e eu já visualizamos a volta de Cristo tão plenamente quanto isso? Talvez acreditemos que Ele virá. Eu deveria esperar que todos nós creiamos *assim*.

Se cremos que o Senhor Jesus veio uma primeira vez, também cremos que Ele virá pela segunda vez. Porém, essas verdades são igualmente garantidas para nós? Provavelmente, temos percebido vividamente a primeira manifestação. Desde Belém ao Gólgota, e do Calvário para o monte das Oliveiras, seguimos o Senhor, compreendendo aquele bendito clamor: "Eis o Cordeiro de Deus, que tira o pecado do mundo!". Sim, o Verbo se fez carne e habitou entre nós, e contemplamos a Sua glória, glória como do unigênito do Pai, cheio de graça e de verdade.[166]

Contudo, temos compreendido com tal firmeza o pensamento de que Ele virá novamente sem oferta para a salvação do pecado? Dizemos agora, sempre que nos encontramos em alegre comunhão: "Sim, nosso Senhor vem"? Essa deveria ser não somente uma profecia crida indubitavelmente entre nós, mas uma cena visualizada em nossa alma e aguardada em nosso coração. Minha imaginação frequentemente delineia aquela cena pavorosa, mas, melhor ainda, minha fé a discerne. Já ouvi as rodas da carruagem do Senhor se aproximando e me empenhei em colocar minha casa em ordem para recebê-lo. Já senti a sombra daquela grande nuvem que o acompanhará amenizando o ardor de meu mundanismo. Agora mesmo ouço, em espírito, o som da última trombeta, cujo grande estrondo alarma minha alma a uma ação com seriedade e traz força à minha

---

[166] Conforme João 1:14

vida. Queira Deus que eu viva mais completamente sob a influência desse augusto evento!

Irmãos e irmãs, convido-os a essa percepção. Eu gostaria que estivéssemos juntos nela, até que, ao sair de casa, possamos dizer um ao outro: "Eis que vem!". Alguém disse a seu companheiro após o Senhor ter ressuscitado: "Ressuscitou, verdadeiramente, o Senhor".[167] Eu gostaria que vocês se sentissem, nesta noite, igualmente seguros de que o Senhor verdadeiramente está vindo e que dissessem isso uns aos outros. Estamos certos de que Ele virá e de que Ele é o único caminho, mas o benefício de uma percepção mais vívida seria incalculável.

Esta vinda é para ser proclamada com zelo, visto que João não diz meramente com calma: "Ele vem", mas diz vigorosamente: "Eis que vem". Da mesma maneira como o arauto de um rei prenuncia sua mensagem com o sonido de uma trombeta que chama atenção, João clama: "Eis que vem!". Tal qual o antigo pregoeiro de uma cidade era conhecido por dizer: "Ó, sim! Ó, sim! Ó, sim!" ou por usar outra fórmula distintiva pela qual convocaria os homens a notarem seu anúncio, João levanta-se no nosso meio e clama: "Eis que vem". Ele chama atenção por aquela enfática palavra "Eis". Não é uma mensagem comum a que ele traz, e não deseja que tratemos sua palavra como um dito popular. João lança seu coração no aviso. Ele o proclama em alta voz, proclama-o solenemente e com autoridade: "Eis que vem!".

Irmãos, nenhuma verdade deve ser proclamada com mais frequência, juntamente com a primeira vinda do Senhor, do que a Sua volta, e vocês não poderão estabelecer completamente as finalidades e orientações do primeiro advento se esquecerem o segundo. Na Ceia do Senhor, não há como discernir o Seu corpo a menos que compreenda, a Sua primeira vinda, porém, não há como beber do cálice em sua plenitude, até que o ouçam dizer: "até que eu venha"[168]. Vocês precisam olhar adiante, tal como para trás. E deve ser assim com

---

[167] Lucas 24:34 (ARC)
[168] Adaptação do texto de 1 Coríntios 11:26

todos os nossos ministérios: eles devem olhar para Ele na cruz e no trono. Devemos perceber vividamente que Aquele que veio uma vez está voltando, do contrário nosso testemunho ficará arruinado e unilateral. Faremos um trabalho inepto de pregação e ensino se deixarmos de fora o qualquer um dos Seus adventos.

A seguir, deve ser inquestionavelmente declarado. "Eis que vem". Não é: "Talvez Ele venha", tampouco "Pode ser que Ele se manifeste". "Eis que vem" deveria ser afirmado dogmaticamente, como certeza absoluta, que foi percebida pelo coração do homem que a proclama. "Eis que vem". Todos os profetas dizem que Ele virá. Desde Enoque até o último que falou sob inspiração declararam: "Eis que veio o Senhor entre suas santas miríades". Vocês jamais encontrarão alguém, que tenha falado sob a autoridade de Deus, que não tenha asseverado, quer diretamente ou por implicação, sobre a volta do Filho do homem quando as multidões dos nascidos de mulher serão convocadas ao Seu tribunal para receber a recompensa de suas obras. Todas as promessas labutam com este prognóstico: "Eis que vem". Temos Sua própria palavra sobre esse assunto e isso a torna duplamente evidente. Cristo nos disse que viria novamente e deixou a Ceia do Senhor como um símbolo de despedida a ser observado até que Ele venha. Todas as vezes que partimos o pão, somos relembrados do fato de que, embora essa seja uma ordenança bendita, ela ainda é temporária e deixará de ser celebrada quando nosso Senhor ausente estiver novamente presente conosco.

O que há, queridos irmãos, para impedir Cristo de voltar? Enquanto eu estudava e meditava sobre esta palavra "Eis que vem", sim, eu disse a mim mesmo: "sem dúvida Ele virá". Quem poderá impedi-lo? O coração dele está com Sua Igreja sobre a Terra. No local em que lutou a batalha, Ele deseja celebrar a vitória. Todos os Seus santos estão aguardando pelo dia de Sua aparição e Ele também está esperando por isso. A própria Terra, em seu pesar e gemidos, anseia por Sua volta, que será a redenção dela. A criação foi feita objeto de vaidade por um pequeno tempo. Contudo, quando o Senhor voltar, a própria criação também será liberta do cativeiro da corrupção para a gloriosa liberdade dos filhos de Deus. Devemos questionar se Ele viria uma segunda vez, caso não houvesse vindo na primeira vez. No entanto, se Ele veio a Belém, estejam certos de que Seus pés ainda pisarão o monte das Oliveiras. Se Ele veio para morrer, não duvidem de que virá para reinar. Se veio para ser desprezado e rejeitado pelos homens, por que deveríamos duvidar de que Ele virá para ser admirado por todos aqueles que creem? Sua garantida vinda deve ser declarada inquestionavelmente.

Queridos amigos, esse fato de que Ele virá novamente *deve ser ensinado como exigindo nosso interesse imediato*. "Eis que vem com as nuvens". Contemplem, olhem para isso, meditem disso. É algo digno de ser considerado, pois está relacionado com vocês mesmos. Estudem-no continuamente. "Ele vem". Ele estará aqui em tão pouco tempo que o verbo está no tempo presente — "Ele vem". O estremecer da Terra, o escurecer do Sol e da Lua, a fuga do céu e da Terra diante de Sua face — todas essas coisas estão tão próximas que João as descreve como realizadas. "Eis que vem".

Há este sentido que permanece no segundo plano — *Cristo já está a caminho*. Tudo o que Ele está fazendo em providência e graça é uma preparação para Sua vinda. Todos os eventos da história humana, todas as grandes decisões de Sua augusta majestade, pela qual Ele governa todas as coisas — tudo isso está inclinado para o dia de Sua manifestação. Não pensem que Ele atrasa a Sua vinda e, repentinamente, Ele se apressará para cá rapidamente. Ele já organizou para que ela ocorra tão logo a sabedoria lhe permita. Não sabemos o que torna imperativo esse atraso presente, porém o Senhor sabe, e isso basta. Vocês ficam inquietos porque já se passaram quase dois mil anos desde a Sua ascensão, e Jesus ainda não retornou. Todavia, não sabem o que teve de ser organizado e quanto o lapso de tempo foi absolutamente necessário para os desígnios do Senhor. As questões que estão preenchendo a grande pausa não são triviais; os eventos intermediários abundam de maravilhas. Mil coisas são necessárias no próprio Céu, antes que a consumação de todas as coisas possa chegar. Quando o nosso Senhor vier, será observado que Ele vem tão rapidamente quanto possível, conforme a Sua infinita sabedoria, pois Ele não pode se comportar de outra forma senão divinamente, com sabedoria e perfeição. Cristo não pode ser movido por temor ou paixão, de modo a agir precipitadamente como vocês e eu tendemos a fazer com muita frequência. Ele habita no descanso da eternidade e na serenidade da onipotência. Não precisa medir nossos dias, meses e anos e realizar muita coisa em tal espaço de tempo ou, do contrário, deixaria Sua tarefa de vida incompleta. Mas, de acordo com o poder de uma vida sem fim, Ele prossegue, constantemente, e para Ele mil anos são como um dia. Portanto, tenham certeza de que o Senhor está vindo agora mesmo. Ele está fazendo tudo tender para essa direção. Todas as coisas estão atuando em direção ao grande clímax. Neste momento, e a cada momento desde que Ele se foi, o Senhor Jesus está voltando. "Eis que vem!" Cristo está a caminho! Está mais próximo a cada hora!

E nos é dito que *a Sua vinda será acompanhada por um sinal particular*. "Eis que vem com as *nuvens*". Não teremos necessidade de questionar se é o Filho do Homem que está vindo, ou se Ele, de fato, chegou. Isso não será segredo; Sua vinda será manifesta como aquelas nuvens. No deserto, a presença de Jeová era conhecida por um pilar visível de nuvens, durante o dia, e um pilar igualmente visível de fogo à noite. Essa coluna de nuvem era o sinal evidente de que o Senhor estava em Seu santo lugar, habitando entre os querubins. Este é o sinal da vinda do Senhor Cristo —

A nuvem todo olho verá,
O estandarte do Filho será.

Assim, está escrito: "Então, aparecerá no céu o sinal do Filho do Homem; todos os povos da terra se lamentarão e verão o Filho do Homem vindo sobre as nuvens do céu, com poder e muita glória". Não posso citar, neste exato momento, todas as muitas passagens das Escrituras nas quais está indicado que o nosso Senhor virá, ou sentado sobre as nuvens, ou "com as nuvens", ou "com as nuvens do céu", porém essas expressões são abundantes. Isso não é para mostrar que Sua vinda será *majestosa*? Ele faz das nuvens as Suas carruagens. Ele vem com exércitos de servos, e estes são de um tipo mais nobre do que os monarcas terrenos podem convocar para lhes prestar homenagem. Com nuvens de anjos, querubins e serafins, e vem com todos os exércitos do Céu. Com todas as forças da natureza, trovões e trevas de tempestade, o Senhor de tudo faz Sua entrada triunfal para julgar o mundo. As nuvens são o pó dos Seus pés naquele dia terrível de batalha, quando Ele se libertará de todos os Seus adversários, sacudindo-os para fora da Terra com Seu trovão e consumindo-os com as chamas devoradoras de Seus raios. Todo o céu se reunirá com sua maior pompa para a grande manifestação do Senhor, e toda a aterradora grandeza da natureza será vista em sua plenitude. Jesus virá, não como o Homem de dores, desprezado e rejeitado pelos homens, mas como Jeová veio sobre o Sinai, em meio a densas nuvens e terrível escuridão, assim Ele virá, e Sua vinda será o julgamento final.

As nuvens são para estabelecer o *poder*, bem como a majestade de Sua vinda: "Dai a Deus fortaleza; a sua excelência, está sobre Israel e a sua fortaleza nas mais altas nuvens".[169] Este foi o sinal régio, dado por Daniel, o profeta, no capítulo 7, versículo 13: "Eu estava olhando nas minhas visões da noite, e eis que vinha com as nuvens do céu um como o Filho do Homem". Nada menos que divina é a glória do Filho de Deus, que antes não tinha onde reclinar a Sua cabeça. Os objetos mais sublimes na natureza ministrarão de maneira mais

---

[169] Salmo 68:34 (ARC)

adequada para manifestar a glória da volta do Rei dos homens. "Eis que vem", não com as faixas que o envolveram em Sua infância, ou na fraqueza de Sua humanidade, ou na vergonha de Sua morte, mas com toda a gloriosa tapeçaria das excelsas recâmaras celestiais. O sustentáculo da divina sala do trono auxiliará Sua cerimônia.

As nuvens também denotam *o terror da Sua vinda para os ímpios*. Os Seus santos serão reunidos a Ele nas nuvens, para encontrar o Senhor nos ares. Porém, para aqueles que permanecerem na Terra, as nuvens mostrarão sua escuridão e seu horror de trevas. Então, o impenitente contemplará esta assombrosa visão: o Filho do Homem vindo nas nuvens do céu. As nuvens os encherão de terror, e o pavor será amplamente justificado, uma vez que elas são grandiosas em vingança e irromperão em julgamento sobre a cabeça deles. Seu grande trono branco, embora resplandecente e brilhante com esperança para Seu povo, aniquilará, com seu brilho e alvura da justiça imaculada, toda a esperança daqueles que creram que poderiam viver em pecado e permanecer impunes. "Eis que vem com as nuvens".

Estou em situação alegre nesta noite porque meu assunto não requer de mim esforço de imaginação. Permitir-se a imaginação sobre tal assunto seria uma miserável profanação de um tema tão sublime, que, em sua própria simplicidade, deve chegar a todo coração. Pensem com clareza por um momento, até que o significado se torne real para vocês. Jesus Cristo está voltando, vindo em desconhecido esplendor. Quando Ele voltar, estará entronizado muito acima do ataque de Seus inimigos, das perseguições dos ímpios, do escárnio dos céticos. Ele está vindo nas nuvens do céu, e nós estaremos entre as testemunhas de Sua manifestação. Que permaneçamos firmes nessa verdade.

2. Nossa segunda observação é esta: A VOLTA DE NOSSO SENHOR SERÁ VISTA POR TODOS. "Eis que vem com as nuvens, *e todo olho o verá, até quantos o traspassaram*".

A partir dessa expressão, entendo que, primeiramente, *será uma manifestação literal e uma visão verdadeira*. Se o Segundo Advento fosse para ser uma manifestação espiritual a ser percebida pela mente dos homens, a fraseologia seria: "Toda mente o perceberá". Porém não é assim. Lemos: "todo olho o verá". Ora, a mente pode contemplar o espiritual, mas o olho só pode ver aquilo que é distintamente material e visível. O Senhor Jesus Cristo não virá espiritualmente, pois, neste sentido, Ele está sempre aqui. No entanto, Ele virá de forma real e substancial, uma vez que todo olho o verá, até mesmo os olhos não espirituais que o fitavam com ódio e o traspassaram. Não se distanciem disso e sonhem, dizendo para si mesmos: "Ó, há algum significado espiritual nisto". Não destruam o ensinamento do Espírito Santo por uma ideia de que será uma manifestação espiritual do Cristo de Deus, uma vez que uma aparição literal estaria fora de questão. Isso seria alterar o registro bíblico. O Senhor Jesus virá à Terra uma segunda vez, como Ele, literalmente, veio da primeira. O mesmo Cristo que comeu um pedaço de um peixe grelhado e de um favo de mel após ressuscitado dentre os mortos, o mesmo que disse: "apalpai-me e verificai, porque um espírito não tem carne nem ossos, como vedes que eu tenho" — este mesmo Jesus, com corpo material, virá sobre as nuvens do céu. Da mesma maneira como ascendeu Ele descerá. Será literalmente visto. As palavras não podem ser lidas, honestamente, de qualquer outro modo.

"Todo olho o verá". Sim, espero ver literalmente o meu Senhor Jesus com estes meus olhos, assim como esperava aquele santo que há muito dormiu, crendo que os vermes devorariam seu corpo, mas que, em sua carne, ele veria a Deus, a quem seus olhos veriam por si mesmos, e não outros.[170] Haverá uma verdadeira ressurreição do corpo, embora os modernos duvidem disso; uma ressurreição tal, que veremos Jesus com nossos próprios olhos. Não nos encontraremos

---

[170] Spurgeon está se referindo ao patriarca Jó, conforme a declaração de fé, em Jó 19:25-27.

em uma terra sombria e de devaneios de ficções flutuantes, onde poderemos perceber, mas não ver. Não estaremos em vazios etéreos, misteriosos, vagos e impalpáveis, mas literalmente veremos nosso glorioso Senhor, cuja aparição não será fantasmagórica ou uma dança de sombras. Nunca haverá um dia mais real do que o dia do julgamento. Nunca uma visão mais verdadeira do que o Filho do Homem sobre o trono de Sua glória. Vocês levarão essas afirmações para casa, para que possam sentir a força delas? Estamos nos afastando demais dos fatos atualmente, e entrando no reinado dos mitos e opiniões. "Todo olho o verá", nisto não haverá ilusão.

Percebam bem que Ele será visto por todo tipo de homens viventes. Todo olho o verá: o rei e o camponês, os mais instruídos e os mais ignorantes. Aqueles que anteriormente eram cegos o verão quando Ele se manifestar. Lembro-me de um homem cego de nascença que amava intensamente nosso Senhor, e ele era conhecido por se gloriar nisto: que seus olhos haviam sido reservados para seu Senhor. Ele dizia: "O primeiro que verei será o Senhor Jesus Cristo. A primeira visão que saudará meus olhos recém-abertos será o Filho do Homem em Sua glória". Há um grande consolo nisso para todos os que agora são incapazes de contemplar o Sol. Uma vez que "todo olho o verá", vocês também verão o Rei em Sua beleza. Esse é um pequeno prazer para os olhos que estão repletos de imundícies e orgulho; vocês não se importam com essa visão e, ainda assim, deverão testemunhá-la, quer gostem disso ou não. Até agora, vocês têm fechado os olhos às coisas boas, porém, quando Jesus vier, *deverão* vê-lo. Tudo aquilo que está sobre a face da Terra contemplará o outrora crucificado Senhor, se não no mesmo momento, com a mesma certeza. Não conseguirão se esconder, tampouco esconder Cristo de seus olhos. Eles temerão essa visão, mas ela virá sobre eles, do mesmo modo que o Sol brilha sobre o ladrão, que se alegra nas trevas. Eles serão obrigados a admitir, em consternação, que contemplam o Filho do Homem. Ficarão tão perplexos diante da visão, que não haverá como negá-la.

Ele será visto por aqueles que há muito morreram. Que visão será para Judas, para Pilatos, para Caifás e para Herodes! Que visão será para aqueles que, em seu tempo de vida, disseram que não havia Salvador, nem necessidade de um, ou que Jesus era meramente homem e que Seu sangue não era propiciação para o pecado! Aqueles que o escarneceram e o insultaram há muito já morreram, mas todos hão de ressuscitar e se levantarão para esta herança entre os demais: verão, assentado sobre as nuvens, Aquele a respeito de quem blasfemaram. Os prisioneiros ficam perturbados diante da visão do juiz. A trombeta do veredito não traz música para os ouvidos dos criminosos. Todavia, vocês deverão ouvi-la, ó pecadores impenitentes! Até mesmo de seu túmulo, vocês ouvirão a voz do Filho de Deus e viverão levantando-se do sepulcro para receber pelas coisas que fizeram em seu corpo, sejam boas ou más. A morte não poderá escondê-los, nem a sepultura ocultá-los, tampouco poderão a podridão e a corrupção libertá-los. Vocês estão compelidos a ver, em seu corpo, o Senhor que julgará tanto a vocês quanto a seus companheiros.

Aqui é mencionado que *Ele será visto especialmente por aqueles que o traspassaram*. Nisto estão incluídos todos os que o pregaram ao madeiro, aqueles que pegaram a lança e perfuraram Seu lado. De fato, todos os que tiveram participação em Sua cruel crucificação. Isso inclui todos eles, mas compreende ainda além disso. "Até quantos o traspassaram" não é, de forma alguma, pouca gente. Quem o traspassou? Ora, aqueles que uma vez professavam amá-lo e voltaram novamente para o mundo. Aqueles que antes corriam bem, "quem os impediu?".[171] E agora usam sua língua para falar contra Cristo a quem antes professavam amar. Também o traspassaram todos aqueles cuja vida inconsistente trouxe desonra ao sagrado nome de Jesus. Igualmente o traspassaram aqueles que recusaram o Seu amor, sufocaram sua consciência e rejeitaram Suas repreensões. Infelizmente muitos de vocês devem estar traspassando-o agora por sua fundamental

---

[171] Conforme Gálatas 5:7

negligência de Sua salvação! Aqueles que iam todos os domingos para ouvir a Seu respeito e que permaneceram apenas como ouvintes, destruindo assim sua própria alma, em vez de se renderem ao Seu amor infinito, estes traspassaram Seu terno coração. Queridos ouvintes, gostaria de poder lhes apelar efetivamente esta noite, para que não continuassem mais entre aqueles que o traspassaram. Se olharem para Jesus agora, e lamentarem por seu pecado, Ele afastará seu pecado, e vocês não ficarão envergonhados ao vê-lo naquele dia. Ainda que o tenham traspassado, poderão cantar: "Àquele que nos ama, e, pelo seu sangue, nos libertou dos nossos pecados".[172] Todavia, lembrem-se: se perseverarem em traspassá-lo e em lutar contra Ele, ainda terão de vê-lo naquele dia, para seu terror e desespero. Ele será visto por vocês e por mim, independentemente de como nos comportemos. E que horror essa visão nos custará!

Eu não estava me sentindo bem para pregar para vocês nesta noite.[173] Mas, no último domingo, dia do Senhor, eu disse que pregaria hoje se conseguisse fazê-lo. Parecia pouco possível, mas eu não poderia fazer menos do que cumprir minha palavra, e ansiava estar com vocês, para o seu bem ou porque talvez não haja muitas ocasiões mais em que serei permitido pregar o evangelho entre vocês. Estou frequentemente doente, quem sabe quão cedo pode chegar o meu fim? Eu usaria tudo ainda que resta de minha força física e de oportunidade providencial. Nunca sabemos quão breve podemos ser cortados, e teremos partido para sempre da oportunidade de beneficiar nossos companheiros. Seria uma lástima ser tomado, tendo ainda uma oportunidade de fazer o bem inédito. Assim, imploro veementemente a vocês, sob a sombra desta grande verdade, insto a se prepararem, visto que contemplaremos nosso Senhor no dia da Sua manifestação. Sim, ficarei em meio àquela grande multidão. Vocês

---

[172] Apocalipse 1:5

[173] Spurgeon se referia aos seus problemas de saúde, que o levaram para estar com o Senhor, em 31 de janeiro de 1892, enquanto ele estava buscando recuperação física em Menton, na França.

também estarão lá. Como se sentirão? Talvez não estejam acostumados a frequentar um local de adoração, mas estarão lá, e lhes será muito solene. Vocês podem se ausentar das assembleias dos santos, mas não poderão se ausentar da reunião daquele dia. Vocês estarão lá, um dia, em uma grande multidão, e verão Jesus, o Senhor, tão certamente como se fossem a única pessoa diante dele. E Ele os verá tão certamente como se vocês fossem a única pessoa convocada ao Seu tribunal.

Vocês pensarão atentamente sobre isso, enquanto concluo meu segundo ponto? Silenciosamente repitam a si mesmos as palavras: "todo olho o verá, até quantos o traspassaram".

3. Agora preciso concluir com o meu terceiro ponto, que é doloroso, mas que precisa ser ampliado: SUA VINDA CAUSARÁ GRANDE TRISTEZA. O que diz o texto sobre a Sua volta? "E todas as tribos da terra se lamentarão sobre ele."

"Todas as tribos da terra." Assim sendo, *essa tristeza será generalizada.* Vocês pensavam, provavelmente, que, quando Cristo viesse, Ele viria para um mundo muito alegre que o saudaria com canções e música. Achavam que haveria poucas pessoas ímpias, que seriam destruídas com o sopro de Sua boca, mas que a massa da humanidade o receberia com prazer. Vejam como é diferente — "Todas as tribos da terra", isto é, todos os tipos de pessoas que pertencem à Terra, homens nascidos neste planeta, homens de todas as nações, e tribos, e línguas se lamentarão e gemerão, rilharão seus dentes à Sua volta. Ó senhores, essa será uma perspectiva triste! Não temos coisas suaves para profetizar. O que pensam disso?

A seguir, *essa tristeza será muito grande.* Eles se "lamentarão". Não consigo traduzir o completo significado dessa palavra tão expressiva. Faça-a soar longamente, e ela trará seu próprio significado. É como quando os homens retorcem suas mãos e irrompem em alto clamor, ou como as mulheres orientais, em sua angústia, rasgam suas vestes e erguem a voz com as notas mais lúgubres. Todas as tribos da Terra se lamentarão, lamentarão como uma mãe chora sobre seu filho morto. Prantearão como um homem forte chora quando se vê aprisionado, sem esperança, e destinado a morrer. Assim será o pesar de todas as tribos da Terra à vista de Cristo nas nuvens. Caso permaneçam impenitentes, não poderão ficar silentes, não serão capazes de reprimir ou disfarçar a sua angústia, mas lamentarão, ou darão abertamente vazão ao seu terror. Que som será esse que subirá diante do elevado Céu quando Jesus se assentar sobre a nuvem e, na plenitude de Seu poder, convocá-los para o julgamento! Eles, então, "se lamentarão sobre ele".

Sua voz será ouvida neste lamento? Seu coração será partido naquela consternação geral? Como vocês escaparão? Se fazem parte de uma das tribos da Terra, e permanecerem impenitentes, lamentar-se-ão como o restante delas. A menos que corram agora para Cristo e se escondam nele, e assim se tornem uma tribo do Céu — um dos Seus escolhidos e lavados pelo sangue, que louvarão Seu nome por tê-los lavado de seus pecados —, a menos que façam assim, haverá lamentação diante do trono do julgamento de Cristo, e vocês estarão entre eles.

Então, está muito claro que os homens não estarão universalmente convertidos quando Cristo voltar, porque, se estivessem, não haveria lamento. Eles se ergueriam e clamariam: "Bem-vindo, bem-vindo, Filho de Deus!". A volta de Cristo seria como diz o hino:

Ouve o irromper da aclamação!
Ouve os altos acordes triunfantes!
Jesus toma a mais excelsa posição.
Ó, que alegria traz a visão exuberante![174]

---

[174] Tradução livre do hino *Look, ye Saints, the sight is glorious* (Vede vós, santos, a visão é gloriosa), de Thomas Kelly (1769–1855).

Essas aclamações vêm de Seu povo. No entanto, de acordo com o texto, a multidão da humanidade prantearã e se lamentará, portanto, não estarão entre Seu povo. Sendo assim, não busquem a salvação para algum dia vindouro, mas creiam em Jesus agora e encontrem nele um Salvador de uma vez por todas. Se vocês se alegrarem nele agora, muito mais se regozijarão nele naquele dia. Entretanto, se tiverem motivos para lamentar por Sua volta, seria bom que começassem agora mesmo.

Percebam mais uma verdade. É bem certo que, quando Jesus voltar naqueles últimos dias, os *homens não estarão esperando grandes coisas dele*. Vocês conhecem a conversa que há, hoje em dia, de uma "esperança maior". Atualmente, as pessoas são enganadas com o inútil sonho de arrependimento e restauração após a morte, uma ficção não apoiada pelo menor til das Escrituras. Se essas tribos da Terra esperassem que, quando Cristo voltar, eles morreriam todos e deixariam de existir, eles se alegrariam porque, desse modo, escapariam da ira de Deus. Não diria cada incrédulo: "Era uma consumação a ser desejada devotamente"? Se achassem que, na Sua vinda, haveria restauração universal e uma libertação geral do cárcere das almas há muito aprisionadas, eles se lamentariam? Caso Jesus supostamente retornasse para proclamar uma restauração generalizada, eles não se lamentariam, mas gritariam de alegria. Ah, não! Eles se lamentarão por causa dele devido ao fato de a Sua vinda ao impenitente ser trevas com flagrante desespero, que. Se a Sua primeira vinda aos impenitentes não lhes der vida eterna, a Sua segunda vinda não o fará. Se vocês não se ocultarem em Suas chagas quando Ele vier como seu Salvador, não haverá para vocês lugar onde se esconder quando Ele vier como seu Juiz. Eles prantearão e se lamentarão porque, tendo rejeitado o Senhor Jesus, voltaram suas costas à última oportunidade de esperança.

Por que eles se lamentam *por causa dele*? Não será porque o verão em Sua glória e relembrarão que o insultaram e desprezaram? Verão

Jesus vindo para julgá-los e recordarão que, certa vez, Ele estava à sua porta com a misericórdia em Suas mãos e dizia: "Abram para mim!". Mas eles não o receberam. Rejeitaram Seu sangue, Sua justiça, brincaram com Seu sagrado nome, e agora devem prestar contas dessa impiedade. Eles o afastaram com zombaria e, agora que Cristo vem, percebem que não podem mais escarnecer dele. Os dias de bancarem crianças e de tolices são findos, e agora devem prestar contas de sua vida. Vejam, os livros estão abertos! Essas pessoas estão cobertas de angústia à medida que recordam de seus pecados e sabem que foram registrados por uma caneta fiel. Elas precisam dar contas e, não purificadas e não perdoadas, não podem responder sem saber que a sentença será: "Apartai-vos, malditos". Esse é o motivo por que choram e se lamentam sobre Ele.

Ó, almas, meu amor natural pelo alívio me leva a desejar que eu pudesse pregar coisas agradáveis para vocês, mas elas não são parte de minha comissão. Tampouco preciso desejar, no entanto, pregar um evangelho suave, pois há muitos fazendo-o, o que, infelizmente, vocês sabem que é verdade. Uma vez que amo sua alma imortal, não ouso bajulá-los. Como terei de responder por isso no último dia, devo dizer-lhes a verdade:

Vós, pecadores, buscai a face
Daquele cuja ira não podeis suportar.

Busquem, nesta noite, a misericórdia divina. Vim aqui em dores para lhes implorar que se reconciliem com Deus. "Beijai o Filho para que se não irrite, e não pereçais no caminho; porque dentro em pouco se lhe inflamará a ira. Bem-aventurados todos os que nele se refugiam."[175]

---

[175] Salmo 2:12

No entanto, se vocês não receberem meu Senhor Jesus, Ele virá de qualquer modo. Ele está a caminho agora e, quando chegar, vocês se lamentarão por causa dele. Ó, que vocês façam dele seu amigo e, depois, encontrem-no em alegria! Por que morreriam? Ele dá vida a todos os que nele confiam. Creiam e vivam.

Que Deus salve sua alma nesta noite, e Ele obterá a glória. Amém.